EINSICHTEN
BAND 6

Enno Stahl, geb. 1962, ist Autor, Kulturjournalist und Germanist. Er arbeitet als wissenschaftlicher Mitarbeiter des Heinrich-Heine-Instituts der Stadt Düsseldorf. Seine inhaltlichen Schwerpunkte sind Gegenwartsliteratur und historische Avantgarde, insbesondere aus literatursoziologischer Sicht. Zuletzt veröffentlichte er unter anderem die Romane: *Sanierungsgebiete* (2019), *Spätkirmes* (2017), *Winkler, Werber* (2012) und den Essayband *Diskurspogo. Über Literatur und Gesellschaft* (2013).

Enno Stahl

DIE SPRACHE DER NEUEN RECHTEN

POPULISTISCHE RHETORIK UND STRATEGIEN

ALFRED KRÖNER VERLAG STUTTGART

Enno Stahl
Die Sprache der Neuen Rechten
Populistische Rhetorik und Strategien
Stuttgart: Kröner 2019
(Einsichten Band 6)
ISBN 978-3-520-72101-3

Reihen- und Umschlaggestaltung: Denis Krnjaić
(www.adenis.de), Stuttgart

Klimaneutral
Druckprodukt
ClimatePartner.com/12514-1907-1003

Gesamtherstellung: Friedrich Pustet, Regensburg

Inhalt

Was jemand willentlich verbergen will,
sei es vor anderen, sei es vor sich selbst,
auch was er unbewußt in sich trägt:
die Sprache bringt es an den Tag.
VICTOR KLEMPERER

Die gespaltene Gesellschaft

Seit einiger Zeit bin ich Teil einer WhatsApp-Gruppe der Herren 40 in meinem Tennisverein. Eigentlich dient diese Gruppe dazu, sich zum Spielen zu verabreden. Bisweilen schicken die Mitglieder aber auch Filme und Bilder herum, blöde Witzchen, alles das, was das Netz heute so ausspuckt. Hier und da tauchen indes ganz andere Dinge auf, sarkastische Hinweise in Richtung einer angeblich flächendeckenden Islamisierung Deutschlands oder das Bild einer Gruppe Afrikaner, die entsetzt die Augen aufreißen, darüber der Schriftzug: »Das Sozialamt gibt bekannt: Ab morgen wird gearbeitet.«

Ich kenne die Leute, die das gepostet haben, sie sind nett, umgänglich, solider Mittelstand. Dennoch senden sie Nachrichten mit zweifelhaftem oder gar rassistischem Inhalt an eine Gruppe mit zwei Dutzend Mitgliedern. Ich glaube nicht, dass sie rechtsextrem sind. Eher enttäuschte Konservative, die vermutlich stets CDU gewählt haben. Ob immer noch, da bin ich mir nicht so sicher.

Wieso erzähle ich das? Es ist ein Beispiel dafür, wie rechtes Gedankengut in unserer Gesellschaft Fuß fasst, nicht nur an den Rändern, sondern in der bürgerlichen Mitte. Die anderen Mitglieder der WhatsApp-Gruppe haben auf diese Posts nicht reagiert, weder applaudiert noch rebelliert. Man nimmt das so hin. Bis vor Kurzem wäre das kaum denkbar gewesen. Bestimmte Redebeiträge wären sofortiger Sanktionierung anheimgefallen. Wer so etwas sagte, disqualifizierte sich selbst. Heute ist das anders. Rechtes Denken und Sprechen sind hoffähig geworden. Sie sind nicht bei allen gern gesehen, doch manch einer oder eine mag darin ein Körnchen Wahrheit entdecken, auch wenn er oder sie nichts gegen Ausländer hat und ganz bestimmt nicht rechts ist, aber …

Wurde früher starke Front dagegen gemacht, so sehr, dass die Rechten sich selbst in trostloser Vereinzelung wähnten,[1] regt sich heute bei gar nicht so wenigen Angehörigen der bürgerlichen Mittelschicht nur noch milder Widerspruch oder es herrscht sogar ein latentes Einverständnis mit rechten oder rassistischen Phrasen. Manche befürchten bereits, die Rechte sei dabei, die Diskursherrschaft in der deutschen Gegenwartsgesellschaft zu übernehmen,[2] was angesichts ihrer eigentlich rückwärtsgewandten Themen und Einstellungen an sich ziemlich verwunderlich anmutet. Denn im globalisierten Neo-Liberalismus mit dem heute alles überstrahlenden Ideal wendig-weltbürgerlicher Marktsubjekte voller hedonistischer Spaßbereitschaft und ironischer Lockerheit wirkt die Figur des notorischen Chauvinisten eigentlich wie das genaue Gegenteil: gestrig, verkrampft, missgelaunt und unsexy.

Das aber hat sich gründlich geändert; das Erscheinungsbild der Neuen Rechten ist geschmeidiger und jetztzeitiger geworden, und das liegt nicht zuletzt daran, dass sie von den linken Protestformen, die 1968 entworfen und in der Folge weiterentwickelt wurden, massiv gelernt hat. Junge und jüngere Rechte von heute können durchaus popkulturell sozialisiert sein und sie kennen keine Scheu davor, sich auch aus dem Fundus linker Denker wie Adorno, Debord oder Gramsci zu bedienen. Sie sprechen und schreiben eine zeitgemäße, intellektuell aufgeladene Sprache, die ihre wahren Inhalte verschleiert. Die Neue Rechte hat sich in den letzten zwei Jahrzehnten explizit um die Ausprägung einer Metapolitik bemüht, d.h. darum, im vorpolitischen Bereich Begriffe und Themen zu platzieren, analog zu den Aktionen und Strategien gesellschaftskritischer NGOs (Robin Wood, Greenpeace) oder linker Gruppen. Nicht umsonst nahm der berühmt-berüchtigte rechte Verleger Götz Kubitschek in den 2000er-Jahren mit seiner »Konservativ-Subversiven Aktion« deutlich Bezug auf die »Subversive Aktion« aus den 1960er Jahren, jenes deutsche Pendant zur politisch-avantgardistischen Künstlergruppe Situationistische Internationale in Frankreich, aus dem unter anderem die Kommune I hervorging. Bezeichnenderweise sind mit Frank Böckelmann und Bernd Rabehl ehemalige Mitglieder der Subversiven Aktion ebenso ins Lager der extremen Rechten übergewechselt wie das frühere RAF-Mitglied Horst Mahler.

Während Kubitscheks zusammen mit wenigen Getreuen zwischen 2007 und 2009 durchgeführte Aktionen, zumeist die Störung von Veranstaltungen, etwa von Egon Krenz, Günter Grass, Daniel Cohn-Bendit oder Armin Laschet, nicht allzu viel Aufmerksamkeit erregen konnten, ist die Identitäre Bewegung[3] hier erfolgreicher. Sie wurde 2012 nach dem Vorbild des französischen Bloc identitaire in Österreich gegründet und setzt sich vornehmlich aus jüngeren Aktivisten zusammen. Sie machte zuletzt mit einigen spektakulären Aktionen von sich reden, die wie *Flashmobs* organisiert waren: kurz und plötzlich in der Öffentlichkeit inszeniert. So stellten sie etwa im September 2014 auf dem Wiener-Stephansplatz eine IS-Hinrichtung nach, unterbrachen im April 2016, ebenfalls in Wien, die Aufführung eines Theaterstücks nach Elfriede Jelineks *Die Schutzbefohlenen*, das sich mit der Asylthematik auseinandersetzt; im August desselben Jahres erklommen 15 Identitäre das Brandenburger Tor. Durch die Verbreitung in den sozialen Netzwerken, aber auch zunehmend in der bürgerlichen Presse, konnten sie so mit verhältnismäßig geringem Aufwand große Publicity-Effekte erzielen. Nach außen hin überspielen solche Attacken, die der Eventkultur angepasst sind, beinahe jenen inneren Widerspruch, »der typisch für aktivistische und junge Bewegungen der äußersten Rechten ist: Sie bedienen sich moderner Agitationsformen, um damit traditionelle Inhalte zu transportieren.«[4] Diese Inhalte, nämlich klassisch rechte Positionen, tarnen sie recht geschickt, »nicht rechts, nicht links – einfach nur identitär« ist einer jener Slogans, mit denen sie ihren wahren Hintergrund zu kaschieren versuchen. Spät genug hat das inzwischen auch der Verfassungsschutz gemerkt und sie als rechtsextremistisch eingestuft.

Lange Zeit jedoch haben neue Sprachstrategien verhindert, dass der eigentliche Charakter der Bewegung erkannt wurde. Aber es ist nicht nur die zeitgenössische Kommunikationsstrategie der Neuen Rechten, die zum spürbaren Rechtsruck unserer Gesellschaft geführt hat, es sind wohl auch sozio-ökonomische und kulturelle Bedingungen.

Der Siegeszug der AfD, die zunehmende Mobilisierung von ganz rechts und die wachsende Zustimmung in der bürgerlichen Mitte zu völkisch-nationalen und rassistischen Positionen – all das kommt nicht von ungefähr. Es hat sich in einem längeren Prozess vorbereitet, der mit einer sich verschärfenden Repräsentationskrise der neo-liberalen Herrschaft einherging. Immer mehr Menschen, nicht nur in Deutschland, sondern in der gesamten westlichen Welt, fühlen sich von den angestammten sozialdemokratischen oder konservativen Volksparteien nicht mehr vertreten. Sie haben mitangesehen, wie die Staatsgefüge im Zuge globaler Marktderegulierungen ausgehöhlt wurden, wie die vermeintlichen Volksvertreter willentlich oder unter dem Druck der Verhältnisse zu Erfüllungsgehilfen des internationalen Finanzkapitals wurden; sie haben erlebt, mitunter am eigenen Leib, wie sehr die Ungleichheit wuchs. Auch wenn der jüngste Armuts- und Reichtumsbericht der Bundesregierung die aus den Vorgängerberichten sattsam bekannte Schere zwischen Arm und Reich – zumindest in der im Internet veröffentlichten Kurzfassung – ansatzweise zu verschleiern sucht,[5] kommt auch er an einer Tatsachenformulierung nicht vorbei: »Die Haushalte in der unteren Hälfte der Verteilung verfügen nur über rund 1 Prozent des gesamten Nettovermögens, während die vermögensstärksten 10 Prozent der Haushalte mehr als die Hälfte des gesamten Nettovermögens besitzen.«[6]

Doch nicht nur die Armen sind in ihrer Existenz bedroht und scheinen somit für rechte Populismen empfänglich. Prekarität und Unsicherheit nagen auch am Fundament der deutschen Mittelschicht, Abstiegsangst geht um: Der »Fahrstuhleffekt«, von dem einst der Soziologe Ulrich Beck sprach, nach dem »die ›Klassengesellschaft‹ (…) insgesamt eine Etage höher gefahren« werde,[7] stellt sich so nicht mehr ein. Vielmehr nimmt der Fahrstuhl immer häufiger genau die umgekehrte Richtung, die nach unten, weswegen Oliver Nachtwey inzwischen sogar eine »Abstiegsgesellschaft«[8] diagnostiziert. Ganz im Gegensatz zur BRD der 1970er Jahre, als es eine Hoffnung auf Prosperität für alle gab, sind heute die Segnungen des Marktes sehr unterschiedlich verteilt. Kaum jemand kann sich noch sicher sein, dass er oder sie seinen oder ihren Arbeitsplatz bis zum Ende der Erwerbstätigkeit behält. Die Lage stellt sich aktuell als ein »System kommunizierender Röhren« dar[9] – zwischen einer Zone der Integration der typisch, also über ein Normalarbeitsverhältnis, Beschäftigten und einer Zone der Prekarität. Einer großen Zahl von Lohnabhängigen droht beständig der Sturz in die Arbeitslosigkeit oder zumindest in unsichere Beschäftigungsverhältnisse. Das hat zu einer sozialen Angst geführt, die weit bis in den Mittelstand hineinreicht.

Die Politik – und in Deutschland betrifft das sämtliche Regierungen seit 2000 – hat diese Situation zumindest mittelbar bewirkt, indem sie die Rahmenbedingungen dafür schuf, dass Ungleichheit sich verfestigte und ausbreitete, die soziale Durchlässigkeit abnahm. Gleichzeitig arbeitet sie mit einem hohen Maß an Moralisierung: Sie propagiert ethische Ideale wie Gendergerechtigkeit, die Förderung von ethnischen Minderheiten oder Behinderten, sie verordnet, im Verein damit, eine politisch-korrekte Sprache bis in die Behördenkorrespondenz hinein, ohne das Missverhältnis zu erkennen zwischen diesem (scheinhaften) humanitären Engagement und dem harten Konkurrenz- und Selbstoptimierungsdruck im Neo-Liberalismus. Viele Menschen empfinden das Eintreten für Gleichberechtigung als verlogen, sehen sich selbst als Opfer dieser Politik. Über die letzten zwei Jahrzehnte hat sich bei einer wachsenden Zahl von Personen ein tiefsitzender Hass gegen die »Altparteien« (wie die AfD sie im Anschluss an Joseph Goebbels nennt), also die demokratischen Parteien des gemäßigt-rechten bis linken Spektrums, aufgestaut. Diese Leute haben sich aus dem geordneten gesellschaftlichen Diskurs verabschiedet, schon deshalb, weil sie ihrer Wahrnehmung nach ohnehin nicht daran teilhaben. In Deutschland, ebenso wie in der gesamten westlichen Welt, hat sich ein Riss aufgetan. In den USA mit ihrem Zwei-Parteien-System war er als Erstes spürbar in der Unversöhnlichkeit, mit der sich Republikaner und Demokraten gegenseitig konfrontierten: Einer kosmopolitisch ausgerichteten, zukunftsorientierten, linksliberalen Schicht von Freunden von Völkerverständigung und offenen Grenzen steht eine wachsende Zahl von Menschen gegenüber, die genau das nicht wollen. Diese radikale Frontstellung ist längst nach Europa herübergeschwappt, auch nach Deutschland, sie ist nicht zuletzt mit dem Auftreten von AfD und PEGIDA manifest geworden.

Während die einen die Herausforderungen einer digitalen Welt mit weltweit vernetzten Märkten annehmen wollen, konstruktiv kritisieren oder sogar emphatisch begrüßen, sehen die anderen nur die Gefahren, nähren Abstiegsängste und wehren sich gegen jegliche Veränderung ihres Alltags- und Lebensbereichs. Dabei verkapseln sich viele in einem neuen alten Nationalismus, der sich an völkisch-identitäre Projektionen hängt, die wiederum die Globalisierungsanhänger rassistisch, überkommen und muffig anmuten. Während die einen das moralische Recht auf ihrer Seite wähnen und die anderen als Aussatz und reaktionären Mob ansehen, wächst bei den Kontrahenten der Hass auf die »links-grün-versifften« Modernisierer, auf Gender- und Minderheitenpolitik, auf offene Gesellschaft und Toleranz. Die Auseinandersetzungen kulminierten im Kontext der sogenannten »Flüchtlingskrise« 2015.

Fragen der Migration, des Asyl- und Ausländerrechts sind seitdem Reizthemen geworden, die geradezu allergische Reaktionen auslösen können. Der Ton der Debatte artet immer mehr aus, bestimmte rote Linien, sprachliche Tabus rund um Antisemitismus und Rassismus, die im gesellschaftlichen Diskurs mit gutem Recht aufgestellt wurden, besitzen keine Gültigkeit mehr. Die Grenzen des Sagbaren werden immer öfter überschritten und dadurch aufgeweicht und ausgeweitet. Es handelt sich dabei weniger um affektive Entgleisungen, bewirkt von Aversion und plötzlich aufflammendem Unmut, sondern solche sprachlichen Übergriffe sind Ausdruck einer gezielten, metapolitischen Strategie, die rechte Kreise seit Längerem verfolgen, zuletzt immer erfolgreicher.

Der Sprache und ihrem Gebrauch kommt bekanntlich eine zentrale Bedeutung zu. Wie schon die Nationalsozialisten verfolgt auch die Neue Rechte ein Projekt der ideologischen Begriffsarbeit. Neue Key Words werden in Umlauf gebracht, bekannte Worte werden durch Verformung oder semantische Verkehrung umfunktioniert. So werden vertraute Sprachmuster politisch-taktisch aufgeladen, um tauglich zu werden zur Indoktrination. Zuletzt kursierte für dieses Verfahren der Terminus *Framing*, worunter man den »aktiven Prozess des selektiven Hervorhebens von Informationen und Positionen« versteht. Als Ergebnis dieses Prozesses entstehen *Frames*, bestimmte vorgeprägte Deutungsrahmen: »(strategisch gefärbte) Blickwinkel auf politische Themen, die gewisse Informationen in den Vordergrund rücken und andere außen vor lassen.«[10] Aufgrund dieser Eigenschaft sind Frames natürlich insbesondere für die politische Rhetorik von großer Bedeutung. Elisabeth Wehling, die unlängst eine populär aufgezogene Publikation dazu herausgebracht hat, fasst das so zusammen: »Frames [sind] in der Politik in aller Regel ideologisch selektiv. Sie heben bestimmte Fakten und Realitäten hervor und lassen andere gedanklich unter den Tisch fallen.«[11] Noch einfacher gesagt: Frames dienen der Beeinflussung der Menschen. Wenn jemand wie der bayerische Ministerpräsident Söder von »Asyltourismus« spricht, dann beinhaltet dieses Wort eine Abwertung der betroffenen Menschen. Ihre Flucht vor Krieg, Verfolgung oder Hunger wird zu einer Urlaubsreise in unsere Sozialsysteme herabgewürdigt. Und gleichzeitig ist Tourismus natürlich ein Massenphänomen.

Die Nationalsozialisten hatten solche manipulativen Prozesse auf die Spitze getrieben, sie schalteten nicht nur die Gesellschaft gleich, sondern auch die Sprache – oder anders herum: Die Sprache, deren bewusste Verhunzung und Kompromittierung durch das NS-Regime als Erster Victor Klemperer in seinem Buch *LTI* (1947) so eindringlich dargestellt hat, war ein zentrales Mittel zur Gleichschaltung der Gesellschaft. Die Art und Weise, wie Sprache hier als Propagandainstrument missbraucht wurde, ist inzwischen recht gut dokumentiert, zuletzt bei Horst Dieter Schlosser. Sprache diente etwa zur totalen Mobilisierung der Bevölkerung, was sich in Begriffen und damit verbundenen Praktiken wie »Winterhilfswerk« (allgemeine Spendenaktion für bedürftige »Volksgenossen« zur Festigung der »Volksgemeinschaft«), »Wehrertüchtigung« (vormilitärische Ausbildung) oder »Arbeitsschlacht« (zur Forcierung der Arbeitskraft des deutschen Volkes) niederschlug. Letzteres kombiniert »den in Zeiten von Massenarbeitslosigkeit positiv hoch besetzten Begriff ›Arbeit‹ mit einem Kampfbegriff, der auf der NS-Propagandaleitlinie lag, die Bevölkerung auf revolutionäre und militaristische Haltungen einzustimmen.«[12]

Zur Neuen Rechten liegen inzwischen erste profunde Darstellungen vor, die ihre Ziele, Strategien und Ideologeme untersuchen, ihre gedanklichen Traditionen rekonstruieren.[13] Aber mit der Sprache der Neuen Rechten hat sich bislang noch niemand dezidiert befasst – weder mit jener der intellektuellen Milieus um Götz Kubitscheks Antaios Verlag noch mit jener von AfD und PEGIDA. Aufgrund des zur Verfügung stehenden Platzes ist es dabei nicht möglich, das gesamte Aktionsspektrum der Neuen Rechten in den Blick zu nehmen. Besonderes Gewicht wird im Folgenden auf den Komplex Antaios/Sezession/Institut für Staatspolitik gelegt, der so etwas wie der intellektuelle Überbau der rechten Szene geworden ist. In zwei Jahrzehnten theoretisch-begrifflicher Arbeit, zunächst noch eher im Verborgenen, ist hier eine relativ fest gefügte, rechte Weltanschauung auf intellektueller Grundlage entstanden, ein wirkungsmächtiges Netzwerk, das die verschiedenen Formen der Popularisierung wie AfD und PEGIDA beständig mit Input speist. Mit den

Autoren dieses Netzwerks und den Traditionen, auf die sie sich beziehen, werden wir uns ausführlich beschäftigen, um dann zu sehen, wie dieses Gedankengut in die Basis einsickert und dort populistisch verallgemeinert wird.

Horst Dieter Schlosser hat in seiner Studie gezeigt, dass spätere Zentral- und Schlüsselkonzepte des Nationalsozialismus wie »Anti-Semitismus« und selbst »Euthanasie« durchaus schon »wesentliche Bestandteile des kommunikativen Klimas der Weimarer Republik waren«.[14] Diese Worte, und was mit ihnen verbunden wurde, waren also keineswegs genuine Erfindungen des NS-Regimes. Vielmehr stieß dessen Propaganda auf einen fruchtbaren Boden. Deswegen ist die allgemeine sprachliche Verrohung heute mehr als bedenklich: Die große Aggressivität im verbalen Umgang, eine Abstumpfung gegenüber Gewalt und dem tragischen Schicksal anderer treten deutlich zu Tage – es sind dies Reflexe, die gerade die Politiker und Politikerinnen der AfD wie Alice Weidel, Alexander Gauland, Beatrix von Storch und Björn Höcke gerne und ausgiebig bedienen. In Internetforen und sozialen Netzwerken, den »digitalen Stammtischen« von Facebook, Twitter und Co., nehmen die Menschen kein Blatt mehr vor den Mund; zunehmend sind hier brutale, menschenverachtende und volksverhetzende Sprachausfälle zu verzeichnen, die einen angst und bange werden lassen.

Womöglich ist das rechte Lager bereits dabei, wie in der Weimarer Republik den Boden zu bereiten, auch wenn heute noch nicht so viel auf eine neuerliche Machtübernahme von rechts hinweist. Doch damit rechnete vor 86 Jahren auch niemand. Daher ist es wichtig, die Sprachbilder der Neuen Rechten und die dahinterstehenden Denktraditionen zu dokumentieren und zu durchleuchten. Komplexe Kausalzusammenhänge haben dazu geführt, dass es so weit hat kommen können. Dieser Essay möchte einige davon nennen und die Bedingungen analysieren, die diese Entwicklung begünstigten. Am Ende stehen ein paar Hinweise zur Strategie im Handeln gegen Rechts.

I Populismus und soziale Lage

1. Populismus und Populisten …

Fast immer, wenn von rechten Strömungen in den westlichen Parlamenten die Rede ist, fällt zur Bezeichnung der einschlägigen Protagonisten die Vokabel ›Populismus‹. Selten hat dieser Begriff eine derartige Konjunktur erlebt wie im Augenblick. Politiker fast aller Parteien führen ihn im Munde, stets mit einer gehörigen Portion Abscheu (ganz als wären sie selbst etwas anderes als Populisten!).

Das Wort geht zurück auf das lateinische *populus* (›Volk‹). Und tatsächlich hat es auch im alten Rom bereits eine Partei der Popularen gegeben, deren bekannteste Vertreter die Gracchen, die Brüder Tiberius und Gaius Sempronius Gracchus, später auch Gaius Julius Caesar (wohlbemerkt in seinen Anfängen …), waren. Es handelte sich dabei jedoch keineswegs etwa um Menschen aus dem einfachen Volk, sondern um Patrizier, oft Senatoren, die sich gegen die Senatsmehrheit richteten, wobei sie sich – nicht immer uneigennützig – auf die Volksversammlung als Machtbasis stützten. In manchem ähnelten die römischen Popularen den heutigen Populisten, ohne allerdings je eine feste Gruppe oder Partei im heutigen Sinne mit klar umrissenem Programm gebildet zu haben. Ihr Zugriff auf die Volksmehrheit, auch ihr (teilweise nur vorgegebener) Versuch, Verbesserungen für die Unterschicht herbeizuführen, stellt nach Ansicht des Althistorikers Lukas Thommen eine Parallele zu aktuellen Ausprägungen dar. Ein entscheidender Unterschied in der politischen Ansprache bestand aber darin, dass die römischen Popularen vor allem sachliche Probleme im Blick hatten, »bei denen – im

Gegensatz zum modernen Populismus – weder an niedere Instinkte appelliert noch gegen Randgruppen gehetzt wurde.«[1]

Heutzutage denkt man beim Populismus gemeinhin an rechte Tendenzen, Politikerinnen und Politiker, die sich Stammtischparolen bedienen, um die gefühlte Volksmehrheit in ihren emotionalen Befindlichkeiten zu erreichen. In seiner jüngeren Historie allerdings wurde der Begriff keineswegs genuin von rechts besetzt. In ihren Anfängen waren populistische Bewegungen eher liberale oder sogar linke Projekte. Bernd Stegemann, übrigens einer der Initiatoren der linken Sammlungsbewegung Aufstehen!, hat den Grundimpuls in seinem Buch *Das Gespenst des Populismus* so zusammengefasst: »Populismus ist in seiner Geburtsstunde die Revolte derjenigen, die vom herrschenden Diskurs ausgeschlossen sind.«[2] Der Begriff impliziert demnach eine Frontstellung zwischen wenig begütertem, arbeitendem ›Volk‹ und einer ökonomisch nutznießenden ›Elite‹. Der ›Populist‹ operiert dabei so, dass er sich selbst zum Sprachrohr dieser ungehörten Masse macht: »Indem der Sprechende sich auf die Seite der Bedrängnis stellt, wird sein Sprechen zum Ausdruck einer Not, die alle gemeinsam erleiden. Der Sprechende erhebt sich damit selbst zum Anwalt derjenigen, die ohne ihn keine Stimme hätten.«[3]

Die Ursprünge des jüngeren Populismus gehen zurück auf die 1874 in den USA gegründete National Grange. Aus ihr ging in der 1880er Jahren infolge der forcierten Industrialisierung des Landes die Farmers Alliance hervor. Während die politische Elite eng mit Konzernen und Großbanken zusammenarbeitete, welche das Land, etwa durch den Ausbau des Schienennetzes, zügig erschlossen und darüber gewaltige Profite einheimsten, geriet die Landbevölkerung in große Not.[4] Die Farmers Alliance als Vertretung der Bauernschaft formulierte das politische Ziel so: »The farmers of this country have labored, and others made the laws (…), the non-producer has thrived while the producers have grown poor.«[5] Darin kommt bereits ein Urmotiv populistischen Gesellschaftsverständnisses zum Ausdruck: Das Volk ist »die Gemeinschaft derjenigen, die (…) hart arbeiten und das

Land versorgen, während das Establishment und die Elite auf seine Kosten lebt.«[6]

Zunächst versuchte die Farmers Alliance bei beiden großen Parteien, den Demokraten und den Republikanern, Gehör für ihre Anliegen zu finden.[7] Als dies scheiterte, weil beide viel zu eng mit Kapital- und Finanzinteressen verflochten waren, gründete man 1891 die sogenannte People's Party, die auch unter dem Namen Populist Party figurierte. Sie fungierte als Sammelbecken verschiedenster regionaler Protest- und Widerstandsbewegungen, auch der Schulterschluss mit radikalen Arbeiterorganisationen wurde angestrebt. Im Kern jedoch blieb diese ›Partei des Volkes‹, die sich als dritte politische Kraft in den USA zu etablieren versuchte, »eine demokratische Massenbewegung von hauptsächlich agrarischen Kleineigentümern«.[8] Die Vorschläge der People's Party blieben dabei relativ moderat. Sie zielten etwa ab auf eine gestaffelte Besteuerung des Einkommens und einen Wandel des Kreditsystems, richteten sich also nicht gegen das Kapital insgesamt, sondern vor allem gegen das Bankensystem, das in den Augen der People's Party zu den ›Nicht-Produzenten‹ gehörte und sich an der ›ehrlichen Arbeit‹ der ›Produzenten‹ bereicherte. Die Populisten wandten sich nicht gegen das Privateigentum als solches, sie »verstanden sich selbst nicht – wie die europäischen Proletarier – als Außenseiter der Gesellschaft, die nichts zu verlieren hätten als ihre Ketten, sondern als deren beste Repräsentanten, die Vertreter wahren Amerikanertums.« Als solche forderten sie ihren gerechten Anteil an der wirtschaftlichen Prosperität, der ihnen von Trusts, Kartellen und Finanzinstituten vorenthalten werde.[9]

Der Einfluss der People's Party schwand ab 1896, da die Demokraten viele ihrer Forderungen übernahmen, 1908 löste sich die Partei ganz auf. Doch hier hatte sich schon eine spezifisch amerikanische Spielart des Populismus angedeutet, die bis heute starke Wirkung entfaltet. Denn gegen die übermächtige Ideologie der Finanzindustrie stellten die Populisten den innigen Glauben an die Wahrheit der Bibel und propagierten »eine sich auf die amerikanischen Wurzeln besinnende, am Gemeinwohl orientierende Produktionsweise, die die alten protestantischen Werte wie Askese, Disziplin und Sparsamkeit wieder zur Geltung bringen sollte.«[10] Evangelikale und christlich-fundamentalistische Strömungen erweiterten die ursprüngliche, einfache Unterscheidung zwischen ›Volk‹ und ›Elite‹ in der Folge ideologisch, sie zeichneten das ›Volk‹ als die Gemeinschaft der Christen, die nicht nur durch gleiche politische Ziele, sondern mehr noch durch rigide Gläubigkeit und gottgefälligen Lebenswandel verbunden seien. Dieser sittenstrenge *populus dei* wurde dogmatisch gegen die ›moralisch verdorbene‹ Elite in Stellung gebracht, während es der People's Party um einen rein ökonomischen Ausgleich gegangen war. Zwar verlor sich auch diese pietistische Bewegung in den 1920er Jahren, »an die Grundfigur knüpfte das religiös-konservative Spektrum in der Folge jedoch immer wieder an.«[11] Die heutige Tea Party etwa partizipiert an dieser gedanklichen Konstellation, ja, selbst US-Präsident Donald Trump hat seinen Wahlerfolg der anti-elitaristischen Propaganda gegen das demokratisch-liberale Establishment, verbunden mit aggressiver Ausgrenzungsrhetorik, zu verdanken.[12] Dass sich ausgerechnet ein Milliardär zum legitimen Sprachrohr des niederen Volkes aufschwingt, ist natürlich geradezu absurd – dass weite Teile der amerikanischen Bevölkerung diesen Widerspruch, der sich auch in der (beständig wechselnden) Besetzung des Kabinetts mit lauter Millionären niederschlägt, überhaupt nicht wahrzunehmen scheinen, ist umso absurder.

Aber, wie gesagt, es wäre falsch zu glauben, dass Populismus immer nur von rechts ausgehen kann; schon Mitte des 19. Jahrhunderts gab es mit den russischen Narodniki (zu deutsch: ›Volkstümler‹, ›Volksfreunde‹) eine frühsozialistische Bewegung von Intellektuellen, die aufs Land gingen, um als einfache Arbeiter unter der dortigen Bevölkerung zu leben. Über kollektiv bewirtschaftete Dorfkommunen wollten sie zur Erneuerung Russlands unter sozialistischen Vorzeichen beitragen. Nachhaltige Wirkung verzeichneten sie damit allerdings nicht.

Erfolgreicher verliefen linkspopulistische Bewegungen in den letzten Jahrzehnten in Südamerika: Angefangen mit Hugo Chavez in Venezuela (1999–2013), gelang es linksgerichteten Populisten auch in Argentinien (Néstor und Cristina Fernández de Kirchner, 2003–15), Bolivien (Evo Morales, seit 2006) und Ecuador (Rafael Correa, 2007–17), politische Mehrheiten für sich zu gewinnen und die daraus gewonnene Macht jahrelang zu konservieren. Zuletzt folgte allerdings in Brasilien auf die linksorientierten Luiz Inácio Lula da Silva (2003–11) und Dilma Rousseff (2011–16) mit Jair Bolsonaro wiederum ein ultrarechter Populist als Präsident.

In Europa haben wir es heute ebenfalls eher mit rechtsgerichtetem Populismus zu tun, der, wie der Politologe Kolja Möller ausgeführt hat, dreisträngig organisiert ist und neben einer identitären Konzeption des ›Volkes‹ einerseits einen ›Wettbewerbspopulismus‹[13] ins Spiel bringt, bei dem die einzelnen Staaten als Marktvölker miteinander konkurrieren, die angeblich von anderen Völkern und deren Eliten um den wirtschaftlichen Erfolg betrogen werden (sehr deutlich wird dieses Motiv bei Donald Trump). Andererseits wird diese Linie häufig mit einer sozialprotektionistischen Komponente unterfüttert, derart, dass die hart arbeitende Bevölkerungsmehrheit vor Sozialdumping bewahrt werden soll; Letzteres ist stark ausgeprägt beim Front National, aber bislang weniger bei der AfD – umso verwunderlicher daher deren große Erfolge bei der abstiegsgefährdeten Mittelschicht. Da in Deutschland jedoch jene Parteien des heutigen parlamentarischen Spektrums, die sich eher sozialen Belangen verschrieben haben, SPD, Grüne und DIE LINKE, den Kontakt zu dieser Gruppe und insbesondere zu den bereits Abgehängten verloren haben, reicht es der AfD offensichtlich, schlicht eine Alternative (die sie ja bereits im Parteinamen suggeriert) darzustellen bzw. vorzugaukeln, um derzeit immense Stimmenzuwächse zu generieren – und das, obwohl die Partei sich klar als wirtschaftsliberal ausweist und einen deregulierten Wettbewerb predigt, der die wachsende Ungleichheit in Deutschland ja gerade bewirkt hat. Dazu soll die Besteuerung Besserverdienender abgebaut werden, etwa durch Abschaffung der Vermögens- und Erbschaftssteuer. Ursprünglich – nämlich im Entwurf des Grundsatzprogramms von 2016 – existierte sogar der Plan, das Arbeitslosengeld I zu privatisieren, also durch Eigenvorsorge der Arbeitnehmer zu ersetzen;[14] im Parteiprogramm selbst entfiel dieser Passus. Anscheinend verfolgt die AfD, wohl mit Blick auf gewichtige Teile ihrer Wählerschaft, dabei inzwischen doch auch einige Ideen in Bezug auf fördernde Sozialpolitik, etwa die Beibehaltung des Mindestlohns, dessen Abschaffung sie vorher noch gefordert hatte, eine Unterstützung für Familien und eine »aktivierende Grundsicherung« anstelle von Hartz IV, bei der Arbeitseinkünfte – anders als in der aktuellen Praxis – nicht komplett auf die Transferleistungen angerechnet werden sollen.[15]

Eigentlich würde man meinen, dass in der jetzigen Lage eher ein linker Populismus Anknüpfungspunkte finden müsste: Aber die Ängste derer, die metaphorisch gesprochen das untere Blatt jener vielzitierten Schere ausmachen, die nach gleichlautender Beobachtung aller immer weiter auseinanderklafft, und die damit verbundenen Notlagen sind in der Wahrnehmung der Linken von der – an sich ja berechtigten – Minderheiten- und Identitätspolitik zu stark in den Hintergrund gedrängt worden, als dass diese Klientel sich von ihr noch ausreichend vertreten fühlte.

Stattdessen wirken Parteien wie die SPD, besonders nach ihrer vielbeklagten neo-liberalen Wende unter Gerhard Schröder,[16] und die Grünen, die zusammen mit der SPD sieben Jahre lang federführend in der Bundesregierung und in vielen Landtagsparlamenten agierten, als Teil des Problems, als greifbare Verursacher einer grundlegenden Krise der Repräsentation, die keineswegs auf Deutschland beschränkt ist, sondern sich in weiten Teilen der Welt schon lange manifestiert hat. Die Regierungen lavieren seit Anfang der 1990er Jahre zwischen dem (angeblich) noch Möglichen an sozialen Wohltaten und den (vermeintlich) normativen Fakten realwirtschaftlicher Daten, wobei sich der

Schwerpunkt zunehmend auf die Betonung der Letzteren verlegt hat. Dieses Handeln bezeichnen die politischen Eliten als alternativlos, ohne in Erwägung zu ziehen, welche Konsequenzen den unteren Bevölkerungsschichten daraus erwachsen. Der Dialog zwischen Herrschenden und Beherrschten ist so zu einer kommunikativen Unmöglichkeit geworden: »Je sachlicher die einen ihre Politik der Umverteilung begründen, desto emotionaler, nationaler und gar rassistischer wird die andere Seite, die sich gegen die Vernunft eines ungerechten Systems nicht anders zu wehren weiß.«[17] Es ist, als negiere die politische Elite die Fakten, die ihr eigenes Handeln herbeigeführt hat, einfach weil nicht sein kann, was nicht sein darf. Umso mehr aber wähnen sich die Menschen am unteren Ende der gesellschaftlichen Skala in einer Situation der Ausweglosigkeit, in der sie keinerlei Stimme besitzen, um ihren Nöten Ausdruck zu verleihen:

> Es ist das Gefühl gesellschaftlicher und politischer Ohnmacht: Das Gefühl, sein Leben nicht mehr unter Kontrolle zu haben; das Gefühl, dass Wahlen nichts ändern; das Gefühl, dass die Welt um einen gefährlich geworden ist und sich subjektiv zum Negativen hin verändert, man selber aber keinerlei Einfluss darauf zu haben scheint.[18]

In dieser Situation haben Populisten leichtes Spiel, indem sie die Enttäuschten dort abholen, wo niemand anders sie mehr anspricht. Sie umgehen die prinzipielle Deutungsoffenheit der Rede und verengen ihre Aussagen hin auf »eine Entscheidung, der man zustimmen soll oder die man aktiv ablehnen muss.« Politische Kommunikation neigt natürlich immer zu einer solchen Verengung, »da sie weniger die Freiheit des Verstehens als die Durchsetzung von Interessen verfolgt«, also dezidiert handlungsbezogen ist.[19]

Der populistische Diskurs spitzt dieses Muster zu – hin auf einen simplen Antagonismus, der eine imaginäres ›Wir‹ schafft, dem eine ebenso fiktive Gruppe der ›Anderen‹ gegenübersteht. Er agiert hier im Grunde nach dem Vorbild von Carl Schmitts

Opposition zwischen ›Freund‹ und ›Feind‹, eine Unterscheidung, die den Sinn habe, »den äußersten Intensitätsgrad einer Verbindung oder Trennung, einer Assoziation oder Dissoziation zu bezeichnen.« Auch wenn Schmitt nicht vordergründig auf eine Stigmatisierung bestimmter gesellschaftlicher Gruppen abzielt, sondern auf eine sehr viel wesentlichere Abgrenzung gegenüber dem politischen oder existenziellen Feind, lässt sich sein Konzept sehr gut für die Ausgrenzung missliebiger Personen nutzbar machen. Der Feind ist danach nämlich »der andere, der Fremde«, und die »Beteiligten« (das ›Wir‹) müssen selbst entscheiden, »ob das Anderssein des Fremden im konkret vorliegenden Konfliktfalle die Negation der eigenen Existenz bedeutet und deshalb abgewehrt oder bekämpft wird, um die eigene, seinsmäßige Art von Leben zu bewahren.«[20] Auf der Basis dieses 1932 erschienenen Textes ließ sich leicht ›der Jude‹ als ›Volksfeind‹ propagieren – und in ähnlicher Weise heute auch ›der Flüchtling‹ – nicht umsonst ist Carl Schmitt ein wichtiger Stichwortgeber für die Neue Rechte.

Schon Victor Klemperer hat in seiner *LTI* (= Lingua Tertii Imperii) darauf hingewiesen, wie sehr der nationalsozialistische Populismus das Feind- und Zerrbild des Juden brauchte, um die angestrebte völkische Gemeinschaft überhaupt konstruieren zu können – »ohne den finstern Juden hätte es nie die Lichtgestalt des nordischen Germanen gegeben.« Daher war es für Hitler, dem im Verein mit Goebbels verheerendsten aller Populisten, sehr wichtig, alles radikal zu vereinfachen:

> Das oberste Gesetz lautet überall: Laß deine Hörer nicht zu kritischem Denken kommen, behandle alles simplistisch! Wenn du von mehreren Gegnern sprichst (…) – bringe die vielen also auf einen Nenner, klammere sie zusammen, gib ihnen Gemeinsamkeit! Alles das besorgt anschaulich und volksnah der Jude.[21]

Die populistische Rede ist also offen parteiisch und sie präsentiert klare Wertungen – zugunsten jener Gruppe aus Gleichgesinnten, deren Existenz sie suggeriert, um sie zu erzeugen: also zum Beispiel das ›Volk‹, die ›Nation‹, die ›Deutschen‹, die sich vorgeblich mehr und mehr in der Minderheit befinden. Als probates Mittel, um diese Gemeinschaft herzustellen, diente und dient immer wieder neu die Abwertung eines Anderen, Fremden, des Feindes.

Hier wird die erwähnte Technik des *Framings* virulent: Wenn die populistische Rede etwa einen Kontext konstruiert, in dem Asylsuchende (›die Anderen‹) einseitig auf ihr Gefährdungspotenzial reduziert werden, während die ansässige Bevölkerung (das ›Wir‹) lediglich auf die vorgeblichen Beeinträchtigungen hingewiesen wird, die sie darob zu erleiden habe, alles andere aber ausgeklammert bzw. anderslautende Wahrheiten schlicht negiert werden, wird es den Angehörigen des ›Wir‹ nicht schwer fallen, sich zu entscheiden – es sei denn, sie misstrauten dem Redner oder der Rednerin per se.

2. Gesellschaft im Abstieg: Soziale Lage und Arbeitswirklichkeit

Wie erwähnt, sind sozio-ökonomische Bedingungen maßgeblich für den Erfolg von rechten Demagogen.[1] Allerdings belegen aktuelle Studien, dass die AfD-Wähler und -Wählerinnen sich nicht etwa vornehmlich aus dem Lager der ›Abgehängten‹ rekrutieren, sondern eher zur (unteren) Mittelschicht gehören.[2] Nicht geringes Einkommen und Bildungsniveau, mangelnde berufliche Perspektiven oder gar Arbeitslosigkeit sind nach Holger Lengfeld ausschlaggebend für die politische Präferenz, sondern Unzufriedenheit, Ängste wegen (angeblich) steigender Kriminalität und Zuwanderung. Martin Schröder, der auf Lengfelds Studie aufbaut, spitzt den Befund noch mehr zu: »AfD-Unterstützer kommen somit aus allen gesellschaftlichen Schichten und Milieus und unterscheiden sich fast ausschließlich durch ihre Einstellungen zu Flüchtlingen und Zuwanderung.«[3] Er macht daher schwerpunktmäßig eine bereits vorhandene Ausländerfeindlichkeit zum Kriterium der Wahlentscheidung. Vielleicht ähnelt das aber ein wenig der Frage, was zuerst da war: das Huhn oder das Ei?

Eine Analyse der Forschungsgruppe Wahlen nach der letzten Bundestagswahl kam zu dem Ergebnis, dass vor allem Männer zwischen 30 und 60 Jahren die AfD gewählt haben. Was die Bildungsabschlüsse betraf, waren 17 % aller Menschen mit Realschulabschluss bzw. 14 % jener mit Hauptschulabschluss AfD-Wähler, gegenüber nur 7 % bei den Hochschulabsolventen,[4] was immerhin gegen die häufiger propagierte Meinung spricht, AfD-Anhänger und -Anhängerinnen entstammten mehrheitlich dem wohlsituierten Bildungsbürgertum.[5]

Die Studie von Hambacher/Mays (2018) zeigt, dass die AfD sehr hohe Zustimmungswerte bei Arbeitern verbuchen kann, allerdings auch in überdurchschnittlichem Maße bei Beamten, Richtern, Berufssoldaten.[6] Daneben ist auffällig, dass sich im Vergleich mit den anderen Parteien unter den AfD-Wählern der höchste Anteil an Vollzeitbeschäftigten findet.[7] Der Kern der AfD-Anhänger stammt demnach aus der Arbeiterschaft bzw. der unteren und mittleren Mittelschicht, also vornehmlich aus dem Kleinbürgertum.

Wenn argumentiert wird, nicht die sozio-ökonomische Situation, sondern die Einstellung würde den Ausschlag für die Parteipräferenz geben, fragt sich natürlich: Woher kommt die Einstellung?

Rippl/Seipel (2018) gehen nicht davon aus, dass Ausländerfeindlichkeit und Zukunftsängste allein als Begründung für die Erfolge der Rechten ausreichten, sondern vermuten hier vielmehr neben ökonomischen (Modernisierungsverluste) und politischen Argumenten (postdemokratische Tendenzen) einen generellen »Cultural Backlash«, einen kulturellen Rückschlag,[8] der für die veränderte Haltung vieler Menschen verantwortlich sei: Mit der Globalisierung sei ein rapider kultureller Wandel einhergegangen; die daraus folgende starke Verunsicherung von Teilen der Gesellschaft habe eine Gegenreaktion hervorgerufen, »die sich in einer Hinwendung zu Nationalismus und Betonung traditioneller Werte« äußere. Das überlieferte Wertesystem dieser Menschen werde »durch die Öffnung der Gesellschaft zu mehr Diversität und Toleranz bedroht«, insbesondere durch »Multikulturalismus, die Emanzipation der Frau oder die Ehe für alle«.[9]

Philipp Manow dagegen hält solche Aspekte allenfalls für Nebenprodukte und stellt ganz auf ökonomische Erklärungen ab; seine Untersuchungen ergaben, dass als AfD-Wähler hauptsächlich solche Personen infrage kommen, »die entweder in der Vergangenheit selbst Erfahrungen mit Arbeitslosigkeit gemacht oder diese in ihrer unmittelbaren Umgebung erlebt hatten und sich daher eines ständigen Arbeitslosigkeitsrisikos – und des nun damit verbundenen schnellen sozialen Abstiegs – bewusst waren.«[10] Diesen Hintergrund besäßen gerade Arbeitnehmer aus Ostdeutschland, weswegen die Anfälligkeit für die populistische Versuchung dort besonders stark sei. Für die wachsende Ausländerfeindlichkeit macht Manow nicht zuletzt einen »Agenda-Effekt« verantwortlich, also Nachwirkungen der Hartz-Reformen, die zwar schon früher zum Tragen gekommen seien und die Begründung der WASG (Wahlalternative Arbeit & soziale Gerechtigkeit), später den Zusammenschluss von PDS und WASG zur Partei DIE LINKE bewirkt hätten. Im Zuge der Flüchtlingskrise jedoch sei den Arbeitnehmern im niedrigen Einkommenssegment klar geworden,

> dass man im Falle der Arbeitslosigkeit nach nur einem Jahr in seiner sozialstaatlichen Absicherung faktisch den Flüchtlingen gleichgestellt wäre, und das völlig unabhängig vom Ausbildungsstand, vorherigen Verdienst (und damit der Beitragshöhe) und der vorherigen Beitragsdauer.[11]

Das klingt plausibel, doch wahrscheinlich sind die genannten Phänomene komplex miteinander verzahnt. Politische und ökonomische Umwälzungen, wie sie in den 1980er und 90er Jahren zu beobachten waren, haben auch kulturelle Prägekraft: »Wirtschaft«, so führt Hans-Ulrich Wehler mit Bezug auf Max Weber aus, »als ein Ensemble unterschiedlicher ökonomischer Ressourcen ist auch im Hinblick auf die Struktur Sozialer Ungleichheit fundamental wichtig«; umgekehrt habe aber auch die Kultur Einfluss auf wirtschaftliche Chancen und Erfolge: »Im Vordergrund steht der Einfluss der verhaltens- und handlungsleitenden religiösen oder ideellen ›Weltbilder‹, welche die herrschaftliche Organisation, die ökonomische Ressourcennutzung, die Prestigeränge beeinflussen, ja festlegen und legitimieren.«[12] Auch ihr kulturelles und intellektuelles Kapital nämlich verstehen die Angehörigen der herrschenden Schichten als Wettbewerbsvorteil einzusetzen.

Die rasante Beschleunigung des Kapitalverkehrs in den 1990er Jahren, die Deregulierung der Wirtschaft, der spürbare Abbau staatlicher Leistungen – sie haben die Perspektive vieler Menschen stark modifiziert, gerade auch in Deutschland. In der BRD der 1960er und 70er Jahre herrschte noch eine allgemeine Aufstiegshoffnung und verbunden damit ein Zukunftsoptimismus, Klassenschranken wurden abgebaut, die soziale Mobilität der Gesellschaft nahm zu. In den Sozialstaat wurde mehr investiert, Arbeiter konnten sich Eigenheime leisten, ihre Kinder zunehmend auch studieren. Doch mit der Ölkrise von 1973 begann eine lange Talfahrt der Weltwirtschaft, in deren Zuge die Errungenschaften sukzessive rückabgewickelt wurden. Nicht umsonst spricht heutzutage niemand mehr von der ›Bundesrepublik Deutschland‹, obwohl das weiter die offizielle Vollform ist; vielmehr erscheint der Begriff wie ein Relikt aus einer guten, alten Vergangenheit, als die soziale Marktwirtschaft ihren Namen noch verdiente. Stattdessen brach überall, auch im öffentlichen Bereich, der Kostendruck aus, Verwaltungen wurden nach Wettbewerbsprinzipien aufgestellt, Controlling wurde eingeführt, Strom- und Wasserversorgung wie auch diverse andere kommunale Dienstleistungen wurden ausgelagert. Der Soziologe Oliver Nachtwey hat dafür den Terminus der »regressiven Modernisierung« eingeführt, der von einer gewissen Ambivalenz geprägt ist, denn derartige Prozesse »verknüpfen häufig gesellschaftliche Liberalisierungen mit ökonomischer Deregulierung«.[13] Das heißt, während die Menschen einerseits in ihrer Lebenspraxis größere gesellschaftliche Freiheiten genießen, wurden andererseits Schutzmechanismen gegen den Zugriff der Wirtschaft auf die sozialen Sicherungen der Nachkriegszeit außer Kraft gesetzt. Die Form der Arbeit änderte sich dabei zusehends, in der Folge hat das traditionelle Industrieproletariat

> angesichts seit den siebziger Jahren ablaufender Prozesse wie der Deindustrialisierung, der Bildungsexpansion, des ›occupational upgrading‹ (also einer Veränderung der Berufsstruktur hin zu neuartigen, weniger körperlich denn kognitiv anspruchsvollen Anforderungsprofilen) einen langfristigen relativen Statusverlust erlebt [...], wobei diese Prozesse zugleich eine Feminisierung der Beschäftigung mit sich gebracht haben.[14]

Das heißt, während in bestimmten Bereichen emanzipatorische Entwicklungen einsetzten, indem Frauen ebenso wie sexuellen und ethnischen Minderheiten bessere Partizipationsmöglichkeiten zugestanden wurden, haben sich für andere Menschen die Bedingungen verschlechtert, sie haben Einbußen an Einkommen und sozialem Status hinnehmen müssen. Gerade die Wiedervereinigung ist hier aufgrund der Ungleichentwicklung in Ost und West als Faktor nicht außer Acht zu lassen, denn viele Ostdeutsche betrachten bis heute die Einheit als nicht vollends vollzogen und ihre Lebensleistung als nicht genug gewürdigt, ganz egal, ob sie die Herausforderungen der Wende erfolgreich gemeistert haben oder nicht.[15]

Die schon erwähnten Armuts- und Reichtumsberichte der Bundesregierung, die vielsagenderweise bis 2005 noch »Armutsberichte« hießen, sprechen eine deutliche Sprache: Demnach erfolgte in den letzten zwei Jahrzehnten eine kontinuierliche Einkommensverteilung von unten nach oben, und das bei einer rekordverdächtig niedrigen Arbeitslosenquote.[16] Der Paritätische Gesamtverband präsentiert seit 2009 jährlich einen eigenen Armutsbericht: Der Publikation von 2017 zufolge (die sich auf Zahlen von 2015 stützt) liegt die Armutsquote bei 15,7 % – das ist ein ganzer Prozentpunkt mehr als 2005 (14,7 %). Unter Armutsquote verstehen die Autoren dieser Studie dabei den prozentualen Anteil jener Menschen, die weniger als 60 % des Durchschnittseinkommens zur Verfügung haben. Danach wären aktuell 12,9 Millionen Menschen in Deutschland als arm zu bezeichnen. Der Bericht resümiert:

> Wie in den meisten der letzten zehn Jahre schlug sich die insgesamt gute Wirtschaftsentwicklung des Jahres 2015 mit einem preisbereinigten Bruttoinlandsproduktzuwachs von 1,7 Prozent nicht in einem Abbau der Armut nieder. Vielmehr muss mit Blick auf die letzten 10 Jahre konstatiert werden, dass wirtschaftlicher Erfolg der Gesamtökonomie offensichtlich keinen Einfluss auf die Armutsentwicklung hat. Ganz im Gegenteil: Gemessen an der Armutsquote geht der zunehmende gesamtgesellschaftliche Reichtum mit zunehmender Ungleichheit und der Abkopplung einer immer größeren Zahl von Menschen vom allgemeinen Wohlstand einher.[17]

Diese Ungleichentwicklung ist der Bevölkerung nicht verborgen geblieben. Vor allem die Finanzkrise 2008 hat viele verärgert, indem offenbar ungeheure Summen in die Rettung international operierender Großbanken gesteckt werden konnten, im Sinne einer Vergesellschaftung der Verluste (bei gleichzeitiger Privatisierung der Gewinne), während für zahlreiche öffentliche Angebote kein Geld mehr da ist, seien es Schwimmbäder oder Kindergartenplätze, seien es die vielbeschworenen Investitionen in Wissenschaft und Bildung.

Obwohl sicher im Kontext der großen Flucht- und Migrationsbewegung von 2015 eine Art Elendskonkurrenz zwischen den Asylsuchenden und einheimischen Angehörigen der Unterschicht entstand, wie sie sich in den Auseinandersetzungen um die Essener Tafel manifestierte,[18] haben die genannten Studien zu den Wählern der AfD gezeigt, dass die niedrigste Einkommensgruppe bzw. die Transferleistungsempfänger gar nicht so empfänglich sind für den rechten Populismus. Vielmehr sind es solche Menschen, die arbeiten, wenn auch eher im unteren und mittleren Bereich der Berufsskala.

Das ist durchaus nachvollziehbar, denn gerade, wer etwas zu verlieren hat, ist von Angst erfüllt. Schon seit den 1990er Jahren beobachten gewerkschaftsnahe Wissenschaftler mit Sorge eine spürbare »Erosion des Normalarbeitsverhältnisses«.[19] Stattdessen nehmen befristete, Leih- oder Teilzeit-Arbeitsverhältnisse kontinuierlich zu, wenn die Aufgaben nicht gleich an *free-lancer* mit Honorar- oder Projektverträgen ausgelagert werden, die für ihre soziale Absicherung selbst sorgen müssen.

Doch nicht nur die prekär Beschäftigten leben unter großen Druck: Solche atypischen Beschäftigungsformen wirken sich auch auf die Inhaber von Normalarbeitsverhältnissen aus, denn ihre Firma könnte jederzeit auf die Idee kommen, durch den Einsatz von billigeren Honorarkräften Kosten einzusparen. Zudem haben viele Wirtschaftsunternehmen diese Bedrohungsszenarien dazu genutzt, die Bedingungen der Arbeit fundamental zu verändern. Besonders in neueren Branchen wie dem

IT-Bereich zeigt sich – so eine Studie des Instituts Arbeit und Technik –, »dass die Beibehaltung des klassischen unbefristeten Vollzeit-Beschäftigungsverhältnisses lediglich ein Mantel ist, unter dem sich ein Arbeitsverhältnis neuen Zuschnitts verbirgt.«[20] Das betrifft insbesondere das Zeit-Management: Über die Hälfte der Mitarbeiter von IT-Start-ups arbeiten mehr als 60 Wochenstunden, jeder sechste sogar zwischen 70 und 90 Stunden. Gerade wegen der oft starken Identifikation solcher Beschäftigten mit dem, was sie tun, findet hier eine Entgrenzung von Arbeit und Freizeit statt, das Leben neben dem Beruf schrumpft so weit zusammen, dass lediglich Zeit »für die notwendigsten Reproduktionstätigkeiten bleibt.«[21] Unter dem Deckmantel der ›flachen Hierarchien‹ sollen aber auch im produzierenden Gewerbe die Mitarbeiterpotenziale effizienter genutzt werden. So werden innerhalb eines Firmenverbunds zum Beispiel projektorientierte *Task Forces* oder *Profit-Center* geschaffen, quasi eigenständig wirtschaftende Subunternehmen, die über den Grad ihrer Leistungserfüllung in Konkurrenz zueinander treten, was bisweilen schizophrene Züge annimmt:

> Die Notwendigkeit, die Profitabilität des eigenen Profit-Centers in Konkurrenz zu anderen Einheiten unter Beweis zu stellen, mit denen gleichzeitig kooperiert werden muss, führt nicht nur theoretisch, sondern auch in der Praxis oft zu widerspruchsvollen Handlungsforderungen, die Gefahr laufen, in einer Situation des ›jeder gegen jeden‹ zu münden.[22]

Ähnlich zwiespältig wirkt sich das Instrument der ›Zielvereinbarung‹ aus: Zwar wird dem Mitarbeiter eine große Freiheit bei der Erreichung eines Zieles eingeräumt, im Falle seines Misserfolgs hat er jedoch individuell die Verantwortung zu tragen: »Partizipation beim Zustandekommen von Zielen hat nicht [...] den Zweck, dass ein ›Gefühl von Mitsprachemöglichkeit‹ entsteht. Ihr erster Zweck ist es, Verantwortlichkeit in die Aufgabe oder Stelle einzupflanzen.«[23]

Selbstverständlich erhöhen all diese Maßnahmen den Druck auf die Beschäftigten, die sich einer steten Kontrolle ihrer Produktivität und der restlosen Ausbeutung ihrer Potenziale ausgesetzt sehen. Sie werden so dazu angehalten, sich mit der ganzen Person in das Unternehmen einzubringen, mit der Bereitschaft zur permanenten Fortbildung, zu einem Einsatz weit über die Normalarbeitszeit hinaus. Der Einzelne wird zum »Arbeitskraftunternehmer«[24], zum unternehmerischen Subjekt, das sich auf dem simulierten innerbetrieblichen Markt zu behaupten hat. Zwangsläufig trägt das zur Vereinzelung bei und führt dazu, dass Kollegen nicht mehr als Verbündete, sondern als Konkurrenten betrachtet werden. Die sozialen Folgen sind gravierend: Die Beschäftigten werden

> in prekäre Lebens- und Arbeitsverhältnisse gestoßen und mit der Gefahr anhaltender, demütigender Arbeitslosigkeit konfrontiert. Sie werden zu einer Leistungsverausgabung veranlasst, die ganz unmöglich ohne negative Folgen für ihre physische und psychische Gesundheit und ihr Sozialleben bleiben kann.[25]

Dass Arbeit unter diesen Vorzeichen von immer mehr Menschen als sehr stressintensiv empfunden wird, ist nicht verwunderlich – die dauernde Überforderung ist so etwas wie die Grundsignatur unserer Epoche geworden, das Wissen darum Common Sense.[26]

Das »unternehmerische Selbst«, das der Soziologe Ulrich Bröckling im gleichnamigen Buch ausgerufen hat,[27] ist für Viele heutzutage eine Belastung geworden, mit der sie nicht zurechtkommen; gerade die psychosoziale Ambivalenz des neuen Arbeitsverständnisses schlägt hier durch:

> Längst gilt es, die eigene Arbeit als Ausdruck intrinsischer Interessen hervorzuheben und zu zeigen, dass man nicht arbeitet, weil man es muss, sondern weil man es will. Auf diese Weise bekommt der Begriff der Entfremdung eine neue Bedeutung: Entfremdet zu arbeiten, der eigenen Arbeit fremd zu sein, ist kein gesellschaftlicher Zustand mehr, welcher der Kapitalismuskritik verfällt, da die Erwartung, eins zu werden mit der eigenen Arbeit, eine der Zumutungen der Gegenwart ist.[28]

Dazu passt, dass sich die Anzahl der Krankentage aufgrund psychischer Probleme innerhalb von nur 10 Jahren mehr als verdoppelt hat: von 48 Millionen im Jahr 2007 auf 107 Millionen Tage 2017, wie aus der Antwort des Bundesarbeitsministeriums auf eine Anfrage der Partei DIE LINKE hervorging.[29] Bereits Kinder und Jugendliche wachsen in unserer Gesellschaft mit dem Leistungsdruck auf, schon in Schule und Studium werden Mitschüler/Mitstudenten zunehmend zu Konkurrenten in Bezug auf etwaige Zukunftschancen gemacht.

Nicht umsonst hat der Begriff der ›Resilienz‹, der Widerstandsfähigkeit gegenüber Stress und schwierigen Bedingungen des Umfelds, derzeit Hochkonjunktur. Das ist es, was Unternehmen sich von ihren Mitarbeitern wünschen: eine Unverwundbarkeit gegenüber latenten Bedrohungen wie Leistungsdruck und Angst um den Arbeitsplatz, die sie weiterhin effektiv funktionieren lässt. In der Folge haben die Individuen zahlreiche Mechanismen zur Selbstoptimierung entwickelt, um ihre innere Stabilität zu erhöhen: Sport, gesteigerte Gesundheitsvorsorge und -absicherung, ein funktionierendes Familienleben – natürlich alles Faktoren, gegen die an sich nichts einzuwenden ist, außer dass sie hier zur Ausbalancierung eines in sich ungleichgewichtigen Systems dienen. Gerade innerhalb der urbanen, gut ausgebildeten und einkommensstärkeren Mittelklassen hat sich »eine auf Entschleunigung abzielende und dem Zen-Buddhismus entspringende Achtsamkeitskultur (D.I.Y., Yoga, etc.) herausgebildet, deren Wirksamkeit etwa anhand des Booms von Zeitschriften wie ›LandLust‹, ›Flow‹ oder ›Happiness‹ abgelesen werden kann«.[30]

Eine Folge dessen ist aber, dass die Menschen gegen diese Verhältnisse, die sie krank machen, nicht mehr aufbegehren, sondern sich mit ihnen arrangieren und »hoffen, selbst zu Verbündeten des Managements zu werden, um nicht herauszufallen.« Sie fügen sich in ihr Los als merkantile Verhandlungsmasse, sorgen aus freien Stücken für ihre Disziplinierung; eine neue Ökonomie hat sie durch die »Ausweitung des Blicks der Lenkung durch Einbindung der Gelenkten« zum Bestandteil ihrer Beherrschung werden lassen.[31]

Besondere psychosoziale Brisanz gewinnt diese Melange angesichts der erhöhten Fluktuation auf dem Arbeitsmarkt. Dass jemand einen bestimmten Beruf erlernt und diesen dann sein Leben lang ausübt, womöglich in ein und demselben Unternehmen, vom Arbeitsantritt bis zur Verrentung – das ist inzwischen kaum mehr vorstellbar: »Dagegen steigt die Zahl derjenigen, die in ihrer Erwerbsbiografie vermehrt Brüche erfahren, buchstäblich sozial verwundet werden.«[32]

Der französische Soziologe Robert Castel spricht von drei verschiedenen Zonen der heutigen Gesellschaft: einer Zone der »Integration«, in der sich all jene befinden, die einen mehr oder weniger sicheren Vollzeitarbeitsplatz innehaben, einer Zone der »Verwundbarkeit«, wo unsichere Beschäftigungsverhältnisse vorherrschen, und einer Zone der »Entkopplung«, das meint jene Mitglieder der Gesellschaft, die von der Teilhabe weitgehend ausgeschlossen sind.[33] Besonders die letzten beiden Zonen haben sich in den letzten Jahrzehnten ausgeweitet, der Zustrom zur Mitte der Gesellschaft, der die bundesrepublikanische Epoche kennzeichnete, stagniert, zugleich gibt es immer mehr Abstiege.[34]

Nun war der Mittelstand als soziale Sphäre, weil von großer Mobilität geprägt, immer schon schwer zu bestimmen. Bereits Georg Simmel bezeichnete es als charakteristisch, dass die Mittelschicht »eine obere und eine untere Grenze hat, daß an diesen fortwährender Austausch mit den beiden anderen Schichten stattfindet und durch diese ununterbrochene Fluktuation eine Grenzverwischung und kontinuierliche Übergänge erzeugt werden.«[35] Aktuell scheinen sich diese Prozesse zu verstärken, wobei die obere Mitte relativ kompakt und vor krisenhaften Situationen nahezu vollständig verschont bleibt, während sich am unteren Ende die Abstiege häufen: »hier werden die zuvor stabilen Ränder vom Anbranden der regressiven Modernisierung abgetragen.«[36] Berthold Vogel spricht daher von der »nervösen Mitte«.[37]

Dass der Mittelstand schrumpft, daran besteht in der Soziologie kein Zweifel mehr, allenfalls ist man sich uneinig über das Ausmaß. Für die Menschen, die hinter den Zahlen stehen, bedeutet das in jedem Falle eine deutlich erhöhte Unsicherheit, die sich nicht zuletzt auch in einer geringen Geburtenrate niederschlägt.[38] Die Gründe sind vielfältig, einige davon sind bereits genannt, eine Studie der Bertelsmann Stiftung fasst zusammen:

> Neben dem Schrumpfen der Einkommensmitte sind dies Veränderungen auf dem Arbeitsmarkt (durch Restrukturierungen und das Wachstum atypischer Beschäftigung), der Umbau des sozialen Sicherungsstaates und sozialstrukturelle Veränderungen, die die Mittelschicht weniger stabil und statussicher erscheinen lassen. Gleichzeitig garantieren ein guter schulischer Abschluss und eine berufliche Qualifikation nicht mehr eine sichere Positionierung in der Mitte.[39]

Gerade der verbesserte Zugang zu Bildung für alle hat folgenschwere Konsequenzen gezeitigt: Dass viele Bevölkerungsteile, die vorher bestenfalls einen Hauptschulabschluss oder eine Mittlere Reife hätten erreichen können, nun die Möglichkeit besitzen, zu studieren, hat den Studienabschluss entwertet: Ein abgeschlossenes Hochschulstudium bietet heutzutage keine Jobgarantie mehr.[40] Während die Politik immer noch den Wert einer guten Ausbildung preist, zeigt sich in der Praxis, dass Uni-Absolventen und -Absolventinnen häufig in Berufen arbeiten müssen, die sie nicht gelernt haben und für die sie womöglich hochgradig überqualifiziert sind, das »führt bei den Betroffenen dazu, dass sie sich depriviert, das heißt, ihrer Hoffnungen beraubt und sozial benachteiligt fühlen.«[41] Denn neben dem Bildungsgrad entscheiden noch ganz andere Faktoren über beruflichen Erfolg oder Misserfolg. Schwierigkeiten ergeben sich beispielsweise bei solchen Absolventen, die »mit dem Manko behaftet« sind, nicht der bürgerlichen Klasse zu entstammen, und somit »auch nicht über das nötige soziale Kapital an Beziehungen verfügen, um ihre Bildungstitel angemessen zu verwerten.«[42]

Gerade in Deutschland ist die soziale Durchlässigkeit stark rückläufig. Hans Ulrich Wehler diagnostiziert, dass insbesondere das Wirtschaftsbürgertum eine »elitäre Schließung hin zu einer verblüffenden Homogenisierung« vorangetrieben habe, mit einer gar bis ins Kaiserreich zurückreichenden, »außerordentlich stabile[n] Rekrutierung aus dem Großbürgertum und dem gehobenen Bürgertum«.[43]

Chancengleichheit besteht also nur auf dem Papier, schon im Kindergarten und erst recht im Schulsystem beginnt die Auslese, hier wird das symbolische Kapital »inkorporiert«, der Habitus, wie Pierre Bourdieu es nennt: »jenes Kapital, das, die soziale Klasse definierend, zugleich die Erzeugung der distinktiven, d.h. klassifizierten und klassifizierenden Praxisformen zugrunde legt.«[44] Das heißt, das Fundament für bestimmte kulturelle Umgangsformen, soziales wie kommunikatives Know How, und damit für die Erfolgschancen im Berufsleben, wird bereits hier gelegt. Mehr denn je sind Lernfähigkeit, Allgemeinwissen, Sprachkenntnis, Begriffsdenken und andere Kompetenzen heute vom familiären Hintergrund abhängig;[45] die öffentlichen Lehranstalten sind nicht in der Lage, etwaige Lücken zu schließen. Der französische Soziologe Didier Eribon, der in seinem Erfolgsbuch *Die Rückkehr nach Reims* beschrieben hat, wie er den Weg aus einem proletarischen Milieu in eine akademische Laufbahn fand, hat sehr anschaulich die Schwierigkeiten geschildert, denen er sich ausgesetzt sah: Es waren nicht nur äußere Barrieren, jene »gläsernen Wände«, die ihn von den anderen Klassen abschirmten, sondern auch innere Barrieren, welche die Individuen selbst als Antwort darauf errichten: »Die schulische Selektion basiert oft auf Selbstexklusion und Selbsteliminierung, die Betroffenen reklamieren ihren Ausschluss als Resultat ihrer eigenen Wahlfreiheit.«[46] Das heißt, Menschen aus niederen Klassen sorgen unter Umständen instinktiv schon selbst für ihre Minderprivilegierung im Bildungswesen.

3. Das Unbehagen in der (neo-)liberalen Kultur

Es gibt also eine Reihe von sozialen und ökonomischen Gründen für eine wachsende Unzufriedenheit in der unteren Mitte. Das ist aber noch nicht alles. Auch im politischen Bereich hat sich einiges aufgestaut, was zu Wut und Überdruss geführt hat. Nicht umsonst hat sich in den westlichen Demokratien eine schon sprichwörtliche Politikverdrossenheit eingestellt, die sich in einer stetig sinkenden Wahlbeteiligung niederschlägt. Sukzessive macht sich in der europäischen Bevölkerung das Gefühl breit, die politische Meinungsäußerung durch Gebrauch des Wahlrechts ändere am Status Quo ohnehin nichts mehr, Colin Crouch bezeichnet dieses Phänomen als »Postdemokratie«. Er versteht darunter

> ein Gemeinwesen, in dem zwar nach wie vor Wahlen abgehalten werden, Wahlen, die sogar dazu führen, dass Regierungen ihren Abschied nehmen müssen, in dem allerdings konkurrierende Teams professioneller PR-Experten die öffentliche Debatte während der Wahlkämpfe so stark kontrollieren, dass sie zu einem reinen Spektakel verkommt, bei dem man nur über eine Reihe von Problemen diskutiert, die die Experten vorher ausgewählt haben.[1]

Die Politik der Postdemokratie wird somit von Marketingaspekten weitgehend überlagert, eine Tatsache, die der Bevölkerung längst nur zu bewusst ist. Die Politiker agieren im Geflecht der Stimmungen und Einflüsse zumeist sehr unglücklich, sie sehen »eher dem Besitzer eines kleinen Ladens ähnlich […] als einem Herrscher: Wenn sie im Geschäft bleiben möchten, müssen sie sich permanent bemühen herauszufinden, was die ›Kundschaft‹ haben will.«[2] Über Meinungsforschung und politische Manipulation versuchen sie also zu ermitteln, was das Volk will, um sich mit ihrem Handeln, so gut es geht, daran entlangzuhangeln, soweit man sie lässt – der Eindruck, dass Politik letztlich keine fundamentalen Veränderungen mehr herbeiführt, sondern lediglich Probleme hin- und herschiebt, ohne sie zu lösen, rührt auch daher, dass die Macht demokratischer Regierungen heute äußerst beschränkt ist: »Der Einfluss privilegierter Eliten nimmt zu, in der Folge ist das egalitäre Projekt zunehmend mit der eigenen Ohnmacht konfrontiert.«[3] Die Lobbypolitik der Wirtschaft verengt die Gestaltungsspielräume, gerade auch im sozialen Bereich – die Politik verliert den Kontakt zu den Menschen, die stets desinteressierter und desillusionierter verfolgen, was sich auf der großen Bühne tut, wenn sie es überhaupt noch wahrnehmen. Je mehr aber der Staat sich zurückzieht und scheinbar zu einem leerdrehenden Debattierklub verkommt, »desto leichter können Wirtschaftsverbände ihn – mehr oder minder unbemerkt – zu einem Selbstbedienungsladen machen.«[4] Und das wird bekanntlich auch durch kaum verheimlichte Allianzen politischer Funktionsträger mit Wirtschaftsvertretern ermöglicht. Exemplarisch dafür war neben der Bankenrettung im Rahmen der Finanzkrise zuletzt vor allem der Abgasskandal in der Automobilindustrie: Die Tatsache, dass die großen Hersteller, statt gezwungen zu werden, die betrogenen Kunden zu entschädigen, die Krise mit staatlicher Unterstützung noch als Anreiz zum Verkauf neuer, abgasärmerer Autos nutzen konnten, ist an Zynismus kaum zu überbieten.

Dass speziell das traditionelle ›Kleinbürgertum‹, Lohnabhängige mit niedrigem bis mittlerem Einkommen, sich reihenweise von der offiziellen Politik abwandte, hat aber auch mit einer generellen Umorientierung der europäischen Sozialdemokratie in den 1980er/90er Jahren zu tun, die bis dahin weitgehend als politische Vertretung dieser Gruppe gelten konnte. Ob die französischen Sozialisten unter François Mitterrand, Tony Blairs ›New Labour‹ in Großbritannien oder Gerhard Schröders auf die ›neue Mitte‹ zielende SPD – sie alle hatten einen Pakt gemacht mit der neo-liberalen Wirtschaft, der sie in einem Maße entgegenkamen, wie es nicht einmal die konservativen Parteien bis dato gewagt hatten.

Das war einerseits verständlich, denn in der damals ökonomisch erstarkten neuen Mitte waren, wie sich in der Praxis erwies, Mehrheiten zu gewinnen. Dies aber um den Preis ihrer Glaubwürdigkeit als Vertreter der angestammten Klientel. Didier Eribon hat diesen Prozess präzise gefasst und anhand seiner eigenen Familie exemplifiziert: Nachdem die Sozialisten in Frankreich 1982 gewonnen hatten, was zuerst für großen Jubel bei ihren Anhängern gesorgt hatte, schien doch eine Zeitenwende angebrochen, machte sich schnell Ernüchterung breit. »Links, rechts, alles dasselbe«, sagten die Leute, die ihre Hoffnungen auf individuelle Verbesserungen gesetzt hatten und nun enttäuscht wurden. Denn einmal an der Macht, veränderten sich die Sozialisten:

> Die linken Parteien mit ihren Partei- und Staatsintellektuellen dachten und sprachen fortan nicht mehr die Sprache der Regierten, sondern jene der Regierenden, sie sprachen nicht mehr im Namen von und gemeinsam mit den Regierten, sondern mit und für die Regierenden, sie nahmen der Welt gegenüber nunmehr einen Regierungsstandpunkt ein und wiesen den Standpunkt der Regierten verächtlich von sich.

Obwohl Eribon hier die französische Situation im Auge hat, sind seine Ausführungen repräsentativ auch für die Entwicklung, die in den 1990er Jahren in Großbritannien und Deutschland einsetzte:

> Die sozialistische Linke unterzog sich einer radikalen, von Jahr zu Jahr deutlicher werdenden Verwandlung und ließ sich mit fragwürdiger Begeisterung auf neokonservative Intellektuelle ein, die sich unter dem Vorwand der geistigen Erneuerung daran machten, den Wesenskern der Linken zu entleeren.[5]

Die sozialdemokratischen Parteien sind somit als Repräsentanz für ihre eigentliche Klientel weggefallen, auch die Gewerkschaften besitzen nicht mehr die einstige Stärke und Glaubwürdigkeit. Zusätzlich haben die im vorigen Kapitel skizzierten Vereinzelungstendenzen im Arbeitsbereich dazu geführt, dass gemeinsame Kampferfahrungen, etwa gegen ausgrenzende Lohnpolitik, Jobverlust oder soziale Schicksale, Mangelware geworden sind. Denn das ist die Kehrseite der sozialen Aufstiegsbewegung in den 1970er und teilweise noch 80er Jahren, die gerade in Deutschland eine ›Verbürgerlichung‹ der Arbeiterschaft bewirkte: »Traditionelle Sozialbeziehungen, Familienbindungen und vor allem die Prägung durch Klassenlagen verloren ihren kollektiven Charakter; an ihre Stelle traten individualisierte Werte, Verhaltensdispositionen und Biografien.«[6]

Der Begriff ›neue Mitte‹, der nicht zuletzt auch daraus resultierte, verstellt allerdings den Blick darauf, dass weite Teile derselben noch immer aus Lohnabhängigen bestehen, selbst gut verdienende Fachkräfte bleiben streng genommen – von ihrer Sozialisation, ihren ›händisch‹ ausgeführten Tätigkeiten her – weiterhin ›Arbeiter‹.[7] Die Arbeiterklasse ist inzwischen aber zu stark ausdifferenziert, um sich einheitlich als eine solche zu begreifen. Natürlich trennt qualifizierte Facharbeiter ein tiefer Graben von Hilfs- und Leiharbeitern oder Honorarkräften, die wesentlich schlechter bezahlt werden. Doch der Gruppe der Lohnabhängigen im Ganzen, die also stark mit Verteilungsungerechtigkeit – sogar in ihrer eigenen Schicht, aber, angesichts der gewaltigen Zugewinne der Oberschicht, erst recht im gesellschaftlichen Zusammenhang – konfrontiert sind, fehlt das eigentliche Sprachrohr. Die Rede über die Ungleichheit ist sehr erfolgreich aus der Öffentlichkeit verbannt worden, bzw. niemand hört ihr mehr wirklich zu. Die Soziologen weisen seit Jahrzehnten hin auf die zunehmende Umverteilung und die soziale Sprengkraft, die dem innewohnt; eine Studie, die mit statistischen Zahlen belegt, wie unterschiedlich die Einkommensentwicklung seit Anfang der 1990er Jahre ausgefallen ist, folgt auf die nächste; selbst in der *Tagesschau* findet soziale Ungleichheit des Öfteren Erwähnung. Heute bezeichnet sogar ein liberaler Wirtschaftswissenschaftler wie Marcel Fratzscher Deutschland »als das ungleichste Land Europas«[8] und sieht darin ein Entwicklungshindernis für die Ökonomie.

Aber Konsequenzen zeitigt das nicht. Die Tatsache bleibt ausgespart, in der Politik sowieso, doch selbst die Kultur, die alle Freiheiten hätte, sich dieser Sachverhalte anzunehmen, schweigt. Im Theater finden die sozialen Zumutungen kaum Behandlung, in der bildenden Kunst ebenso wenig – oder wenn, nur in globalem Maßstab, gespeist von postkolonialistischer Kritik, welche die Ungerechtigkeiten vor der eigenen Haustür unterschlägt –, in der Literatur erst recht nicht. Sie gefällt sich nahezu ausschließlich darin, Bürgertumsidyllen abzubilden, ohne die Prekarität dieser Konstellationen zu thematisieren,[9] allenfalls abgehandelt als »Tragödie des Leistungsträgers«,[10] mithin als Individualschicksal getarnt. Derweil schraubt sich die Spirale immer weiter hoch.

Der, dessen (ja eigentlich durchaus legitime) Belange so sehr missachtet werden, reagiert zunächst mit Fatalismus und Verbitterung, die irgendwann in Wut und Hass umschlagen. Das Ausmaß der negativen Stimmung ist allerdings furchterregend. So schlecht ist die wirtschaftliche Lage nicht, dass sie die Auswüchse an Hassreden und Volksverhetzung, wie sie sich in Internetforen und Chats, bei Diskussionen oder Demonstrationen Bahn brechen, erklären könnte. Darin kommt ein tief sitzender Zorn gegenüber (scheinbar oder tatsächlich) herrschenden Eliten zum Ausdruck, der sich zumeist gar nicht etwa an den realen Umverteilungsprozessen festmacht, denn, wie gesehen, sind es nicht etwa die Ärmsten der Armen, die aus einer direkten existenziellen Bedrohung heraus die Eliten-Policy angehen, sondern in der Regel entzündet sich die Wut an ganz anderen Fragen: an Migration, Gendermainstreaming und Political Correctness zum Beispiel. Verantwortlich für den Ärger sind also weniger bereits stattgehabte, ökonomische Statusverluste als vielmehr in der Zukunft befürchtete, und darüber hinaus geht es genauso auch um »kulturelle Geltungsverluste, d.h. Verluste an relativer Hegemonie und Deutungsmacht«. Zum verborgenen Klassenkampf tritt demnach auch der »symbolische Klassifikationskampf«, also der »Kampf um Deutungshoheiten und Denkkategorien«.[11]

Viele Menschen haben Schwierigkeiten, ihr Weltbild mit den rasanten Veränderungen in Einklang zu bringen, die mit der Deregulierung der Wirtschaft einhergingen und -gehen. Neben dem Wandel im ökonomischen Bereich, was Arbeitsorganisation und Berufsethos angeht, haben auch gesellschaftliche Rollenbilder einen fundamentalen Wandel erfahren, man denke etwa an die inzwischen gleichberechtigtere Beziehung zwischen Mann und Frau, auch im Gefolge einer spürbaren Feminisierung der Arbeit. Ebenso ist im »progressiven Neoliberalismus«[12] ein, wenn auch noch nicht durchgreifender Abbau der Diskriminierung ethnischer und sexueller Minderheiten zu verzeichnen.[13] Manchen bereitet das große Schwierigkeiten, sie können sich von den eingeübten Orientierungen nicht lösen und/oder scheitern daran, sich den neuen Flexibilitätsanforderungen des Marktes anzupassen:

> Viele reagieren schockiert, wenn ihnen klar wird, dass bislang prämierte Tugenden, wie etwa Charakterstärke, Gradlinigkeit, Opferbereitschaft oder Durchhaltevermögen für den Statuserhalt nicht mehr hinreichend sind, sondern der flexible Mensch das neue Leitbild darstellt.[14]

Das trifft gerade auf solche Personen zu, die früher einmal die gesellschaftlich privilegierte Mehrheit darstellten und nun erleben müssen, dass sie diese Hegemonie sukzessive einbüßen. Bourdieu bezeichnet dies als den Hysteresis-Effekt: Wer auf vergangenen Positionen beharrt, die er oder sie in der alten Bundesrepublik oder der untergegangenen DDR eingenommen haben mag, richtet den Blick eher nicht klassenkämpferisch nach vorne, sondern ist bemüht, über eine Form von »Re-Souveränisierung« (Koppetsch) den alten Status wieder herzustellen.[15] Er oder sie ist dann auch eher für rückwärtsgewandte, also rechte Ideologien zu begeistern: »Rechtspopulismus ist somit ein politischer Kampf um die Macht zur Wiederaufrichtung vergangener Gesellschaftsordnungen.«[16]

Verbunden wird dies mit dem klassischen Schema des Populismus, der eine Gruppe des ›Wir‹ kreiert, die sich insbesondere durch die Stigmatisierung der Anderen – hier: der liberalen Elite einerseits und der Gruppe der Zugewanderten andererseits – konstituiert. Diese Methode ist aktuell deshalb so erfolgreich, weil die Neue Rechte, inklusive AfD und PEGIDA, hier bruchlos an ökonomische Deklassierungserfahrungen anknüpfen kann, im Osten Deutschlands noch stärker als im Westen. Sie etabliert damit gewissermaßen einen »Sozialpopulismus«, um »den Bewährungsproben um Lohn und Arbeitsbedingungen ein ethnisch-nationalistisches Format zu geben.«[17] In diesem Sinne ist Dörre/Bose/Lütten/Köster Recht zu geben, wenn sie gegenüber anderen aktuellen Erklärungsansätzen darauf beharren, dass die Motive für die rechtspopulistische Revolte sich »nicht säuberlich in sozioökonomische und kulturelle aufspalten« lassen. Vielmehr ist beides untrennbar miteinander verflochten: »Radikal rechte Arbeiter verteidigen ihren Lebensstil. Doch die verinnerlichten Dispositionen und Geschmacksurteile, die diesen Lebensstil hervorbringen, wurzeln in sozioökonomischen (Klassen)Verhältnissen.«[18] Im Kontext ihrer qualitativen Studie, basierend auf Interviews mit gewerkschaftlich organisierten, teils in Betriebsräten engagierten Arbeitern in Sachsen, hat sich gezeigt, dass bei den Befragten zwar keine große Angst vor dem Verlust des Arbeitsplatzes, gleichzeitig aber auch keine Hoffnung auf sozialen Aufstieg, etwa durch Fortbildungsprogramme, mehr herrscht. Stattdessen gibt es die verbreitete Überzeugung, man werde lebenslang auf dem niedrigen bis mittleren Niveau, das mit Aufnahme der Berufstätigkeit erreicht wurde, verbleiben. Das Missverhältnis gegenüber den großen ökonomischen Zugewinnen der Oberschicht bleibt dabei nicht unbemerkt; so äußerte einer der Arbeiter: »Jeder Deutsche hat ein Grundgehalt von 3300 EUR im Durchschnitt. Dann frage ich mich jetzt, was bin ich denn? Bin ich etwa kein Deutscher?«[19]

Eine möglicherweise klassenkritische Position wird hier in einen Versorgungsanspruch aufgrund von nationaler Zugehörigkeit umgemünzt. Das Deutschsein wird »zur Chiffre, die den

Anspruch auf ein ›normales‹ Leben legitimieren soll, wie es allen Deutschen zusteht.«[20]

Das ist genau der Punkt, an dem der rechte Populismus erfolgreich angedockt hat: Die Zugewanderten werden zu einem Konkurrenzproblem, indem sie den Kuchen, der zu verteilen ist, noch verkleinern – ohne dass, aus Sicht rechtsorientierter Beschäftigter, ein Anspruch darauf bestünde. So empirisch falsch diese Diagnose ist, so unlogisch auch der Versorgungsgedanke auf Basis der Nationalität, enthält das Kalkül doch in der Essenz die Wahrheit einer manifesten Ungleichentwicklung der Einkünfte, was im Osten, wo die Löhne weiterhin deutlich unter Westniveau liegen, noch doppelt spürbar ist.

Dieser »rationale Kern«[21] des rechten Protests wird nun im liberalen Diskurs mit dem (ja auch berechtigten) Hinweis auf die Unangemessenheit des völkischen Topos getilgt. Der »liberale Populismus«, wie Bernd Stegemann das Diskursverhalten der herrschenden Eliten nennt, verwahrt sich gegen Nationalismus und Rassismus, spricht den Kontrahenten damit a priori die kommunikative Satisfaktionsfähigkeit ab »und erspart sich dadurch, die systemischen Gründe für den Protest anzuerkennen.«[22]

Die massive Verschlechterung der wirtschaftlichen Situation der unteren Schichten wird so gar nicht erst zum Thema, übrigens auch nicht bei den Rechtspopulisten selbst. Die AfD etwa behauptet von sich, die sozialen Probleme der Leute zu kennen und sie politisch zu vertreten, instrumentalisiert sie aber nur für ihre Zwecke, indem sie als Überlaufventil die Ressentiments gegen Migranten schürt, was – neben Fragen nach der moralischen Legitimität dieses Vorgehens – faktisch kein Mittel ist, um der krisenhaften Situation zu begegnen. Im Gegenteil: Die wirtschaftsliberale Position der AfD läuft, wie gesehen, darauf hinaus, genau jene Politik noch zu forcieren, die überhaupt erst zur prekären Lage der unteren Bevölkerungsschichten geführt hat: »Ökonomisch wird weiterhin Konkurrenz und Deregulierung gepredigt, Entlastung soll auf wundersame Weise durch die

Ausgrenzung der Fremden im Alltag wie im Markt kommen.«[23] Erstaunlicherweise wird dieser innere Widerspruch von der rechten Wählerklientel bislang beharrlich ignoriert.

Aber um rationale Begründungszusammenhänge geht es kaum mehr. Die stark emotional gefärbte Reaktion jener Menschen, die sich als das ›deutsche Volk‹ sehen, rührt vermutlich auch von der arroganten Haltung des liberalen Populismus her: Er entzieht den Menschen die Gesprächsbefugnis, indem er ihnen, mit dem Hinweis auf die Alternativlosigkeit jener Maßnahmen, die ihren Lebensstandard bis aufs Äußerste beschneiden, einzureden versucht, der Grund für ihr Unbehagen sei nur mangelnde Einsicht und nicht etwa existenzielle Sorge. Das macht vielleicht ein wenig das oft unbegreifliche Ausmaß an Hass nachvollziehbar, der allerorten aufbrandet und im sprachlichen Ausdruck beinahe mittelalterlich-exzessive Formen annimmt.

Dahinter steht wohl auch die intuitive Erkenntnis des wahren Charakters der neoliberalen Freizügigkeit, die in Wahrheit nicht mehr bedeutet als »die Abwesenheit von Hindernissen in einem Parcours, der von anderen vorbestimmt, ferngesteuert und überwacht wird.«[24] Diese Fernsteuerung schlägt sich nicht nur in der Alltagsorganisation nieder, in Architektur, Mobilität und öffentlichem Leben, sondern auch in Sprache und Habitus – nicht umsonst sind die PEGIDA-Demonstranten für Linksliberale nicht nur politische Gegner, sondern auch eine Zielscheibe des Spotts über ihre kulturellen Ausdrucksformen, ihr sprachliches und orthographisches Vermögen ebenso wie ihre modischen Präferenzen. Längst wacht ein ungeschriebener Konsens darüber, wie man in der postmodernen Welt zu sein und sich zu gerieren hat, für Guillaume Paoli ein Code als Ergebnis eines langen Mutationsprozesses, der »aus einem Set von Meinungen, Geschmäckern, Korrektheiten und Verhaltensregeln [besteht], die nicht mehr hinterfragt werden, da dies sonst der schimpflichen Rückständigkeit verdächtig machen könnte.«[25] Die rechten Demonstranten verstoßen auf ganzer Linie gegen diesen Code, sie erscheinen als die Aussortierten, Ewiggestrigen, die sich in bemitleidenswerter Weise an einer sozialen Formation, einem Alltagsgefüge und den damit verbundenen Lebensäußerungen festklammern, die unwiederbringlich im Orkus der Geschichte entschwunden sind. Sie werden – in ihrem medialen Bild und im Angesicht der liberalen Öffentlichkeit – zur Karikatur ihrer selbst, zum ressentimenterfüllten Jogginghosenträger mit Hitlergruß und Pissfleck. »Das ist Pack!«, äußerte sich etwa der ehemalige Außenminister Gabriel über rechte Randalierer im sächsischen Ort Heidenau,[26] was die betreffende Klientel wenig später mit dem rhetorisch nicht ungeschickten Schlachtruf »Wir sind das Pack!« konterte[27] – der intertextuelle Verweis auf den Slogan der DDR-Bürgerrechtsbewegung »Wir sind das Volk!« unterstellt die Rechtmäßigkeit des eigenen Anspruchs, des Anspruchs des Souveräns, dessen bestellte Diener Gabriel und die Bundesregierung letztlich ja nur sind.

Das eh schon geschundene Selbstbewusstsein der Deklassierten – solcherart mit persönlicher Abwertung konfrontiert – bäumt sich auf und sucht sich, wie so oft nicht nur in der deutschen Geschichte, noch Schwächere als wohlfeile Sündenböcke, statt dort zu rebellieren und seine legitimen Ansprüche geltend zu machen, wo diese tatsächlich verhandelt wurden und werden.

II Gegen die Hegemonie: Rechte Diskursstrategien

Die Rechte, ein Begriff, der zu Unrecht einen einheitlichen Block suggeriert, hat sich massiv verändert. Natürlich gibt es alte Nazis und neue Nazis, Hooligans, Skins, verschrobene Reichsbürger und andere Verschwörungstheoretiker. Die gewaltbereiten Elemente aus diesen Kreisen verbreiten – besonders in den neuen Bundesländern – Angst und Schrecken. Zahlreiche Opfer rechter Gewalt sind seit der Wiedervereinigung zu beklagen. Die offizielle Statistik der Bundesregierung über rechtsextrem motivierte Mordtaten weicht zwar mit 84 Opfern seit 1990 stark von jener der Amadeu Antonio Stiftung ab, die 194 Todesfälle auf dem Konto rechter Gewalt verbucht.[1] Aber die Tatsache auch ›nur‹ 84 ermordeter oder totgeschlagener Menschen ist erschreckend genug. Die Autorin Manja Präkels hat dem Angstdruck, unter dem Andersdenkende gerade in östlichen Bundesländern wie Brandenburg leben, kürzlich mit ihrem vielfach ausgezeichneten Roman *Als ich mit Hitler Schnapskirschen aß* (2017) eine bedrängende literarische Darstellung verliehen. Ganz sicher ist dieses Problem lange Zeit vonseiten der Politik ignoriert und verharmlost worden. Erst mit Enttarnung und Zerschlagung des sogenannten Nationalsozialistischen Untergrunds hat der rechte Terror breite Aufmerksamkeit gefunden.

Für die Gesellschaft stellen diese Gruppen natürlich eine Gefahr dar, aber doch keine existenzielle. Es ist nicht davon auszugehen, dass nazistische Gewalttäter jemals mit großer Solidarität seitens der Bevölkerungsmehrheit werden rechnen können. Deutlich größeren Schaden aber könnte die Neue Rechte anrichten, die sehr viel zeitgemäßer, sehr viel geschickter und profunder operiert als die Ewiggestrigen. Sie, die ebenfalls durchaus nicht als völlig homogen erscheint, hat in jahrzehntelanger Arbeit darauf hingewirkt, rechte Gedankenströmungen anschlussfähig zu machen. Man distanziert sich von Hitler und den Verbrechen des Nationalsozialismus. Holocaust-Leugnung findet bei der Neuen Rechten kaum mehr statt, auch Antisemitismus wird man ihr zumeist nicht nachsagen können.[2] Selbst den Islam als solchen lehnen maßgebliche Protagonisten der Neuen Rechten nicht substanziell ab, sie möchten ihn nur nicht in Deutschland sehen. Den Kreisen um die Wochenzeitschrift *Junge Freiheit* sowie um Götz Kubitscheks Antaios Verlag, die dazugehörige Zeitschrift *Sezession* und den Thinktank IfS (Institut für Staatspolitik), ist es gelungen, einen intellektuell-fundierten Diskursraum von rechts zu schaffen. Mit einer gewissen Seriosität und scheinbarer Mäßigung haben sie es sogar geschafft, eine Brücke zu konservativen Teilen des bürgerlichen Lagers zu schlagen. Für den Politologen Samuel Salzborn besteht der Kern ihrer Strategie in der »Intellektualisierung des Rechtsextremismus durch die Formierung einer intellektuellen Metapolitik und die Erringung einer ›kulturellen Hegemonie‹.«[3] ›Metapolitik‹ und ›kulturelle Hegemonie‹, das sind Begriffe, die auf den französischen neurechten Denker Alain de Benoist verweisen sowie auf den italienischen Marxisten Antonio Gramsci, den Benoist ausgiebig rezipierte. Hier zeigt sich, wie sehr die Neue Rechte sich von bereits geleisteter Theoriearbeit genuin linker Ansätze nährt.

Stichwortgeber sind Kubitschek und die ihm assoziierten Autoren auch für die Partei Alternative für Deutschland (AfD), die seit ihrer Gründung 2013, also in kaum mehr als fünf Jahren und allen Anfeindungen der etablierten Parteien und linksliberaler Kreise zum Trotz, in sämtliche Landesparlamente eingezogen ist; bei der letzten Bundestagswahl wurde die Partei mit 12,7 % drittstärkste Kraft. Die AfD kommuniziert und popularisiert gewissermaßen die intellektuellen Konzepte der Neuen Rechten.

Neben der Überbau-Fraktion um Kubitschek und der Partei AfD ist dann noch als junge ›Avantgarde‹ die bereits genannte

Identitäre Bewegung zu erwähnen. Sie macht mit ihrem popkulturell geprägten Auftreten rechten Aktivismus auch für den Nachwuchs attraktiv, der sich – trotz konservativ-nationalistischer Neigung – weder in der AfD noch in traditionellen Neo-Naziorganisationen wiederfindet. Man vermutet, dass die Identitäre Bewegung in Deutschland ca. 400–500 fördernde Mitglieder besitzt, von denen rund 100 wirklich unmittelbar an Aktionen beteiligt sind.[4]

Alle diese Einheiten sind über vielfältige persönliche Beziehungen miteinander verflochten: Antaios-Verleger Götz Kubitschek gilt als Berater des AfD-Rechtsaußen Björn Höcke, dazu gehört er, ebenso wie einer seiner wichtigsten Autoren, Martin Lichtmesz, fest zum Gründungsmythos der Identitären Bewegung. 2012 lud die französische Génération identitaire zu ihrem Bundestreffen ins südfranzösische Orange: Martin Sellner, ehemaliger Neonazi und Kopf der österreichischen ›Identitären‹, und Lichtmesz reisten gemeinsam an – sie trafen dort auf Götz Kubitschek. Sie alle waren angezogen worden von einer spektakulären Moscheebesetzung: Am 20. Oktober 2012 hatten 40 französische ›Identitäre‹ in Poitier das Dach einer im Bau befindlichen Moschee geentert und dort ein Banner mit der Jahreszahl 732 entrollt: das Jahr des Sieges Karl Martells über die Mauren, der gemeinhin als Ausgangspunkt der *reconquista*, der schrittweisen Rückeroberung ehemals christlicher Gebiete von den Mauren in Spanien und Portugal, gesehen wird. Erstmals gezeigt wurde bei dieser Gelegenheit der griechische Buchstabe ›Lambda‹, gelber Winkel auf schwarzem Grund, der zum Logo der Identitären Bewegung geworden ist. Das ›Lambda‹ hatte man dem Hollywood-Halb-Animationsfilm *300* entlehnt. Dieser behandelt den historischen Kampf des spartanischen Königs Leonidas I., der im Jahr 480 v. Chr. mit einem kleinen Heer griechischer Krieger, darunter 300 Spartaner, gegen eine riesige Übermacht von Persern, insbesondere nach Abzug eines Großteils seiner Truppen, deren Rückzug er deckte, den Thermopylenpass hielt. Im Film trugen die Lakedaimonier, antikes

Synonym für Spartaner, das ›Lambda‹ als Erkennungszeichen auf ihren Schilden. Schon das Logo der Identitären Bewegung verweist also auf einen ›Kampf der Kulturen‹, die Konfrontation zwischen Abend- und Morgenland.

Der rechte Kongress in Orange war für alle drei, Kubitschek, Lichtmesz und Sellner, eine Art Erweckungserlebnis. Auch wenn die ersten beiden nicht unmittelbar an Aktionen der kurze Zeit später erstmalig in Erscheinung tretenden ›Identitären‹ teilnahmen, sind sie doch so etwas wie geistige Führer der Bewegung. Kubitschek hatte immerhin, fünf Jahre vor deren Entstehung, mit seiner Konservativ-Subversiven Aktion eine Art Pilotversuch für die Identitäre Bewegung unternommen. Dass Martin Sellners Dokumentationsband zur Identitären Bewegung im Verlag Antaios erschien, ist somit kaum verwunderlich. Aus seiner Sympathie für Kubitschek und Lichtmesz macht er darin keinen Hehl.[5]

Auch zu PEGIDA existieren direkte Kontakte; Kubitschek trat hier zweimal als Redner auf, ebenso bei einer LEGIDA-Demonstration in Leipzig. Zwar sind die einzelnen Strömungen im Lager der neuen Nationalisten durchaus heterogen; Sellner selbst zeigt im besagten Band Differenzen »zwischen libertären und sozialistischen, religiösen und atheistischen, gesellschaftlich liberalen und konservativen« Spielarten auf,[6] aber in bestimmten Fragen, etwa bei der Zuwanderung, in der Identifikation mit Deutschland und im Hass auf das aktuelle demokratische System, sind sie sich einig.

Zur Propagierung dessen, was die Rechte den angeblichen »Fake News« der von ihr so genannten »Lügenpresse« entgegenhält, hat sie sich – außer den bereits genannten Medien – im Print- und Online-Bereich zahlreiche größere oder kleinere Foren geschaffen, wie *Tichys Durchblick*, *pi-news.de* oder *Compact*, eine Monatszeitschrift mit einer Verkaufsauflage von 41.000 Exemplaren. Deren Chef-Redakteur ist Jürgen Elsässer, früher ›Antideutscher‹, Redakteur und Journalist linker Zeitungen und Zeitschriften wie *junge welt*, *jungle world*, *konkret*, *der Freitag* und *Neues Deutschland.* 2009 wechselte er das Lager und war fortan wie Kubitschek als Redner bei PEGIDA und LEGIDA präsent. Der schon erwähnte ex-linke Aktivist Frank Böckelmann betreibt mit *Tumult. Vierteljahresschrift für Konsensstörung* eine weitere intellektuell verbrämte rechtsextreme Zeitschrift. Dazu gehört auch die frühere Schülerzeitschrift *Blaue Narzisse* aus Chemnitz. Neben Kubitscheks Antaios Verlag sind als rechte Verlage etwa der Kopp Verlag oder der Jungeuropaverlag des Jungrechten Philipp Stein zu nennen, begleitet von einer schier unübersehbaren Zahl an Blogs und Portalen (*journalistenwatch.de, epochtimes.de, faktum-magazin.de, zuerst.de, volkslehrer.de* usw.).

Eine rechte Gegenöffentlichkeit ist längst Tatsache. Viele Menschen, die den öffentlich-rechtlichen Sendern und den großen bürgerlichen Zeitungen nicht mehr vertrauen, informieren sich allein über diese ideologisch verengten Medien über die politische Weltlage. Bei ihnen stellt sich daher zwangsläufig eine verzerrte Realitätssicht ein. Dazu kommen die sozialen Medien, in denen monothematische »Filterblasen« eine effektive Vervielfältigungsmöglichkeit finden. Noch viel erschreckender als das, was die rechten Organe verlauten lassen, sind aber oft die Wortmeldungen der ›normalen Bevölkerung‹ bei Facebook, Twitter oder in öffentlichen Kommentarspalten von Zeitungen oder Foren. Abgrundtiefer Hass schlägt einem hier entgegen, eine Unversöhnlichkeit, die auf latente Gewaltbereitschaft schließen lässt. Offensichtlich ist die Saat der Neuen Rechten aufgegangen. Dass sie heutzutage so erfolgreich ist, liegt dabei nicht nur an den oben erläuterten sozialen und ökonomischen Phänomenen oder der ›Flüchtlingskrise‹, sondern auch daran, dass die extreme Rechte inzwischen erheblich besser organisiert ist, als frühere nationalistische Kohorten es jemals waren. Die linken 68er, zunächst als Gegenöffentlichkeit gestartet, hatten im Verlauf der 1970er/80er Jahre eine vollkommene Kontrolle über die gesellschaftliche Rede erlangt, ein Zustand, der bis heute anhält, doch das Bollwerk bekommt Risse. Denn, da sie damals keine

Aussichten hatten, im parlamentarischen Bereich irgendetwas zu erreichen, »machten sich Rechtsintellektuelle in den siebziger Jahren daran, geistiges Terrain zurückzuerobern«,[7] ein eigenes Theoriesystem zu formulieren. Die Traditionen, auf die sie sich dabei beriefen, sollen im folgenden Kapitel dargestellt werden.

1. Die Wurzeln des neurechten Denkens

Es ist hier weder der Ort noch besteht die Notwendigkeit, die gedanklichen Traditionen der Neuen Rechten allzu detailliert darzustellen, das haben Andere bereits zu Genüge getan, allen voran Volker Weiß und Thomas Wagner,[1] denn hier geht es schwerpunktmäßig um Sprache und Gestaltung neurechter Texte, um Äußerungsformen und Rhetorik. Aber einige grundlegende Konzepte müssen dennoch angerissen werden, um die geeignete Einbettung dieser Untersuchung zu gewährleisten.

Von kaum zu überschätzender Bedeutung für die Herausbildung der aktuellen Neuen Rechten war Armin Mohler (1920–2003), er ist so etwas wie ihr Übervater. Götz Kubitschek hielt die Grabrede auf ihn und fasste seinen Einfluss so zusammen: »Was er uns gelehrt hat – und dieses Uns meint seine Schüler [...]: die Unbekümmertheit des raschen Vorstoßes, die Befreiung der Gestalt, die Bewaffnung der Sprache, die Hochschätzung der Form, die Taktik der Nonkonformität.«[2]

Mohler war eine schillernde Figur, sozusagen schillernd in schwarz-braun. Als Schweizer geboren, desertierte er 1942 aus der Schweizer Armee und ging nach Deutschland, um sich der Waffen-SS anzuschließen. Dazu kam es jedoch nicht, stattdessen wurde er im Stuttgarter SS-»Panoramaheim« und auf Schloss Kalkhorst (Mecklenburg-Vorpommern), NS-Schulungseinrichtungen, auf subversive Arbeit in seinem Heimatland vorbereitet. Davon angeblich abgestoßen,[3] verzichtete er auf den Dienst an der Waffe und studierte einige Monate Kunstgeschichte in Berlin. Später jedoch erinnerte er sich an unbeschwerte Tage an der Ostsee, wo sich unter dem Banner der SS mitten im Krieg Europäer verschiedenster Länder zusammengefunden hätten, selbst aus England, vereint von der Idee eines »Europa freier Nationen«.[4] Volker Weiß dagegen sieht darin »die zum ›europäischen Geist‹ glorifizierte multinationale Konzeption der Waffen-SS […], die im Gedanken des westeuropäischen Faschismus ihre Entsprechung hatte.«[5]

Mohler kehrte in die Schweiz zurück, wo er zunächst wegen seiner Entfernung von der Truppe zu Festungshaft verurteilt wurde. Danach beendete er sein Studium und reichte unter anderem bei Karl Jaspers eine Dissertation mit dem Titel *Die Konservative Revolution 1918–1933* ein, die bis heute mehrfach aufgelegt wurde. Sie ist ein Begründungs- und Standardwerk der Neuen Rechten, bietet sie ihr doch einen effektiven Anknüpfungspunkt für die Entwicklung ihrer Positionen und Statements, ohne gleich mit der nationalsozialistischen Vergangenheit identifiziert zu werden. Dazu gleich mehr.

Zuvor noch ein Blick auf Mohlers weiteren Lebenslauf: 1949 bis 1953 war er Privatsekretär bei Ernst Jünger, was sicherlich eine prägende Erfahrung war. Danach arbeitete er als Journalist für Zeitungen wie *Die Tat*, *Die Zeit* und *Christ und Welt*. 1961 wurde er Mitarbeiter der neugegründeten Carl Friedrich von Siemens Stiftung in München, übrigens wohl nicht zuletzt durch die Beziehungen einflussreicher Alt-Nazis,[6] 1964 übernahm er deren Leitung und baute sie systematisch zu einer ›Denkfabrik‹ der Neuen Rechten aus. Dabei war er weiterhin journalistisch tätig, etwa für Blätter des Springer Verlags und für den *Bayernkurier*. Eine Zeitlang fungierte er als Berater und Redenschreiber Franz Josef Strauss', später engagierte er sich für die rechten Republikaner und deren Anführer Franz Schönhuber. Die bürgerliche Presse blieb ihm in seinen späteren Jahren verschlossen, daher arbeitete er einige Jahre als Kolumnist für die neurechte Zeitung *Junge Freiheit*.

In seinem Buch *Die Konservative Revolution 1918–1933* unternimmt Mohler nicht weniger als eine Reinwaschung rechtsnationaler Kreise in der Weimarer Republik: Sie, die in seinen Augen eben nicht, oder nur teilweise, in der nationalsozialistischen Bewegung aufgingen, seien gewissermaßen die »Trotzkisten« des Nationalsozialismus,[7] die Abweichler, die einen dritten Weg zwischen den großen Massenbewegungen des Kommunismus und des Nationalsozialismus gesucht hätten. Charakteristisch für sie sei eine »Mischung aus nationalem Befreiungskampf, sozialer Revolution und Wiederentdeckung des Eigenen«.[8] Die Formel des dritten Wegs geht zurück auf den Jungkonservativen Arthur Möller van den Bruck, dessen Buch *Das Dritte Reich* (erstmals 1923) viele als Ideenreservoir für den Nationalsozialismus ansehen. Möller van den Bruck selbst, der ohnehin schon 1925 verstarb, war aber von Hitler nur sehr wenig angetan. Für Mohler ist Möller van den Bruck, ohne dass er sich allzu explizit auf ihn bezöge, einer der wichtigsten Referenzpunkte für die Existenz einer konservativen Widerstandsbewegung jenseits von Hitler. Selbst die Formel von der ›Konservativen Revolution‹ hat er uneingestandenermaßen Möller van den Brucks Buch entnommen.[9] Und so sehr dieses heute in Vergessenheit geraten bzw. in den Giftschränken der Bibliotheken gelandet ist,[10] leben bestimmte Bestandteile der darin ausgebreiteten Theorie über Mohlers Vermittlung in der Neuen Rechten bis heute weiter, etwa Möller van den Brucks Verständnis von ›Nation‹ und ›Nationalismus‹, die er nicht unbedingt nur als eine Sache der Herkunft oder der Sprache ansieht: »Eine Nation ist eine Wertungsgemeinschaft. Und Nationalismus ist ein Wertungsbewußtsein.«[11] Bei Mohler heißt das: »Es ist eher ein seelischer Zustand mit dem Wort ›Nation‹ gemeint.«[12] Bei Möller van den Bruck findet sich auch bereits der positive Russland-Bezug, den viele deutsche Rechte heute pflegen; in der Revolution der Bolschewiki sah er nicht nur eine Umwälzung unter sozialistischen Vorzeichen (die er durchaus begrüßte), sondern auch unter nationalistischen: »Jedes Volk hat seinen eigenen Sozialismus. Die Russen haben dies wahrgemacht. In Rußland entstand aus dem russischen Sozialismus der Revolution das neue Soldatentum der Sowjetmacht. [...] Bolschewismus war russisch. Und er war nur russisch.«[13]

Dieser – fast ein wenig neidvolle – Blick gen Osten kennzeichnete auch Mohlers sogenannte Nationalrevolutionäre – wie ihre Nachfahren der Neuen Rechten heute –, denn die Sowjetunion erschien ihnen wie Deutschland als »ein Land der Habenichtse und der Not, das ebenfalls eine antikapitalistische Ordnung mit nationalem Vorzeichen aufzubauen sucht.«[14]

Diese Idee eines nationalistischen, also eines jedem Volk eigenen Sozialismus ist nicht unbedingt mit dem Nationalsozialismus zu identifizieren, zumal Hitler 1934 mit dem sogenannten Röhm-Putsch sämtliche ›linken‹ Überbleibsel in der Partei liquidierte. Für Möller van den Bruck war dieser »deutsche Sozialismus [...] nicht erst die Aufgabe eines dritten Reiches. Es ist vielmehr seine Grundlage.«[15] Die Vorstellung eines »dritten Reichs« – hier nicht zu verwechseln mit der NS-Terminologie –, die Mohler von Möller van den Bruck übernimmt und für eine ungeahnte Zukunft prognostiziert, ist vermutlich die folgenschwerste und nachhaltigste für die Begriffs- und Ideenbildung der heutigen Rechten. Möller van den Bruck verstand darunter eine staatliche Formation, die nach der Abschaffung der verhassten Demokratie der Weimarer Republik auf das »erste Reich«, das »Heilige Römische Reich deutscher Nation«, und das »Zwischenreich« Bismarcks folgen sollte, ein großdeutsches Endreich, das eine Beseitigung aller sozialen, konfessionellen, ökonomischen und politischen Gegensätze bewirken würde, in dem die Frontstellungen zwischen ›links‹ und ›rechts‹, ›Kommunismus‹ und ›Nationalismus‹ aufgehoben wären und alle gesellschaftlichen Kräfte gebündelt würden. Damit erst werde sich das historische Schicksal Deutschlands erfüllen. Man kann Arthur Möller van den Bruck das ganze Pathos deutschen Sendungsbewusstseins attestieren, wenn er schreibt:

> in keinem Lande drängen diese Werte so zu einer Einheit hin, zu der wir seit unserem ersten Reiche nicht mehr gelangten und die wir in unserem zweiten Reiche verfehlten – und die uns nun für eine drittes Reich aufgegeben ist, dem die Widersprüche unserer Geschichte verblieben, aber die Werte zu ihrer Erfüllung vorbehalten sind.[16]

Auch wenn die Nationalsozialisten sich ausgiebig an seinem Begriffsreservoir bedienten, kann man seiner doch recht utopisch formulierten Abhandlung indes kaum deren Verbrechertum ankreiden, zumal der dezidierte Judenhass hier fehlt.

Mohler nun, direkt nach dem Zweiten Weltkrieg, nimmt die Formel des »Zwischenreichs«, des »Interregnums«, auf und bezieht sie auf die Gegenwart:

> Das alte Gefüge des Abendlandes als einer Einheit von Antike, Christentum und den Antrieben der mit der Völkerwanderung neu in die Geschichte eintretenden Völker ist zerbrochen. Eine neue Einheit aber ist noch nicht sichtbar geworden. In diesem Zwischenzustand, diesem ›Interregnum‹, stehen wir drin, und jede geistige Tätigkeit wird von ihm geprägt.[17]

Wer aber vom »Interregnum« spricht, impliziert damit, dass noch etwas fehlt, etwas historisch Zwangsläufiges, eben ein neues »Reich«. Was die von Mohler beschriebenen Rechtskonservativen in der Weimarer Republik vermissten, existiert also auch in der Nachkriegsordnung noch nicht, selbst die heutige Demokratie ist, wenn man Mohler folgt, ein »Interregnum«. Der Begriff machte dementsprechend bei der Neuen Rechten Karriere, und Mohler selbst stellte noch 1994 seine Kolumne in der rechten Wochenzeitschrift *Junge Freiheit* unter den Titel: »Notizen aus dem Interregnum«.

In seiner Studie verbindet Mohler das Interregnum bezeichnenderweise mit Nietzsches Dekadenz-Kritik; diese habe für die »konservativen Revolutionäre« eine herausragende Bedeutung besessen, bei ihnen habe überall die Überzeugung geherrscht, »daß der Name Nietzsche einen Wendepunkt bezeichne – sei es nun, daß mit ihm etwas aufhöre, daß mit ihm etwas neu beginne oder daß mit ihm ein Punkt bezeichnet sei, wo etwas Altes tot und etwas Neues noch nicht geboren sei.«[18] Mithilfe seines Nihilismus versuche die »Konservative Revolution«, so Mohler, das Interregnum zwischen christlichem Zeitalter und dem kommenden »Reich« zu überbrücken: Dafür brauche es »jenen bewußt zugreifenden, von sittlichem Verantwortungsgefühl erfüllten und den Durchgang durch die Zerstörung gläubig bejahenden Nihilisten, den wir vergröbernd den ›deutschen‹ nennen«.[19] Und er zitiert ausführlich Ernst Jünger, aus der später veränderten Erstfassung von *Das abenteuerliche Herz* (1929), die heute in rechten Kreisen sehr beliebt ist. Mohlers zeitweiliger Mentor spricht darin von der

> höchst seltsamen Erscheinung des preußischen Anarchisten, möglich geworden in einer Zeit, da jede Ordnung Schiffbruch erlitt, und der, allein mit dem kategorischen Imperativ des Herzens bewaffnet und nur ihm verantwortlich, das Chaos der Gewalten nach den Grundmaßen neuer Ordnungen durchstreift.[20]

Man fragt sich, welche Entscheidungen dieser kategorische Imperativ des Herzens wohl treffen mag, um »Grundmaße neuer Ordnungen« einzuziehen, ob in solchem Zusammenhang auch die Morde von Reichswehr und Freikorps zu sehen sind, die bei der Niederschlagung der Bremer und Münchener Räterepubliken vorgeblich zur Aufrechterhaltung des Status Quo verübt wurden.

Wie dem auch sei, am Ende ist für den »Konservativen Revolutionär« entscheidend und kennzeichnend, dass aus der Destruktion Neues erwächst: »Die Zerstörung schlägt in Schöpfung um – dieses vielgebrauchte Wort vom Umschlag [...] ist ein Schlüsselwort.«[21]

Dass aus dem Zusammenbruch neue Strukturen erstehen, wäre nun auch für linke Revolutionsszenarien charakteristisch. Das Besondere an der konservativen Variante ist der Rückgriff auf Nietzsches historisches Konzept von der »ewigen Wiederkunft«, das er unter anderem im *Zarathustra* entwickelte.[22] Dieses scheint Mohler »als Leitbild hinter der gesamten ›Konservativen Revolution‹ zu stehen«,[23] konzentriert sich darin doch die Idee historischer Konstanz. Wiederkehr meine, »daß Einzelnes wieder in das Ganze, dem es entsprungen, eingeht und aus dem Ganzen wieder neues Einzelnes hervorgeht. Das Einzelne also verändert sich, das Ganze bleibt sich gleich.«[24] Dies nun führt erneut zurück zu Arthur Möller van den Bruck, der von der Revolution von 1918 schrieb, sie werde

> schließlich wieder das große konservative Bewegungsgesetz bestätigen, das nicht ein Beharrungsgesetz ist, wie man gemeinhin glaubt, vielmehr eine Bewegungsgesetz, nach dem alles Dasein in einer Stetigkeit wächst, die auch durch Erschütterungen nicht unterbrochen wird, vielmehr nur die Erscheinungen wandelt, sie neu, sie anders erscheinen läßt, vermehrt um die Sonderbedingungen eines jeden Zeitalters.[25]

Das heißt, so sehr alles sich verändert, bleibt es in seinem wesenhaften Kern doch gleich. Sehr sinnfällig hat dies einer der Mitstreiter Möller van den Brucks auf den Punkt gebracht, indem er sagte, dass »das Konservative nicht als ein Hängen an dem, was gestern war, sondern als ein Leben aus dem, was immer gilt«, zu verstehen sei.[26]

Das gesamte Weltbild, das Mohler entwirft, angefangen mit der Vorstellung eines »Interregnums«, einer Dekadenzgesellschaft, die sich noch nicht zu ihrer wahren Bestimmung hin hat weiterentwickeln können, bis hin zum erwarteten großen »Umschlag«, der gleichwohl eine Kontinuität der menschlichen Ungleichheit beinhaltet – das alles ist für die Neue Rechte komplett anschlussfähig.

In der Forschung ist indes sehr umstritten, ob man überhaupt von einer Strömung der »Konservativen Revolution« jenseits des Nationalsozialismus sprechen könne,[27] zu heterogen ist die Liste von Mohlers Gewährsleuten, die aus völlig verschiedenen Gesellschafts- und Aktivitätsbereichen stammten – neben berüchtigten Nazis und Antisemiten werden auch Personen wie der Theologe und KZ-Insasse Martin Niemöller und der kommunistische Widerstandskämpfer Harro Schulze-Boysen darin eingemeindet. Mohler selbst räumte zudem im Rückblick Abgrenzungsschwierigkeiten zwischen Konservativer Revolution und Nationalsozialismus explizit ein.[28] Claus Leggewie bezeichnete die ganze Konstruktion als ein »Luftschloß«[29] und Volker Weiß als eine »Phantasmagorie«, aber dennoch sei es Mohler gelungen, »die Legende einer bedeutenden, gegenüber dem Nationalsozialismus unempfänglichen Strömung innerhalb der deutschen Rechten zu installieren.«[30]

Mohler hat damit eine Traditionslinie gestiftet, die es so wohl sonst nicht gäbe: von WK1-Veteranen wie Ernst Jünger und den Jungkonservativen um Möller van den Bruck über die Opfer des 30. Juni 1934 bis zu den Hitler-Attentätern um Claus Schenk Graf von Stauffenberg, der sich in neurechten Kreisen höchster Wertschätzung erfreut. Diese Rückschau bietet ihnen eine Möglichkeit, sich auf rechte Denkbilder zu beziehen, die nicht, zumindest nicht unmittelbar, mit dem Odeur nationalsozialistischer Tendenz belegt sind. Götz Kubitschek, der mehrere Bücher Mohlers verlegte, bestätigt ausdrücklich die nachhaltige Wirkung von Mohlers Dissertation; sie habe »die Sprache der nach 1945 in Rechtfertigungszwang gedrängten Rechten wieder bewaffnet: Von diesem festen Fundament aus ließ sich die eigene Position bestimmen.«[31]

In der Rechten haben sich aber seit Mitte der 1960er Jahre noch andere Einflüsse Geltung verschafft, Einflüsse, die man an sich hier nicht erwarten würde, nämlich aus der rebellischen Studentenbewegung: »1968 ist nicht nur die Geburtsstunde einer neuen Linken jenseits der Sozialdemokratie, sondern auch einer neuen Rechten«, konstatiert Thomas Wagner.[32] Weiß sieht diese Interferenzen, verglichen mit dem Identifikationspotenzial der früherliegenden Tradition, die wir eben betrachtet haben, als weniger wirksam an,[33] geht also eher von weltanschaulichen Bezügen zur alten Rechten aus. Das allerdings steht in einem gewissen Widerspruch zu seiner These, dass Mohler die entsprechende Tradition nur erfunden habe. Unbestreitbar ist, dass das Auftreten, das strategische Wirken, ja sogar der Sprachgebrauch heutiger Rechter an der 68er-Bewegung geschult sind.

Weniger bekannt ist, dass sich zu dieser Zeit, quasi als Gegenbewegung zur antiautoritären Linken, auch eine nationalrevolutionäre Zelle bildete, unter der theoretischen Führung von Henning Eichberg. Er bezog sich unter anderem auf die ›Landvolkbewegung‹, eine Gruppe revoltierender Bauern Ende der 1920er Jahre, vornehmlich in Schleswig-Holstein, deren schwarze Fahne Eichberg als Symbol benutzte. 1970 störte er mit anderen rechten Aktivisten ein Sondierungstreffen Willy Brandts mit Willi Stoph, das der Normalisierung der deutsch-deutschen Beziehungen dienen sollte.[34] Eichberg strebte danach eine wissenschaftliche Karriere an und befasste sich als Mitarbeiter des Instituts für Sozialforschung an der Universität Stuttgart kritisch mit der damaligen Praxis der Entwicklungshilfe.[35] In einem Aufsatz von 1973 hob er hervor, dass die kapitalistischen Gesellschaften Europas und Nordamerikas sich selbst als Maßstab für die zu entwickelnden Kulturen nähmen, ohne die Verschiedenartigkeit der Kulturen und das Recht eines jeden Volkes auf Bewahrung seiner Identität zu respektieren. Dafür prägte er den Terminus »Ethnopluralismus«, der inzwischen eine zentrale Stellung im Vokabular der Neuen Rechten einnimmt.[36]

Ende der 1970er Jahre wurde die »nationalrevolutionäre« Zeitschrift *wir selbst – Zeitschrift für nationale Identität* gegründet, die Eichbergs Hausblatt wurde und »eine spezifisch rechte Form des zeitgenössischen Antiimperialismus« und auch den Gedanken einer »Gleichwertigkeit homogener Völker in ihren angestammten Lebensräumen« propagierte.[37] Später schrieb übrigens auch Götz Kubitscheks Frau Ellen Kositza für *wir selbst*.[38]

Henning Eichberg vermittelte dem theoretischen Instrumentarium der Neuen Rechten noch einen anderen bedeutsamen Impuls – durch seine Beziehungen nach Frankreich. Bereits 1966 hatte er bei einem Zeltlager in der Provence Alain de Benoist und andere junge französische Rechte kennengelernt, die sich in der Folge stark von den Studentenprotesten des Pariser Mai 1968 und der Situationistischen Internationale inspirieren ließen. Die Begegnung in der Provence stand allerdings unter einem anderen Stern, denn initiiert hatte sie der ehemalige SS-Offizier Arthur Erhardt, der Eichberg und Benoist auch die seit 1951 bestehende Zeitschrift *Nation Europa* zur Verfügung stellte,[39] ein eingeführtes Organ der extremen Rechten, das »für die europäische Vernetzung im Geiste der Waffen-SS« stand.[40]

Alain de Benoist brachte einen entscheidenden Baustein in das von Hause aus eher dürftige Theoriearsenal der Neuen Rechten ein, nämlich das Hegemoniekonzept von Antonio Gramsci. Der sardische Kommunist hatte in seinen *Gefängnisheften* die Herrschaftsstruktur der bürgerlichen Gesellschaft untersucht: Den Marx'schen »Überbau« unterteilt er in zwei personell und organisatorisch miteinander verflochtene, dennoch getrennte Sphären, zum einen die bürgerliche Gesellschaft, darunter versteht er den Privatbereich der Individuen (Kultur, Lebensformen, Sozialverhalten, auch die Wirtschaft), zum anderen den Sektor des Staates und der Gesetzgebung. Letztere, die »direkte Herrschaft«, betreffe die unmittelbare Ausübung der Macht, während Erstere, die »Hegemonie«, darum bemüht sei, einen sozialen Konsens herzustellen und dafür »die ›spontane‹ Zustimmung breiter Volksmassen gegenüber der gesellschaftlichen Orientierung [suche], die die herrschende grundlegende Gruppe bestimmt.«[41]

Eine tragende Rolle kommt in diesem Konzept den »Intellektuellen« zu – Gramsci fasst diesen Begriff sehr weit, indem sämtliche technischen, ökonomischen und kulturellen Aufgaben von den Angehörigen dieser Klientel übernommen würden –; »Intellektuelle« übernehmen für die herrschende Gruppe das Geschäft »der gesellschaftlichen Hegemonie und der politischen Herrschaft«. Daher sei »eines der hervorstechendsten Merkmale einer jeden Gruppe, die auf die Herrschaft zusteuert, der Kampf um die Assimilierung und ›ideologische‹ Eroberung der traditionellen Intellektuellen.« Dieser Kampf werde umso erfolgreicher sein, »je mehr sich die gegebene Gruppe gleichzeitig um die Herausbildung der eigenen organischen Intellektuellen bemüht.«[42] – Die »traditionellen Intellektuellen« sind als Funktionsträger Teil der bestehenden Herrschaftsform, während die »organischen Intellektuellen« aus der jeweiligen Klasse hervorgehen, die neu zur Macht drängt.

Dieses Konzept besitzt große Attraktivität für die Neue Rechte, die sich einer überwältigenden Übermacht der 68er-Generation gegenüber wähnt. Benoist hat von Gramsci den Gedanken entlehnt, »dass, wer im bürgerlichen Staat die politische Führung übernehmen will, der Herrschaft der bürgerlichen Ideologie zunächst eine kulturelle Gegenmacht entgegenstellen muss.«[43] Aus diesem Grund konzentriert sich die politische Rechte vorrangig auf den Bereich der »Metapolitik« – damit ist das »dem unmittelbar Politischen vorgelagerte Feld des Kulturellen gemeint, mit all seinen habituellen, sprach- und sexualpolitischen Teilbereichen«.[44] Wie erfolgreich sie mit dieser Strategie ist und wie systematisch sie sich daran abarbeitet, werden wir in den folgenden Kapiteln sehen.

2. Der faschistische Stil: Mohler und Jünger

Diese offenkundige Ästhetisierung der Politik, die sich stark auch im Kampf für bzw. gegen bestimmte Lebensstile und Denkweisen manifestiert, führt uns noch einmal zurück zu Armin Mohler, der mit einer weiteren folgenschweren Schrift der Entwicklung Vorschub leistete, indem er einen entscheidenden Impuls für Selbstverständnis und Selbstinszenierung neurechter Kulturen lieferte. Auch der Literatur kommt hier eine gewisse Rolle zu. Sie nämlich diente Mohler als Argumentationshilfe für seinen berühmt-berüchtigten Aufsatz *Der faschistische Stil* (1973). Ein solcher Titel verschreckt erst einmal. Daher gibt der Autor sich große Mühe, das Unwort ›faschistisch‹ neu zu definieren, um es von den zwangsläufig damit verbundenen Konnotationen zu befreien. Dazu wirft er die Nebelmaschine an und behauptet, dass dieser Begriff zu verwaschen sei, um ihm eine wirklich griffige Bedeutung zu verleihen. Daher seien »alle Versuche, den Faschismus von seinen theoretischen Äußerungen her zu begreifen oder [...] ihn auf eine Theorie zu reduzieren, zum Scheitern verurteilt«. Vielmehr handele es sich dabei um die »Entscheidung für eine Gebärde, einen Rhythmus, kurz: einen ›Stil‹«. Zwar bediene der Faschismus sich auch der Worte, nicht aber um einen logischen Zusammenhang herzustellen: »Ihre Funktion ist vielmehr, eine bestimmte Tonlage zu setzen, ein Klima zu schaffen, Assoziationen hervorzurufen.«[1]

Das klingt eigenartig und irrational genug. Doch wodurch ist dieser »Stil« denn nun gekennzeichnet? Zum Gewährsmann zieht Mohler Gottfried Benn heran. Dieser hatte bei einem Bankett der Union nationaler Schriftsteller in seiner Eigenschaft als Stellvertretender Vorsitzender dieser Organisation am 29. März 1934 Filippo Tommaso Marinetti, Begründer des Futurismus und zu diesem Zeitpunkt Abgesandter des faschistischen Regimes in Italien, mit einer Rede begrüßt, die für Mohler einige exemplarische Kriterien des »faschistischen Stils« enthielt. So versicherte Benn dem Gast, dass man auch in Deutschland »unter der neuen bedeutenden Führung« gewillt sei, »an dem untheatralischen, an dem großartig kalten Stil mitzuarbeiten, in den Europa hineinwächst«. Und er pries Marinetti dafür, dass er »die stupide Psychologie des Naturalismus«, »das faul und zäh gewordene Massiv des bürgerlichen Romans«, hinter sich gelassen habe und mit der »funkelnden und rapiden Strophik Ihrer Hymnen auf das Grundgesetz der Kunst« zurückgegangen sei: »Schöpfung und Stil«.[2] Darin sei, so Mohlers Ableitung, bereits »ein erheblicher Teil des faschistischen Sentiments vorausgenommen: kalter Stil, rapid, funkelnd, großartig.«[3]

Dass Benn daran ein vehementes Bekenntnis zur künstlerischen *Form* gegenüber Versuchen zu deren (avantgardistischer) Auflösung anschließt, ist nicht verwunderlich, er besteht somit ganz folgerichtig »auf das Strenge, Resolute, auf das Gerüsthafte des Geistes, der an seinen Welten arbeitet und für den Kunst immer die definitive moralische Entscheidung gegen reinen Stoff, Natur, Chaos, Rücksinken, Ungeformtes ist.«[4] Benn zielte damit auf die originär deutsche Spielart der zeitgenössischen Kunst, nämlich den Expressionismus bzw. dessen Folgen für die deutsche Literatur, die er insgeheim vom Weg der Futuristen absetzte.[5] Anscheinend ging es ihm durchaus um die zugrundeliegende Haltung, der für ihn – anders als Mohler das interpretiert – schon eine ethische Komponente innewohnte: Wenn Mohler die Identifikation von Kunst und moralischer Haltung dahingehend deutet, dass hier »im Grunde die Moral dem Stile« untergeordnet werde, ist das formal nicht ganz korrekt, weil Benn in dem angeführten Zitat beides miteinander identifiziert. Daher werden auch Mohlers Ableitungen nicht wirklich von der Vorlage gedeckt: »der Stil tritt vor die Gesinnung, die Form rangiert vor der Idee.«[6] Das hieße nämlich, dass moralische Aspekte in der Kunst zweitrangig wären, viel mehr Gewicht läge dann auf der ästhetischen Geste, dem Stil. Tatsächlich erklärte das die Gefühllosigkeit, den unbarmherzig-kalten Blick der faschistischen Literatur eines Pierre Drieu La Rochelle (etwa der Roman *Gilles*, 1939, dt. *Die Unzulänglichen*) oder Yukio Mishima (*Geständnis einer Maske*, 1949).

Benn aber hat das so wahrscheinlich nicht gemeint, sondern das Verhältnis zwischen den Begriffspaaren wohl eher als ein dialektisches Spannungsfeld begriffen. Daran ändert auch die Tatsache nichts, dass Benn sich im weiteren Verlauf seiner Rede zu der Formel hinreißen ließ, es gehe heutzutage um »Zucht und Stil im Staat und in der Kunst«.[7]

Ein weiteres Kriterium, das Mohler eher unzulässig aus Benns Rede bezieht, ist eine positive Haltung gegenüber dem Krieg.[8] Dieser sei nach Mohler dadurch gekennzeichnet, dass er »eine besondere Brüderlichkeit der gegeneinander Kämpfenden [schafft]«, »die sich näher stehen als dem ›Bürger‹, dem ›Spießer‹ im eigenen Lager.«[9] Eine solche Idealisierung des Krieges ist aus rechtskonservativen Vorstellungswelten durchaus bekannt, oft geht sie einher mit der pathetischen Vorstellung eines Opferganges als Tribut an Ehre und Pflicht. Auf eine solche Ethik hebt Mohler ab, wenn er ausführt: »Der Tod, den der Faschist meint, ist jedoch vor allem sein Tod, und dann der des als ebenbürtig anerkannten Gegners. [...] Sicher aber ist er nicht das industrielle Töten von wehrlosen, nach abstrakten Prinzipien ausgesonderten Menschenmassen.«[10] Wie vordem die »Konservative Revolution« versucht Mohler hier also den »Faschismus«, wie er ihn versteht, von der Komplizenschaft mit den nationalsozialistischen Verbrechen freizusprechen.

All diese Elemente des faschistischen Stils, die Mohler aufführt, Kälte, rapid und funkelnd, Zucht und Form, der Opfergang, erinnern unwillkürlich an seinen zeitweiligen Mentor Ernst Jünger. Kein Wunder also, dass Mohler ihn neben Benn als Gewährsmann heranzieht und beiden so beiläufig den Schmutztitel ›Faschist‹ verleiht. Mohlers Aufsatz ist heute in der Neuen Rechten sehr wirkungsstark, Götz Kubitschek spricht im sogenannten *Staatspolitischen Handbuch* des Instituts für Staatspolitik von »einem Schlüsseltext, einer Pflichtlektüre«.[11] Das gilt auch für einige Bücher Ernst Jüngers, etwa *Der Waldgang* (1951), das ebenfalls in der erwähnten Liste rechter Standardwerke auftaucht.

Jünger kultiviert in diesem Text die Figur des konservativen Widerständlers, der sich als Einzelgänger den Kollektivismen seiner Zeit entzieht, also dem amerikanischen Liberalismus ebenso wie dem russischen Bolschewismus. Man muss das Buch auch als eine Kampfansage an die junge bundesrepublikanische Demokratie sehen: »Warum soll man denn wählen in einer Lage, in der es keine Wahl mehr gibt? Die Antwort lautet, daß unserem Wähler durch den Wahlzettel Gelegenheit geboten wird, sich an einem Beifall spendenden Akt zu beteiligen.«[12] Der Bezug zur hiesigen Gesellschaftsform ist jedoch keinesfalls zwingend. Es ist ein Effekt der großen Kunstfertigkeit Jüngers, dass er mögliche Interpretationen stets in der Schwebe hält – genauso gut könnte hier der sowjetische Staatssozialismus gemeint sein: »In dem Maße, in dem die Diktaturen sich entwickeln, ersetzen sie die freien Wahlen durch das Plebiszit.« (S. 9) Da der konservative Solitär die Wähler ohnehin als Stimmvieh betrachtet, erscheint ihm die liberale Gesellschaft nicht weniger als Diktatur, und nur das Veto der Einzelnen, der »Waldgänger«, die sich der kollektiven Zustimmung verweigern, garantiert, dass »der uns stets bedrohende Termitenzustand nicht verwirklicht wird.« (S. 17) Aufgrund der herrschenden Konformität reicht ein einfaches »Nein«, ja ein einzelner Buchstabe, der zum Symbol dieses Neins wird, um den Widerstand aufrechtzuerhalten: »Das wäre ein erster Schritt aus der statistisch überwachten und beherrschten Welt« (S. 19). Hier denkt man unwillkürlich an das ›Lambda‹ der Identitären Bewegung, die sich exakt so ein Symbol geschaffen hat.

Natürlich ist diese Widerstandsform nach Ansicht Jüngers keine Massenbewegung, sie wird und soll keine Aktivität der Vielen sein: »Im Waldgang betrachten wir die Freiheit des Einzelnen in dieser Welt. […] Er ist weder ein liberaler noch ein romantischer Akt, sondern der Spielraum kleiner Eliten« (S. 21). Für den Einzelnen, der sich im Waldgang seiner Singularität und Nonkonformität vergewissert, wird dieser Akt identitätsstiftend und befreiend. Jünger erwähnt hier eine Bewegung von einem Prozent, die statistisch keine Wirkung habe, aber im Bereich der inhaltlichen Wertungen eben doch, da solche Positionen, wenn sie beharrlich genug durchgehalten würden, durch »Seinsverdichtung« am Ende doch Einfluss gewinnen könnten. Auf diese Weise erscheine »die Macht des Einzelnen inmitten der ranglosen Massen nicht so gering. Man muß bedenken, daß dieser Einzelne fast immer von Nächsten umgeben ist, auf die er einwirkt« (S. 22). Es geht also um ein geistiges Partisanentum, hundert Waldgänger in einer Stadt mit zehntausend Einwohnern, zehntausend in einer Millionenstadt könnten, so Jünger, bereits die Diktatur stürzen. Diese Rede von dem einen Prozent ist insofern aufschlussreich, als 2015 das neurechte Kampagnenprojekt »Ein Prozent« begründet wurde, dem der Autor und Verleger Philipp Stein vorsitzt, an dem aber u.a. auch Kubitschek, Jürgen Elsässer, Martin Sellner und der AfD-Politiker Karl Albrecht Schachtschneider beteiligt sind. Das ist schon ein erster Hinweis auf die Wirkungsmacht von Jüngers Text, der sich mit diesem Pathos des einsamen, konservativen Widerstands extrem gut für die rechte Deutung der aktuellen Gesellschaftsperspektive in ihrem Kampf gegen die herrschende linke Übermacht einsetzen lässt.

Wo einsame Kämpfer vor sich hinwirken, ist natürlich das ›Opfer‹ nicht weit: Jüngers bekanntes Soldatenethos verklärt selbstverständlich den freiwillig in Kauf genommenen Untergang als Faustpfand der Pflicht, der sehr viel wertvoller sei als der Abstieg in die Niederungen des Kollektivismus, der nur eine andere, eine gesichtslose Form der Niederlage bedeute. Der Weg des Waldgängers indes führe »in hohe Reiche, zum Opfertode oder zum Schicksal dessen, der mit der Waffe fällt« (S. 36) – das deckt sich so ziemlich mit Mohlers oben zitierter Beschreibung vom Tod des Faschisten. Jünger aber weitet seine Opfermythologie ins Metaphysische aus; der Waldgang ist in erster Linie Überwindung der Todesfurcht, was – wie bei Sokrates – dazu befähige, das Opfer, dessen Sinn vielleicht erst eine ferne Zukunft erhelle, leichten Herzens zu verrichten: »Das Weizenkorn, indem es starb, hat nicht nur tausendfältig, es hat unendlich Frucht gebracht.« (S. 55) Es geht dabei um eine essenzielle Begegnung des Menschen mit sich selbst: »Menschliche Größe muß immer wieder erkämpft werden. Sie siegt, indem sie den Angriff des Gemeinen in der eigenen Brust bekämpft.« (S. 57)

Bei Jünger ist nichts so konkret, nichts so einfach festzumachen. Auch wenn der Text ganz sicher rechte Lesarten anbietet, wird man kaum Hinweise des Autors finden, die diese Interpretation von sich aus legitimieren. Seine geradezu klassische Sprache vereint ein hohes Maß an Reflexion mit poetischer Aufladung. Sie lässt – so knapp und klar Jüngers Sätze oft sind, wie gestanzt, niemals Fragen oder Zweifel, immer Setzung – dennoch zwischen den Zeilen Vieles offen. Deutlich aber werden einige Bezugspunkte angesprochen, die wir aus Mohlers »Konservativer Revolution« kennen, etwa das Motiv der »ewigen Wiederkunft« als ein Element konservativer Weltanschauung. So heißt es bei Jünger:

> Dazu kommt der Triumph der zyklischen Auffassung der Geschichtsphilosophie. Freilich muß die Kenntnis der historia in nuce sie ergänzen: das Thema, das in unendlicher Verschiedenheit von Zeit und Raum sich abwandelt, ist ein und dasselbe, und in diesem Sinne gibt es nicht nur Geschichte der Kulturen, sondern Menschheitsgeschichte, welche eben Geschichte in der Substanz, im Nußkern, Geschichte des Menschen ist. Sie wiederholt sich in jedem Lebenslauf. (S. 54)

Dies enthält in der Essenz die konservative Weltanschauung, wie auch Mohler sie in seinem Buch entwirft: Es gilt den Anfechtungen der Welt mit soldatischer Haltung zu begegnen – »Soviel zur Theorie der Katastrophe. Es steht nicht frei, sie zu vermeiden. Sie zählt zu den Prüfungen.« (S. 50)

Konservativ revolutionär ist auch Jüngers Haltung zur Frage des Widerstands gegen die Autorität – er hält ihn dann für gerechtfertigt, wenn die Herrschaft die Rechtsgrundlage der Verfassung verletzt. Gleichzeitig gibt er aber zu bedenken, angesichts der zu jener Zeit durchgeführten Entnazifizierung, dass beides, Aufbegehren ebenso wie Mitläufertum, bestraft werden könne, je nachdem, wer zukünftig die Herrschaft ausübe. Das bezieht sich auf die Rechtsprechung der Alliierten, könnte aber auch als ein Hinweis darauf zu verstehen sein, dass die Demokratie ebenso fallen könne und dann eine neue Herrschaft darüber entscheiden werde, wer es an allfälligem Widerstand habe fehlen lassen. Dies umso mehr, als auch Jünger die junge BRD offensichtlich als einen Zwischenzustand betrachtet: »Abschnitte wie diesen bezeichnete man früher als Interregnum, während sie sich heute als Werkstättenlandschaft darbieten. Sie zeichnen sich dadurch aus, dass letzte Gültigkeiten fehlen« (S. 82). Geschickt, wie er ist, benutzt Jünger den Begriff ›Interregnum‹ also selbst nicht, sondern spricht etwas erratisch von der »Werkstättenlandschaft«, dem »Bauplatz«, was aber dennoch zeigt, dass er, zumindest 1951, die deutsche Demokratie für ein Durchgangsstadium hielt, das – ganz im Sinne Arthur Möller van den Brucks – erst seiner wahren Bestimmung zugeführt werden müsse. Einzuräumen ist dabei, dass die Bundesrepublik Deutschland mit ihren vier Besatzungszonen, der wenig repräsentativen Hauptstadt Bonn und als Schauplatz des aufziehenden Kalten Krieges damals tatsächlich noch ein Provisorium darstellte. Klar ist, ob gewollt oder nicht: Jünger lieferte der rechten Theorie und Praxis zahlreiche Anknüpfungsmöglichkeiten.

3. Denkbilder der Neuen Rechten

Nachdem nun einiges Material über ihre gedanklichen und ästhetischen Traditionen zusammengestellt ist, wollen wir als nächstes einige Zentralbegriffe der Neuen Rechten unter die Lupe nehmen.

Als Erstes widmen wir uns der *Metapolitik*. Das Wort stammt ursprünglich nicht von Benoist, der es in der Rechten populär machte, sondern vom französischen Gegenaufklärer Joseph de Maistre, der den Begriff in seinem Buch *Considérations sur la France* (1796) erwähnte. Wie gesehen, versteht die Neue Rechte darunter verschiedene Praktiken, die es ihnen ermöglichen, ohne reale Machtperspektive im vorpolitischen Bereich Themen und Begriffe zu positionieren. Eine Schlüsselfunktion besitzt in diesem Zusammenhang Götz Kubitscheks Büchlein *Provokation* von 2007, in dem der Verfasser metapolitische Praktiken zu umreißen versucht. Gerade aus der Position relativer Schwäche heraus, die die Rechte bei Erscheinen des Buches 2007 noch besaß, erschien ihm Provokation als »das einzige Mittel der Schwachen [...] Wer keine Macht hat, bereitet sich lange und gründlich vor, studiert die Reflexe des Medienzeitalters und erzwingt durch einen Coup öffentliche Aufmerksamkeit.«[13] Man merkt solchen Sätzen an, dass Kubitschek sich mit Guy Debords Vorstellung von der Gesellschaft »als eine[r] ungeheure[n] Sammlung an Spektakeln« auseinandergesetzt hat. Weil das Spektakel »eine tatsächlich gewordene, ins Materielle übertragene Weltanschauung« sei,[14] erscheint politisches Handeln in dieser Sphäre als aussichtsreich. Wie Gramsci und sogar Lenin wird Debord, Chef und maßgeblicher Theoretiker der Situationistischen Internationale, bis heute in der Neuen Rechten explizit rezipiert.[15] Wenn Kubitschek den »gezielte[n] Regelverstoß« ins Zentrum provokativer Aktivitäten stellt, die »bewußte oder unbewußte Verletzung des Regelwerks der Harmlosigkeit«, um den demokratischen »Konsensdiskurs« aufzubrechen,[16] denkt man sofort an die situationistische Idee der »Konstruktion von Situationen«, also der Schaffung unerwarteter Konstellationen im urbanen Raum, um eine Verfremdung oder Verschiebung der gewohnten Realität zu erreichen.[17] Kubitscheks Versuche, entsprechende Attacken zu reiten, waren nur bedingt erfolgreich, blieben aber auch nicht unbemerkt.[18]

Eine sehr viel nachhaltigere Störung des Konsensdiskurses bewirkte jedoch eine Intervention von ganz anderer Seite, nämlich das Buch *Deutschland schafft sich ab* (2010) des Sozialdemokraten Thilo Sarrazin. Darin befasst sich der ehemalige Berliner Finanzsenator unter populistischen Vorzeichen mit dem demographischen Wandel. Dieser Skandaltitel, der sich bis 2012 1,5 Millionen Mal verkaufte, hat die Stimmung in Deutschland stark beeinflusst. Er hat die Metapolitik der Neuen Rechten erheblich beflügelt, wie die im Band *Tristesse droite* dokumentierte Gesprächsrunde um Götz Kubitschek und seine Frau weitgehend einhellig feststellte: »Sarrazin ist auf eine vorher nicht zu ahnende Weise durchgestoßen. Das war eine Resonanzbodenerweiterung für uns, Begriffe wurden ventiliert, die wir seit Jahren zuspitzen, aber nicht im mindesten so durchstecken können, wie Sarrazin das konnte.«[19]

Aber nicht nur in Fragen der Haltung zum Islam und der Integration türkisch-arabischer Zuwanderer, die im Zentrum von Sarrazins Buch stehen, ist die rechte Metapolitik inzwischen ausgesprochen erfolgreich: »Die enorme Zugkraft, die Bewegungen gegen die Political Correctness, die Homo-Ehe, Gender-Mainstreaming und eine moderne Sexualaufklärung entfaltet haben, zeigt das.«[20] Einen Versuch, metapolitische Aktivitäten regelrecht zu systematisieren, hat vor allem die Identitäre Bewegung Österreichs (IBÖ) unternommen. Ihr führender Kopf Martin Sellner gibt in seinem Buch *Identitär! Geschichte eines Aufbruchs* verblüffend offen Auskunft über seine Methoden, Strategien und Absichten: Die IBÖ bezeichnet er als »aktivistische Avantgarde«,[21] ihr Ziel sei »eine Eroberung der Machtmittel der kulturellen Hegemonie«, also der »Massenmedien, der Kunst, der Kultur und des öffentlichen Raumes.«[22] Damit man in der Mediengesellschaft wahrgenommen werde, dürften sich die Aktivitäten dabei nicht im luftleeren Raum bewegen: »Aktivismus muß verständlich und anschlußfähig sein. Metapolitik ist kein esoterisches Ritual und das Schreiben endloser Traktate im Elfenbeinturm.«[23] Stattdessen müssten identitäre Aktionen »glasklar und sofort verständlich sein«, daher plädiert Sellner für eine radikale Reduktion der Komplexität im Kontext der Attacken: »Theorie heißt: viel Text für wenige. Aktionen müssen wenig Text für viele liefern.«[24]

Sogar eine Typologie der verschiedenen Aktionsformen hat Sellner sich überlegt. So unterscheidet er zwischen »symbolischen Okkupationen« (damit ist etwa die kurze identitäre Besetzung einer Kirche gemeint, die abschiebegefährdeten Flüchtlingen Asyl gewährte), »ästhetischen Interventionen« (etwa die Unterbrechung des Jelinek-Stücks) und »regelmäßigem Aktivismus«, gerade auch in den sozialen Medien (Youtube-Videos, Guerillamarketing, Flugblatt-Verteilung, Vertrieb von Merchandising-Artikeln usw.), der die Haupt-Attacken begleite und einbette. Die Aktionen selbst hätten reflektiert und zielgerichtet zu erfolgen; ihre Ziele sind nie zufällig gewählt:

> Allen Aktionen ist gemein, daß sie den Gegner in seinem eigenen Machtbereich herausfordern. Sie sind überraschend und invasiv. Die Aktivisten dringen in einen Raum oder einen Prozeß ein, in dem der Gegner sich sicher fühlt und der symbolisch für seine kulturelle Hegemonie steht.[25]

In diesem Sinne fasst Sellner Metapolitik als Symbolpolitik auf: »Inszenierung, Schein, Geste und Ritual sind heute keine Mangelerscheinungen, sondern die eigentliche Währung des politischen Widerstands.«[26]

Bei der erwähnten Störung des Theaterabends auf der Basis von Elfriede Jelineks *Die Schutzbefohlenen* am 14. April 2016 im Audimax der Universität Wien lässt sich diese Tendenz besonders gut beobachten: Die Aufführung stand unter dem etwas skurrilen Motto: »Schutzbefohlene performen Jelineks Schutzbefohlene«, da echte Flüchtlinge Teile des Textes vorlesen sollten. Konstellationen dieser Art sind im Theater heute sehr beliebt, da sie vorgeblich die Authentizität des Gezeigten steigern, sie sind aber moralisch nicht unproblematisch: Man fragt sich, ob hier nicht vom Schicksal stark mitgenommene Menschen einer rein kulinarischen Ästhetik geopfert werden. Die Wiener Zeitung *Die Presse* verrät denn auch: »Im Vordergrund sollte nicht das Elend der teilnehmenden Flüchtlinge stehen, sondern Jelineks Text.«[27] Angesichts dessen lässt sich Martin Sellners Kritik an dieser Inszenierung nicht ganz von der Hand weisen, der von einem »Marketinggag« sprach und zudem beanstandete, dass auch »Kinder und Jugendliche auf der Schaubühne des linken Betroffenheitstheaters« ausgestellt würden.[28] Allerdings beschuldigte er in diesem Falle die durchaus sehr öffentlichkeitsfixierte Elfriede Jelinek zu Unrecht, dahinter steckte nämlich ein Künstlerkollektiv, Jelinek hatte lediglich ihre Erlaubnis gegeben, den Text zu verwenden. Von symbolischer Bedeutung war das Setting auf jeden Fall, denn es war ein Abend, der bürgerlichen Kunstgenuss mit einer moralischen Solidaritätsadresse zur Asylproblematik kombinierte, also ein doppeltes Angriffsziel für metapolitische Propaganda.

15 Minuten nach Beginn der Veranstaltung stürmten 15 Identitäre die Bühne, hissten ein Banner mit der Aufschrift »Heuchler«, rote Lebensmittelfarbe wurde vergossen, zudem habe ein Aktivist mit Megaphon, so Sellner, die Ansage gemacht: »Dieser Protest richtet sich nicht gegen die Menschen auf der Bühne, sondern euch! An euren Händen klebt das Blut von Bataclan, und wir bringen euch dieses Blut auf diese Bühne.«[29] »Bataclan« verweist auf die IS-Attentate in Paris, und man kann wohl davon ausgehen, dass weder die Flüchtlinge auf der Bühne noch die Menschen im Publikum in irgendeiner Beziehung dazu standen, zumal diese Anschläge nichts mit der europäischen Asylpolitik zu tun hatten, da die Täter fast sämtlich Staatsbürger europäischer Länder waren – aber diese Anklage eröffnete der Aktion einen interpretatorischen Spielraum.

Direkt nach dieser Kundgebung hätten die rechten Aktivisten, so Sellner, den Saal verlassen, zudem hätten sie komplett gewaltfrei agiert. Im Vorfeld der Aktion hätten sie sogar, »wie Aktivisten der amerikanischen Bürgerrechtsbewegung, mit den Beteiligten trainiert, nicht auf Schläge, Tritte und Stöße zu reagieren.«[30] Dem widersprechen die Presseverlautbarungen, wo eine Aussage der Österreichischen HochschülerInnenschaft (ÖH) zitiert wird, nach der

> mehrere Personen aus dem Publikum sowie die performenden Flüchtlinge [...] geschlagen, gestoßen und verletzt worden seien: ›Die laut DÖW neofaschistischen Gewalttäter_innen machten dabei keinen Unterschied zwischen Erwachsenen, Schwangeren oder Kindern, die unter den Schauspieler_innen waren‹.[31]

Noch weiter könnten die beiden Wahrheiten nicht auseinanderklaffen. Ein Handyvideo, das die Aktivisten während der Aktion aufnahmen und ins Netz stellten, gibt hierüber keinen exakten Aufschluss, wenngleich es so scheint, als seien vonseiten der Aktivisten durchaus Attacken gegen die Leute gestartet wurden, die sie aus dem Saal zu drängen versuchten.[32]

Sellner wird im Verlaufe seines gesamten Buches nicht müde, die Gewaltfreiheit aller durchgeführten Aktion zu beteuern, ja, er beruft sich gar auf Mahatma Gandhi, nicht etwa aus Menschenfreundlichkeit, sondern allein aus taktischen Erwägungen;[33] dem martialischen Auftreten, das man von rechten und neo-nazistischen Gruppen gewöhnt ist, entspricht das natürlich so gar nicht. Diese Non-Violence-Praxis, wenn sie denn wirklich so konsequent eingehalten worden sein sollte, ist mithin ein Element jener Metapolitik, die Sellners Buch mit zu initiieren versucht. Selbst wenn die Zeitungsdarstellungen der Wiener Jelinek-Intervention komplett der Realität entsprochen haben sollten – Sellner, gegen den mehrere Strafverfahren laufen, nutzt das Podium seines Buches zur Propagierung von alternativen Fakten. Vor Kurzem jedoch ist es im Rahmen einer konzertierten Aktion der deutschen Identitären Bewegung gegen missliebige Zeitungen, unter anderem die *TAZ* in Berlin, anscheinend durchaus zu Gewalttätigkeiten gekommen – eine Mitarbeiterin der Zeitung überraschte die IB in den frühen Morgenstunden beim Kleben von Propagandaplakaten auf die Scheiben des *TAZ*-Gebäudes; als sie die Aktivisten daran habe hindern wollen, sei sie tätlich angegriffen worden, die Zeitung hatte danach Strafanzeige gestellt.[34] Doch auch hier versuchten die rechten Aktivisten wieder eine Gegenversion in Umlauf zu bringen, indem sie, teils unter dem Titel »*TAZ*-Mitarbeiterin greift Identitäre Bewegung an«, ein Video bei Youtube und Vimeo posteten, was allerdings mindestens teilweise nach hinten losging, denn hier sieht man, dass die *TAZ*-Mitarbeiterin lediglich die frisch geklebten Plakate abreißt, worauf ein Identitärer sie handgreiflich daran zu hindern versucht. Erst dann wehrt sie sich.[35]

Diese Praxis öffentlicher Interventionen ist nun keineswegs neu, aktuell gibt es auch andere Gruppen, die durch solche Formen politischen Aktivismus auf ihre Ziele aufmerksam machen wollen. Sellner selbst erwähnt das Zentrum für politische Schönheit und Femen, konstatiert indes ganz richtig: »Als neurechte Provokateure sind wir aber in einer einzigartigen Position […] bereits unsere nackte Existenz ist für das Establishment Provokation genug.«[36] Diese Feststellung markiert bereits eines der Hauptprobleme im Umgang mit neurechten Offensiven wie denen der Identitären – die liberale Öffentlichkeit verschafft ihnen mit ihrer Empörung erst allgemeines Gehör. Es bleibt abzuwarten, wie ernsthaft die Attacke des Rechtsstaats auf die Identitäre Bewegung nun nach ihrer Einstufung als rechtsextremistisch ausfallen wird.

4. Rechte Begriffsarbeit

Besondere Bedeutung kommt in der metapolitischen Praxis dem Lancieren bestimmter Begriffe zu, also der Spracharbeit – wie Sellner es exemplarisch formuliert: »Wer die Begriffe definiert, der bestimmt das Denken und damit das Tun.«[1] Die Neue Rechte versucht geradezu generalstabsmäßig, Termini in den Diskursraum zu injizieren, die ihre Ideologie möglichst konsistent beinhalten, aber auch nicht zu offen – wir werden das im nächsten Kapitel auch bei der AfD sehen. Die intellektuellen Teile der extremen Rechten versuchen dafür neue, unbelastete Begriffe zu prägen, die ihren wahren Gehalt erst einmal verbergen. Das beste Beispiel dafür ist der *Ethnopluralismus*, ein zentrales neurechtes Konzept, das, wie wir gesehen hatten, von Henning Eichberg aufgestellt worden ist. Eichberg, der später übrigens die Gegenentwicklung der Mahler, Böckelmann, Rabehl und Elsässer nahm und in seiner Wahlheimat Dänemark für eine linke Partei kandidierte, hatte damit ursprünglich den Respekt für die Integrität fremder Kulturen gegenüber postkolonialistischen Eingriffen gemeint. Im Umkehrschluss aber ließ sich daraus auch die Unantastbarkeit der ›eigenen Kultur‹ ableiten. Im aktuellen Diskurs der Rechten dient ›Ethnopluralismus‹ als pseudo-intellektuelles Deckmäntelchen, um schnöde Fremdenfeindlichkeit zu verbrämen. Vorgeblich ganz sympathetisch nämlich (und dazu auch nicht ganz falsch) argumentiert die Rechte, dass durch den massenhaften Exodus etwa aus einigen afrikanischen Ländern die Lebensumstände dort noch problematischer würden, die Existenzfähigkeit jener Länder auf der Kippe stehe – sehr komprimiert zusammengefasst im identitären Slogan »Einwanderung tötet Europa – Auswanderung tötet Afrika«. Im Grunde läuft es jedoch nur auf das Eigene hinaus: »Alle Völker haben ein Recht auf ihre Heimat und ihre ethnokulturelle Identität! Jedes Volk ist erhaltenswert – also auch unseres!«[2] »Ethnopluralismus« klingt vornehmer als jenes

»Deutschland den Deutschen, Ausländer raus!« des nazistischen Straßenpöbels, es meint aber nicht viel anderes.

Um das Konzept des ›Ethnopluralismus‹ politisch zu operationalisieren, hat die extreme Rechte den Begriff *Großer Austausch* in Umlauf gebracht. Er wurde übernommen vom französischen neurechten Autor Renaud Camus, der 2011 eine Schrift unter dem Titel *Le Grand Remplacement* veröffentlichte – darin wird verschwörungstheoretisch behauptet, dass die liberalen Regierungen Mitteleuropas durch eine aktive Förderung der Migration die Auflösung der hiesigen Volksgemeinschaften planten. Insbesondere die Identitäre Bewegung hat sich diese These zu eigen gemacht und den Begriff ›Großer Austausch‹ zu popularisieren versucht. Sellner beschreibt ausführlich, wie er und seine Getreuen im Mai 2015 eigens eine Kampagne zur Propagierung der Theorie vom ›Großen Austausch‹ starteten – mit Banneraktionen, Plakaten und Aufklebern in verschiedenen österreichischen Städten. Dann folgten »konzertierte Spontankundgebungen« sowie eine Demonstration: »Begleitet wurde dieser Aktionsplan von einem penibel vorbereiteten Arsenal an Graphiken, Videos und einer eigenen Kampagnenseite, in der auf das Thema des Großen Austauschs aufmerksam gemacht wurde.«[3]

In Wahrheit ist die Vorstellung, die derzeit herrschenden Politiker hätten den konkreten Plan, die hiesige Bevölkerung durch Millionen von Zuwanderern zu ersetzen, ebenso absurd wie die Begründungszusammenhänge, die dafür geliefert werden. Allein das im Kern marxistische Argument, die Massenmigration diene der Aufstellung einer »Reservearmee des Kapitals«, das Martin Lichtmesz und Caroline Sommerfeld von Alain de Benoist übernommen haben[4] – und das auch der ›antiimperialistische‹ Rechte und Antaios-Lektor Benedikt Kaiser explizit herausstellt[5] –, ist nicht völlig von der Hand zu weisen. Die großen Wirtschaftsverbände haben in der Tat zu Beginn der sogenannten Flüchtlingskrise die Aufnahmepolitik der Bundesregierung mit erstaunlichem Nachdruck begrüßt. Untersuchungen zu den Migrationsfolgen für den britischen Arbeitsmarkt haben Philipp

Manow zufolge ergeben, dass ein Zusammenhang besteht zwischen dem Ansteigen des Migrantenanteils unter den Beschäftigten und dem Sinken der Löhne im unteren Segment.[6]

Wenn Lichtmesz/Sommerfeld, ebenso wie Sellner, indes unken, die Zuwanderer führten den linken und einwanderungsfreundlichen Parteien neue Wählerschichten zu, könnten gar bald das Zünglein an der Waage sein,[7] ist das ziemlicher Unsinn, da kein einziger von den jetzt Aufgenommenen eine Wahlberechtigung besitzt. Das ändert sich erst, wenn sie jemals die Staatsbürgerschaft bekommen; wahrscheinlicher ist, dass, wenn überhaupt, erst ihre hier geborenen Kinder werden wählen können.

Noch verrückter die weiteren ›Argumente‹: Die Zugewanderten würden als zusätzliche Konsumenten gebraucht (was mangels finanzieller Möglichkeiten der zumeist jahrelang auf Transferleistungen angewiesenen Flüchtlinge wohl kaum allzu sehr ins Gewicht fallen dürfte bzw. andernfalls ja der deutschen Volkswirtschaft wieder unmittelbar zugutekäme). Zudem werde die Einwanderung zahlreiche soziale Probleme, die Herausbildung von Unterschichten usw. mit sich bringen, woraus die Linke politisch Kapital schlagen könne und diese Entwicklung daher fördere, was reichlich verschwörungstheoretisch anmutet – gerade im Augenblick hat man keineswegs den Eindruck, dass soziale Schieflagen der Linken politisch in die Karten spielten. Ähnlich verschroben ist die Vermutung, die Linken sähen »in der Einwanderermasse entweder ein neues revolutionäres Potential im antiimperialistischen Krieg oder die verdiente Abschaffung und Ersetzung des ›deutschen Tätervolks‹, das sie hassen«[8] – eine fast schon wahnhafte Unterstellung. Zudem gebe es eine florierende »Asyl- und Antirassismusindustrie«, die ein Milliardengeschäft mit den Migranten mache.[9] Den Teilbegriff »Asylindustrie« hat ja bekanntlich der ehemalige Bundesverkehrsminister und CSU-Landesgruppenchef im Bundestag Alexander Dobrindt übernommen,[10] was einmal mehr belegt, wie sehr die rechten Begriffe und Denkbilder in den öffentlichen Diskurs einsickern. Auch dies ist angesichts der Kosten für den Staat, die an anderer

Stelle immer wieder beklagt werden, ein paradoxes Argument, zumal angesichts der vielen Menschen, die sich in diesem Bereich ehrenamtlich engagieren.

Den Kampf gegen den angeblichen »großen Austausch« belegt die extreme Rechte mit dem ebenfalls schon erwähnten Begriff *Reconquista*, er ist verbunden mit dem Gründungsmythos der Identitären Bewegung, jener Besetzung des Moscheedaches in Poitiers. Doch auch Götz Kubitschek nennt ihn – vermutlich als einer der Ersten – bereits in seinem Buch *Provokation* (2007) und definiert ihn dort als »eine notwendige zweite Umerziehung, eine Art Gegen-Aufklärung«.[11] Er bringt ihn so in Zusammenhang mit der »zweiten Geburt«, einem Begriff, den er von Mohler übernommen hat und im Sinne einer endgültigen Zuwendung zur Rechten begreift.[12] Ein solches Outing, von Kubitschek im Kapitel »Du – Der Sprung« ausführlich beschrieben, bestehe im Entschluss, aus dem »Konsensdiskurs« auszusteigen, getreu dem Wahlspruch seines Verlags: »Etiam si omnes, ego non«[13], welcher unter anderem auf Philipp Freiherr von Boeselager zurückgeht, ein Mitglied der Widerstandsgruppe des 20. Juli 1944. Während »Reconquista« hier aber noch ein Element der Reserve beinhaltet, fasst Sellner es als offenen Kampfbegriff auf, als metapolitische Praxis:

> Die identitäre Reconquista ist in erster Linie eine Rückeroberung des eigenen Denk- und Sprachraums […] das Ziel ist die Eroberung der Machtmittel der kulturellen Hegemonie, welche die herrschende Ideen und Begriffe erzeugen, also der Massenmedien, der Kunst, der Kultur und des öffentlichen Raums.[14]

Demnach orchestriert die »Reconquista« den Angriff auf das kulturelle Monopol der Liberalen, es geht also um nichts weniger als um die Deutungshoheit über die Wirklichkeit. Gerade der Identitären Bewegung gelingt es, diesen – von seinen Themen her doch eigentlich muffigen – Kampf als klassisches jugendliches Aufbegehren zu inszenieren: Bei Sellner ist vom »Traum« von einer besseren Welt, von »Sehnsucht« und von »Utopie« die

Rede, ganz so, wie früher eigentlich nur der linke Widerstand codiert war.

Ebenfalls eine Rolle im rechten Theoriekontext spielt das *Subsidiaritätsprinzip*, das die Vorstellung beinhaltet, dass eine genau geregelte Zuständigkeit von verantwortlichen Organisationseinheiten existiere. Dabei soll die jeweils höhere gesellschaftliche Ebene nur dann in Aktion treten, wenn die darunter liegende Ebene nicht mehr dazu in der Lage ist. Für die Rechte bedeutet das die »Trias ›Region, Nation, Europa‹«, wie Benedikt Kaiser im Anschluss an Drieu la Rochelle festhält.[15] Sicher werden nicht alle Rechten so weit gehen wie er und sogar den Begriff der ›Nation‹ relativieren, aber dass alle diese Ebenen eine eigene Funktion haben und entsprechend dieser Funktion handeln und behandelt werden sollen, ist wohl *common sense*. Strittig dagegen ist das Maß der Verantwortlichkeiten, welches den jeweiligen Einheiten zugestanden wird. Die AfD beispielsweise besteht auf dem Subsidiaritätsprinzip, aber in dem Sinne, dass der nationalen Ebene wieder mehr Entscheidungsvollmachten übertragen werden sollen.[16] Der Identitäre Martin Sellner dagegen sieht Europa »als eine Art Völkerfamilie [...], die christlich geprägt ist«; eine Nation dagegen könne Europa nicht sein, »dazu würden eine gemeinsame Kultur, eine Sprachgemeinschaft, eine solidarische Gemeinschaft« gehören. Aktuell sehe er

> drei Verfallsformen. Das sind der Separatismus, der Nationalismus und der Internationalismus. Im Fall einer übertriebenen Kleinstaaterei würde man zur Beute anderer geopolitischer Interessen. Der Nationalismus führt nach innen zu einer Zerstörung der Unterschiedlichkeit der Regionen und nach außen zu einem Bruderkrieg der Nationen. Der Internationalismus führt zu einer Zerstörung der nationalen Vielfalt,

also zur Gleichmacherei, was der »ethnopluralistischen« Grundüberzeugung der Rechten widerstrebt.[17]

Eine »Völkerfamilie«, das beinhaltet als jeweils kleinere Einheit auch den Begriff *Volk*, der – im offiziellen Diskurs der Bundesrepublik wegen seiner geradezu epidemischen Verwendung im Nationalsozialismus geächtet – in der extremen Rechten wieder zum Thema wird. Aber was ist eigentlich das ›Volk‹, wer ist heutzutage Deutscher – aus rechter Perspektive? Einen ziemlich perfiden Beitrag zu dieser Frage hat Caroline Sommerfeld beigesteuert, die anscheinend, da sie erst 2015 zur Neuen Rechten stieß, zum Beweis ihrer ideologischen Verlässlichkeit besonders aggressiv argumentiert. Sie unterscheidet drei verschiedene Volksbegriffe: Der erste ist der »Abstammungsdeutsche«, dem sie eine rein ethnische Begründung gibt – »deutsch ist, wer deutsche Eltern hat«, zitiert sie Kubitschek; alles weitere sei »kontraintuitiv und daher begründungsbedürftig.« Um sich abzusetzen von der nationalsozialistischen Rassentheorie, erklärt sie aber, es handele sich dabei nicht um eine »Frage von Rassereinheit«, indes eben doch »in einem ganz materiellen Verständnis« um »eine Frage von Gen- und Blutlinien«, aber auch der »große[n] und lange[n] Vererbungsstränge [...], die Charakterliches und atmosphärisch Typisches fortpflanzen.«[18] Wo ist da, abzüglich des Antisemitismus, eigentlich der Unterschied zur staatsbürgerlichen Perspektive der NSDAP, festgelegt in deren Parteiprogramm 1920: »Volksgenosse kann nur sein, wer deutschen Blutes ist«?[19]

Zudem entsprächen Abkömmlinge von Asiaten oder Afrikanern einfach nicht dem »deutschen Phänotyp«, allerdings, so räumt sie ein:

> Wenn wir einen einzelnen Schwarzafrikaner hernehmen, der nach Deutschland kommt, eine Deutsche heiratet, mit ihr Kinder bekommt und sich sukzessive mit der deutschen Volksseele verbindet, dann nähern sich seine Kinder und Kindeskinder ihrerseits schrittweise dem Abstammungsdeutschtum an und werden so auch leibliche Teile des Volkskörpers.[20]

Hier also geht es wirklich um blanken Biologismus, die Begriffe »Volksseele« und »Volkskörper« sind im Grunde bedeutungsleer und werden hier auch nicht näher definiert, sondern als bekannt vorausgesetzt. ›Volkskörper‹ – dieser Begriff wurde im NS-Regime zur Identifikation des ›Volkes‹ als biologische und rassische Einheit verwendet. Dass Sommerfeld den Begriff in diesem Zusammenhang aufgreift und mit ihm argumentiert, dass »Mischlinge« über die Generationen hinweg »leibliche Teile« desselben werden könnten, geht eben – entgegen ihrer anfangs gemachten Behauptung – doch sehr stark in Richtung einer deutschen »Rassereinheit«.

Die zweite Kategorie, die Sommerfeld im Einklang mit den meisten Rechtspopulisten dem Abstammungsprinzip entgegensetzt, ist der »Passdeutsche«, der ihrer Definition nach gar nicht unbedingt Deutscher ist:

> Der Paßdeutsche ist und bleibt vom Abstammungsdeutschen unterscheidbar, auch wenn er in einem ganz bestimmten Sinne des Wortes ebenfalls ›Deutscher‹ genannt werden kann und muß. Es ist nicht wünschenswert, daß in Zukunft nur mehr dieser eine Wortsinn existieren sollte.[21]

Aufgeweicht werden die Kriterien im Hinblick auf Zuwandernde aus den Nachbarländern, zwischen denen es nach Ansicht Sommerfelds keine größeren ethnischen, religiösen oder kulturellen Unterschiede gebe. Jeder dagegen, der nur zureise, um »Paßdeutscher« zu werden, ohne zur »Volksseele« beizutragen, sei ein »Fremdkörperdeutscher« – womit die biologistische Schiene weiter aufrechterhalten wird – oder, »wenn er in Massen auftritt, ›Umvolkungsdeutscher‹«[22] – wieder ein nationalsozialistischer Begriff, der aber wie auch bei anderen Autoren der Neuen Rechten inhaltlich transformiert wird: Bei den Nationalsozialisten ging es um die Besiedlung der eroberten Gebiete Osteuropas, heute meinen Neurechte damit den angeblichen »Austausch« der Bevölkerung durch Migranten.

Als dritten und für sie wichtigsten Typus nennt Sommerfeld den »Volksdeutschen«, was erneut ein Begriff nationalsozialistischer Prägung ist: Im Dritten Reich waren damit gewissermaßen Auslandsdeutsche gemeint. Jetzt wird dieser Terminus positiv aufgewertet, indem Sommerfeld ihn im Sinne einer geistig-moralischen Sendung des »deutschen Volkes« interpretiert: »Jedem einzelnen Volk […] kommt damit eine wesentliche und unverzichtbare Aufgabe im Zuge der gesamten Menschheitsentwicklung zu.« An dieser Verpflichtung, dieser »Form geistigen oder auch nur seelischen Deutschseins«, partizipiere, so Sommerfeld, ein großer Teil der Abstammungsdeutschen und die Passdeutschen insgesamt sowieso nicht, für sie gelte daher: »Sie sind in einem wesentlichen Sinnc keine Deutschen, haben ihre Volkszugehörigkeit verwirkt.«[23] So pauschal spricht Sommerfeld also allen, die sich nicht mit Leib und Seele dem Deutschtumsbegriff ihrer Klientel verpflichten, die Mitgliedschaft zum Volk ab. »Volksdeutscher« zu sein und damit »wahrhaftig Teil seines Volkes«, ist denn auch ein Elitenprogramm, das sozusagen die Speerspitze, die »Avantgarde« der rechten Bewegung bildet. Dem biologistischen Blut-und-Boden-Prinzip des Volksbegriffs wird somit noch eine mystisch verbrämte Schicksalspflicht ästhetisch-moralischer Deutsch*werdung* unterlegt, was fast ein wenig an Heinrich Himmlers »germanische Urreligion« erinnert.[24]

Ein weiterer Schlüsselbegriff der Rechten, ja der »Kern der rechten Weltanschauung«, ist die *Ungleichheit.* Dass sie zum Prinzip erhoben wird, verblüfft auf den ersten Blick, denn gemeinhin verbindet man Ungleichheit intuitiv mit ›Ungerechtigkeit‹, das aber ist genau das, was die Rechte kritisiert: »Gleichheit« mit »Gerechtigkeit« zu identifizieren, sei »ein Trick der Linken.«[25] Sie aber wehre sich gegen die »Gleichmacherei« aller Menschen.

Ursprünglich geht das Konzept der »Ungleichheit« einmal mehr auf Armin Mohler zurück, der in seinem Buch *Die Konservative Revolution* bereits konstatiert hatte, »daß nicht alle Menschen einmal gleich waren oder einmal gleich sein werden, sondern daß der Zustand der Ungleichheit, den wir vorfinden, Ausgangspunkt für jeden Staatsaufbau sein muß.«[26] Ungleichheit wäre demnach so etwas wie der Naturzustand des Menschen, ein Naturgesetz. In seinem Aufsatz *Der faschistische Stil* hat Mohler diese Vorstellung noch bekräftigt und gewissermaßen ontologisch begründet. Hier nämlich wird eine »nominalistische Wendung der Neuzeit« ausgemacht:

> das Wort meint, daß die Universalschlüssel von einst verloren gehen. Die alten Welterklärungssysteme von einst, die auf alles und jedes eine Antwort hatten, lösen sich auf. Je mehr man aber auf die durchgehende Welterklärung verzichtet, desto deutlicher tritt das Besondere, Einzelne hervor, das als Gestalt vom Gestaltlosen abgehoben wird.[27]

Diesen (rechten) Nominalismus, der von der Differenz ausgeht, möchte er nun dem (linken) Universalismus mit seinem »naive[n] Schema vom Überbau und Unterbau« entgegensetzen und argumentiert, »daß es in der Wirklichkeit keine Einbahnstraßen gibt: zwischen ihren einzelnen Teilen herrscht vielmehr ein kompliziertes Hin und Her der Wirkungen«.[28] Das heißt, statt eines einfachen Widerspruchs, etwa zwischen der besitzenden und der arbeitenden Klasse, gibt es nach Mohlers Vorstellung zahlreiche Einzelwidersprüche, die sich in verschiedener Weise auswirken. Es gelte daher, immer den Einzelfall zu betrachten.

Mit seiner nominalistischen Definition von Ungleichheit hat Mohler sich in der Rechten nicht durchsetzen können,[29] der Begriff selbst blieb indes bestehen. Er lässt sich beispielsweise für das Verhältnis verschiedener Regionen zur Zentralmacht in Anschlag bringen, wie dies bei Sellner oben anklingt. Vor allem aber wird er gemeinhin von der komplexen, philosophischen Begründung Mohlers heruntergebrochen auf den platten Rassismus der Ethnopluralität: Die Menschen aus aller Welt seien halt verschieden, also ungleich, und sollten daher tunlichst auseinandergehalten werden. Was der Terminus darüber hinaus bedeuten könnte, gerade etwa auf die Frage der *sozialen* Ungleichheit bezogen, mithin einen zentralen Forschungsgegenstand der Soziologie, darüber schweigen die neurechten Theoretiker sich aus. Das lässt Vermutungen freien Lauf, dass ihre Staatsbildung, so es jemals dazu kommen sollte, sicher nicht gerade vom Gedanken gesellschaftlicher Emanzipation beseelt sein würde, so sehr sie sich auch jetzt als Meinungsverstärker der sogenannten ›kleinen Leute‹ aufspielen.

Die auffälligen Leerstellen sind dabei kein Zufall. Per Leo, Maximilian Steinbeis und Daniel-Pascal Zorn sprechen richtig von einer »Zone strategischer Unschärfe«,[30] wie wir sie, wenngleich hochpoetisiert, auch schon bei Ernst Jünger haben beobachten können. Diese findet sich eigentlich bei allen Begriffen, die wir hier thematisiert haben, in der einen oder anderen Weise wieder. Man kann sich des Eindrucks nicht erwehren, dass die extremen Rechten das, was sie eigentlich wollen, und die Wege, wie sie dort hinkommen möchten, beharrlich beschweigen. Recht geschickt vermeiden sie allzu offene Festlegungen und inszenieren ein »Spiel mit Begriffsmasken«, das den Verdacht nährt, dahinter stecke Absicht:

> Diese Logik der Verschweigung, in der der historische Raum für das ›kommende Wort‹ oder vielmehr die ›kommende Tat‹ des sich offen zu Tage legenden Faschismus vorbereitet werden soll […], durchzieht das metapolitische Unterfangen (neu-)rechter intellektueller Praxis insgesamt.[31]

Die neurechten Theoretiker sprechen sehr viel darüber, was sie an der aktuellen Politik beanstanden, wettern gegen die ›linke‹ Deutungshoheit und Lebenspraxis, aber sie sagen nichts darüber, wie eine Gesellschaft, die nach ihren Wünschen geformt ist, konkret aussehen könnte und welche Schritte vonnöten wären, um sie herbeizuführen. Wenn die Rede darauf kommt, verstummen sie oder sie wiegeln ab wie etwa Götz Kubitschek im Gespräch mit Thomas Wagner: »Zwischen Nachdenken und Handeln gibt es immer noch eine Entscheidungssperre. (…) wir reden ja nur, theoretisieren, sind Metapolitiker. Es gibt keine Umsetzung der reinen Lehre.«[32] »Wir reden ja nur«, es sind bloß Worte – das ist schon eine merkwürdige, klar euphemistische Formulierung für jemanden, der mit seinen verschiedenen Unternehmungen beharrlich rechtsextremes und antistaatliches Gedankengut in Umlauf bringt.

Was geplant ist, verrät sich bisweilen en passant, etwa wenn Sellner von »Viktor Orbáns konservativer Kulturrevolution« in Ungarn schwärmt.[33] Dort wie im von der PiS beherrschten Polen sieht man ziemlich gut, was die selbsternannten Patrioten im Schilde führen: Abbau der Demokratie, Auflösung der Gewaltenteilung, Gleichschaltung der Presse.

Lichtmesz/Sommerfeld, die systematisch Vorwürfe von Kritikern auflisten und zu entkräften suchen, so auch den, die Neue Rechte plane eine autoritäre Revolte, machen sich darüber zwar lustig und bezeichnen die Identitären als die wahren Erben der anti-autoritären Tradition der 68er, aber über ihre konkreten Vorhaben verraten sie nichts. Zur geplanten Organisation der Gesellschaft erfährt man in den Äußerungen der Neuen Rechten kein Sterbenswörtchen. Lichtmesz macht sich stattdessen an anderer Stelle Gedanken zur geopolitischen Zukunft Europas: So träumt er etwa, da man den Westen Deutschlands bereits für unrettbar verloren hält, von einer »neuen europäischen Föderation« im Osten. »Ihren Kristallisationspunkt könnten die Visegrád-Staaten Polen, Tschechien, Slowakei und Ungarn bilden, eine Gruppe die um Österreich [...] Slowenien und die baltischen Staaten erweitert werden könnte.« Dazu könnten noch Sachsen und Bayern stoßen.[34] Diese Vorstellung eines neuen eurasischen Reichs, dem das autoritäre Russland Putins als Schutzmacht vorstehen könnte, ist durchaus verbreitet, sie geht zurück auf den russischen Demagogen Dugin, der auch beim derzeitigen Herrscher des Kremls einigen Einfluss haben soll.[35]

Nicht einmal zum Hauptangriffsfeld der Rechten, der Migration, werden konkrete Konzepte vorgestellt, mittels derer der »Große Austausch« gestoppt werden soll. Was wäre dazu nötig? Abschiebungen in großem Stil? Wie wollen sie das organisieren? Bekanntlich scheitert die Forcierung der Abschiebepraxis in der Wirklichkeit an sehr banalen Problemen, die sich dennoch zu logischen Unlösbarkeiten entwickelt haben: Man denke an die berüchtigten libanesisch-kurdischen Clans in NRW, die als Staatenlose trotz zahlloser Delikte seit Jahrzehnten eine Duldung erfahren, weil man nicht weiß, wohin man sie abschieben könnte. Wie damit klarkommen, dass eine Reihe von Ländern abgelehnte Asylbewerber, die eigentlich ihre Staatsangehörigkeit besitzen, nicht wieder aufnehmen? Bisweilen weigern sich Fluglinien oder auch nur einzelne Piloten, Rückzuführende zu transportieren. Kubitschek sieht diese Probleme zwar:

> Nehmen wir einmal an, jemand würde sagen: ›Im Grunde wäre es für die Erhaltung unserer Kultur, den Frieden und die Zukunftsfähigkeit unseres Landes notwendig, dass wir relative Homogenität wiederherstellen und von den vielleicht zehn Millionen echten Ausländern, die wirklich fremd und nicht integriert sind, zwei Drittel nach Hause schicken.‹ Jetzt kommt die Praxis. Das ist natürlich eine andere. Da geht es dann um 100 Fragen der Machbarkeit, der sozialen Härte, des menschlichen Augenmaßes, der humanistischen Grundprägung, der geschichtlichen Erfahrung und der rechtlichen Normen. Das heißt: Nichts wird so heiß gegessen, wie es gekocht wird.[36]

Das hat ihn aber nicht daran gehindert, der AfD an anderer Stelle vorzuwerfen, ihr Plan sei »der Abschied vom volkstumsbezogenen Nationenbegriff, der Abschied von der Homogenität als einer Grundlage der Nation«.[37] »Relative Homogenität« und »Homogenität als Grundlage der Nation« – das steht in klarem Widerspruch zueinander.

Martin Sellner dagegen, der sein Buch mit einer utopischen Traumsequenz unter dem Titel »2032 – Ein Tag nach der *Reconquista*« enden lässt, formuliert darin recht unverblümt, was er sich an Maßnahmen vorstellt: Rechtsalternative Medien lassen den Journalismussektor crashen und treten an seine Stelle, Google, Facebook, Twitter sind entmachtet, die gesamte Gesellschaft ist nach rechts gerückt, auch weil im Zuge des Multikulturalismus europaweit eine aggressive, militante Parallelwelt entstanden ist:

> ›Remigration und Leitkultur‹ ersetzten europaweit Einwanderung und Multikulti als neue Leitlinien und prägten die Gesetzgebung. Den Anfang machte 2018 der Stop der Familienzusam-

> menführung. 2019 wurden Abschiebungen massiv erleichtert. 2020 wurde ein Gesetz zum Entzug von neuerworbenen Staatsbürgerschaften bei Arbeitslosigkeit oder Kriminalität erlassen. […] die nichteuropäische Trans- und Arbeitsimmigration wurde gestoppt. Illegale wurden ausnahmslos in Aufnahmezentren außerhalb Europas untergebracht, wo ihre Asylanträge zu 98 Prozent als negativ bewertet wurden. Eine kompromißlose Politik der Deislamisierung verbannte den radikalen Islam in Wort und Bild aus dem öffentlichen Raum, und für nicht integrierbare Problemgruppen wurden Anreize zur Heimkehr geschaffen. Mitte der 2020er Jahre führten diese Gesetze zu dem, was wir heute als die ›europäische Hidschra‹ bezeichnen: der vom Staat geförderten Massenauswanderung nicht assimilierbarer Bevölkerungsteile in Kulturen, die ihren Werten und Gewohnheiten besser entsprachen.[38]

Wo diese Auffanglager realisiert werden und in welche ihnen adäquaten Kulturen diese Millionen Vertriebenen auswandern sollen, erklärt Sellner nicht, aber es ist ja auch nur ein Traumbild …

Erstaunlicherweise gleichfalls ungeklärt ist die Frage, was das vielbeschworene ›Eigene‹, das ›Identitäre‹, überhaupt sein soll (und wer es festlegt)? Was ist die deutsche Leitkultur? Erschöpft sie sich darin, in der Kneipe zu sitzen, Skat zu spielen und Bier zu trinken? Oder darin, durch Kaufhäuser (immerhin eine aussterbende Spezies) zu traben? Das Brauchtum (Karneval, Schützenfeste) wird eh gepflegt, sogar mit öffentlicher Förderung, wer hätte etwas dagegen? Ist der Kölner Karneval aufgrund des Zuzugs syrischer Kriegsflüchtlinge gefährdet? Durch die reine Behauptung einer solchen Leitkultur tritt sie noch nicht in Erscheinung. Überdies nimmt es Wunder, dass mit Lichtmesz und Sellner ausgerechnet zwei Österreicher so ausgiebig über die *deutsche Identität* und nationale Notwendigkeiten räsonieren – Österreich ist doch allem Anschein nach ein von Deutschland unabhängiges Land mit originärer Kultur, eigenen Werten und Traditionen, auf deren Selbstständigkeit dort stets peinlich genau geachtet wird. Wie kommt es, dass nun beide, Deutschland und Österreich, über einen Kamm geschert werden? Schummert da irgendwo der Gedanke eines großdeutschen Reiches mit? Womöglich.

Eines jedenfalls ist sicher: Begriffe von der Art, wie die Neue Rechte sie verwendet, inflationär in den deutschen Diskursraum einzubringen, ist alles andere als harmlos und unschuldig, wie es Götz Kubitschek so gespielt blauäugig für sich reklamiert. Worte nehmen Einfluss auf die Haltung und Meinung der Menschen, und genau das ist ja auch die erklärte Absicht solcher metapolitischen Vorstöße. Steter Tropfen höhlt den Stein. Victor Klemperer hat beobachtet, wie diese Art sprachlicher Beeinflussung während des Nationalsozialismus um sich gegriffen hat, wie solche toxischen Begriffe sich auswirken: »Worte können sein wie winzige Arsendosen: sie werden unbemerkt verschluckt, sie scheinen keine Wirkung zu tun, und nach einiger Zeit ist die Giftwirkung doch da.« Auf solche Weise, so Klemperer weiter, sei der Nazismus »in Fleisch und Blut der Menge« übergegangen, »durch die Einzelworte, die Redewendungen, die Satzformen, die er ihr in millionenfachen Wiederholungen aufzwang und die mechanisch und unbewußt übernommen wurden.«[39] Die Folgen sind bekannt. Grund genug, uns die Texte der Neuen Rechten noch einmal genauer auf ihre spezifischen Verfahrensweisen hin anzuschauen.

5. Die Neue Rechte in ihren Texten: Stil und Form

Götz Kubitscheks Buch *Provokation* ist schon einige Male zitiert worden, es ist in der Reihe ›kaplaken‹ erschienen. Dieses Wort entstammt der Seefahrtsprache und meint einen Bonus für den Kapitän, zusätzlich zur vereinbarten Heuer, bei korrekter Ablieferung der Ladung. Dementsprechend bezeichnet der Verlag das ›kaplaken‹ als »eine geistige Zulage für Selbstdenker«.[1] Die Bücher dieser Serie sind ästhetisch ansprechend aufgemacht, ein DIN-A-6-Taschenformat, äußerlich den Theorie-Bänden des Merve-Verlags ähnlich, jedoch mit Hardcover, stets zwischen 64 und 96 Seiten Text. Kubitscheks 2007 erschienenes Buch steht als sechste Publikation der Reihe ziemlich am Anfang, inzwischen sind 60 Bändchen erschienen, Beiträge von allen, die in der rechten Szene Rang und Namen haben – Alain de Benoist, Martin Lichtmesz, Thor von Waldstein, Bernd Rabehl, Ernst Nolte, Ellen Kositza, Gerd-Klaus Kaltenbrunner, Armin Mohler, Benedikt Kaiser, Joachim Fernau, Thorsten Hinz, Karlheinz Weißmann und vielen mehr.

Kubitscheks Text, übrigens wie alle Antaios-Bücher konsequent in *alter Rechtschreibung* gehalten, gliedert sich in vier Großkapitel: »Wir – Der Vorsatz«, »Ihr – Das Zögern«, »Ich – Der Anlauf«, »Du – Der Sprung«. Im ersten Kapitel wird die politische Lage, wie Kubitschek sie sieht, erörtert, im zweiten die Ansprache möglicher Sympathisanten, im dritten schildert Kubitschek seine eigene Sozialisation als Rechter, im vierten richtet er einen Appell an neue Mitstreiter/Provokateure. Gleich der Beginn verrät schon den generellen Duktus des Textes:

> Angesichts der Heerscharen blinzelnder Deutscher; angesichts der verantwortungslosen politischen Führung der letzten Jahrzehnte, die ihre Rente nun in dem Bewußtsein zu verprassen ansetzt, daß es für sie allemal reichen wird; angesichts des lahmen Protests derer, die revoltieren müßten: Selbst die jungen

> HARTZ IV-Empfänger raffen sich nicht auf; sie werden der Härte ihres Schicksals beraubt durch ein warmes Wohnzimmer, Nachschub an Nahrung und Flüssigem, eine Spielkonsole, Fernseher, DVD-Gerät und die Möglichkeit, folgenlos mit ihrer Freundin zu verkehren;[2]

und so geht es noch eine ganze Weile weiter: Der Parallelismus bringt es an den Tag, hier äußert sich Sendungsbewusstsein und es äußert sich in der klassischen Form des Manifests – allerdings ohne den intelligenten Nihilismus, die Zerrüttung des Sinns und die Leserirritationen der historischen Avantgarden von DADA bis hin zu den Situationisten. Als Manifest aber steht dieser Text zwischen (Sach-)Literatur und Aktion.[3] Er enthält sowohl darstellende Passagen als auch Handlungsaufforderungen und mitunter praktiziert er auch, was er thematisiert – die Provokation.

Die zitierte Passage macht deutlich, *gegen wen* dieses Manifest sich richtet: »blinzelnde Deutsche« (also wohl: Zauderer) und die »verantwortungslose politische Führung der letzten Jahrzehnte« (also nahezu alle im Parlament vertretenen Parteien). Auch verrät sie, *an wen* es sich (unter anderem) wendet: »Hartz IV-Empfänger« (also die sozial Erniedrigten) sowie im weiteren Verlauf das »Volk – und das sind in diesem Fall die jungen Männer und Frauen« (S. 8). Genauso hebt auch das 2. Kapitel an, in dem Kubitschek die Zweifler beschwört (das könnten Nicht-Rechte sein, aber mehr wohl noch ›Altrechte‹, die seinen Forderungen und Aktivitäten skeptisch gegenüberstehen): »Ihr haltet unseren Vorsatz, provokativ zu handeln, für falsch? Ihr haltet für unstatthaft, was wir vorhaben?« Auch diese direkte Ansprache könnte einem Manifest der historischen Avantgarde entstammen, das sich im anti-bourgeoisen Modus geriert.

Doch worum geht es eigentlich? Kubitschek diagnostiziert eine Krise: »Todkrank, wie unsere Nation ist« (S. 8), wähnt er die »deutsche Zukunft« in Gefahr, fragt er sich, ob die Nation noch genügend »Kraft im kranken Körper« hat, um sich der eindrängenden Gefahren zu erwehren. Die Vorstellung der Nation als eines kranken ›Körpers‹, also die Biologisierung eines Abstraktums, der Nation, wurde, wir haben das oben schon angesprochen, im Nationalsozialismus verwendet, um das Deutsche »rassehygienisch« vom »Parasitentum« (den Juden) abzugrenzen. Bei Kubitschek sind es die ausländischen Jugendlichen, die zwar nicht als »Schädlinge« bezeichnet werden, aber als »aggressiv bis zur offenen Gewalt«. Die geschwächten deutschen Jugendlichen, die längst in der Unterzahl seien, würden »beleidigt, gedemütigt, verfolgt, bedroht, erpreßt, mißhandelt, verprügelt, krankenhausreif geschlagen, mitunter lebensgefährlich verletzt und ab und an wird auch einer totgeschlagen.« (S. 10)

Wie wir gesehen haben, sieht die Realität ganz anders aus; tatsächlich gibt es wohl weit mehr ausländische Opfer rechter Gewalt als umgekehrt. Kubitschek überhöht die Bedrohungssituation und gibt dabei offen zu, dass es ihm genau darum geht: »die Zuspitzung der Begriffe und die Kennzeichnung der Gegner. Das ist unsere Aufgabe.« (S. 20)

Es ist auffällig, wie sehr die behauptete Krise auf den körperlichen Bereich bezogen wird: Die »demographisch dynamischen Minderheiten« (S. 16, also die ›gebärfreudigen Ausländer‹) drohten die Mehrheit und Macht über die an »einer nicht nur historisch bedingten Rückgratschwäche« (S. 11) leidenden Deutschen zu erlangen. In dieser Lage gehe es also um »Gegenwehr oder Verschwinden« (S. 17), eine Frage des nackten Überlebens. Man lebe schon nahezu in einem »Vorbürgerkrieg« (S. 10), doch die Deutschen selbst arbeiteten darauf hin, ihn zu verlieren. Die »Lobbyisten der Zersetzung« (S. 17) schwächten den Organismus und so seien es »die Deutschen selbst, die ihre Zukunft abtreiben oder gar nicht erst zeugen und sie so in fremde Hände geben.« (S. 18) Neben der metaphorischen Bedeutung dieser neuerlichen Biologisierung gesellschaftlicher Prozesse reitet der siebenfache Vater Götz Kubitschek hier gleichzeitig eine konkrete Attacke gegen die Abtreibungspraxis und die geringe Geburtenrate in Deutschland.

Alles in allem ist das natürlich heillos übertrieben. Man wähnt die deutschen Straßen von Rauchschwaden und Pulverdampf vernebelt und könnte Kubitschek, der auf seinem Rittergut in Schnellroda fernab der städtischen Zivilisation lebt, glatt für weltfremd halten, wäre nicht seine »Provokation« in so bewusst agitatorischer Absicht in Szene gesetzt. Eines ist klar: Er findet seine Abnehmer, die sein Katastrophenszenario für bare Münze nehmen.

Der »Vorbürgerkrieg« deutet bereits auf ein weiteres spezifisches Merkmal hin, das Kubitscheks Propagandaschrift prägt: die »Bewaffnung der Sprache« – wir hatten schon oben gesehen, dass Kubitschek diese Formel, übernommen von Günther Maschke, als Lehre aus seiner Mohler-Lektüre gezogen hat. In seinem Buch schlägt sich das nicht nur im symbolisch-martialischen Auftreten und dem charakteristischen Alarmismus nieder, sondern auch in der Begrifflichkeit. So schildert der Autor, wie seine bis dato erfolgte Sozialisation »unter der ersten Salve, die Mohler abfeuerte«, zusammengebrochen sei (S. 50, bei Lektüre des Aufsatzes *Der faschistische Stil*). Die »wochenendlichen Zusammenrottungen unter Gleichgesinnten«, also Begegnungen unter Rechten, bezeichnet er vielsagend als »Feldlager« (S. 33). Bei der Gewinnung neuer Gesinnungsgenossen geht es folgerichtig um »Mobilisierung« und »Rekrutierung« (S. 69), damit diese als »Widerstandsinsel« (S. 70) agieren könnten. Dass aus dieser Militarisierung der Sprache ein »echter Mangel an Versöhnung« gegenüber den »Anti-Deutschen« Volksfeinden (S. 26) entspringt, kann nicht verwundern, ebenso wenig, dass von der »Ernsthaftigkeit« seiner Anliegen nicht Worte, »sondern bloß ein Schlag ins Gesicht« (S. 28) überzeugen könne.

Weitere Lieblingsworte Kubitscheks, die an anderen Stellen fallen,[4] sind »Einmannkaserne«, für den einsiedlerischen Widerstand des Rechten, oder »Traditionskompanie«, für die Wurzeln rechten Denkens; den Verlag bezeichnet er als »Division Antaios«. Nun war Kubitschek Berufssoldat und die militärischen Begriffe entspringen wohl auch seiner sprachlichen Sozialisation. Doch obwohl er eine gewisse Verwunderung darüber äußerte, als ihn Thomas Wagner in einem Interview auf seine kriegerische Wortwahl ansprach, und das alles als reine Metapolitik bezeichnete[5] – sein Buch ist alles andere als harmlos. Es ist ein zutiefst aggressiver Text, der der Demokratie und denen, die für sie stehen, kompromisslos den Kampf ansagt. Kubitschek gebraucht dazu eine Sprache, die einschlägig ist – und bei der man sich nicht mit vagen Hinweisen darauf aus der Verantwortung stehlen kann, dass in der Politik eben polemisiert und daher »eine militärisch aufgeladene Sprache« benutzt werde, oder mit der vermeintlichen Binsenweisheit, dass »laut denken nicht das Gleiche« sei »wie Handeln«.[6]

Sprachliche Äußerungen, noch dazu in Gestalt eines Manifests, sind durchaus eine Form des Handelns. Sie zielen auf Handeln, sie sprechen unmittelbar über Handlungen und sie wollen Handlungen hervorrufen. Kubitscheks *Provokation* kann man durchaus als einen Aufruf zu gewalttätigen Aktionen von rechts lesen.

Eine ganz andere Form kultiviert Benedikt Kaisers *Querfront*, ebenfalls in der ›kaplaken‹-Reihe erschienen. Das Buch ist als eloquenter Sachtext geschrieben, der zunächst einmal historische Beispiele von Koalitionen rechter und linker Revolutionäre schildert. Mehr als alle anderen neurechten Autoren bedient sich Kaiser dabei eines marxistischen Vokabulars, auch zitiert er seitenweise linke Theoretiker wie Gramsci, vor allem Slavoj Zizek, und reklamiert beispielsweise die Äußerung eines Neo-Marxisten wie Axel Honneth direkt für die eigene Sache:

> auch für die Neue Rechte gilt also, was für linke Theoretiker von Proudhon bis Marx noch zum Grundkonsens zählte, nämlich, [*Zitat Honneth, Anm. E.S.*] ›daß der Hebel zur Schaffung von solidarischen Sozialverhältnissen die Reform oder revolutionäre Überwindung der kapitalistischen Marktwirtschaft selbst sein muß.‹[7]

Kaiser usurpiert gewissermaßen Sprache und Inhalte der traditionellen Linken (fast könnte man dies eine Art ›parasitäres Schreiben‹ nennen), um sie für seine Zielvorstellung umzufunktionieren: einen anti-imperialistischen Euro-Faschismus im Sinne Drieu La Rochelles, der den Nationalismus der Einzelstaaten transzendiert. Dafür gibt er sogar die Kategorie der ›Nation‹ auf: »das Kapital ist transnational, die Eliten sind transnational – die Probleme, die Kapital und Eliten hervorrufen, sind es daher auch: der klassische Nationalstaat hat dem nur noch wenig entgegenzusetzen.« (S. 54)

Beinahe scheint es, als verfolge Kaiser tatsächlich den Plan, eine solche »Querfront« zu etablieren, wie er sie in seinem Buch geschichtlich skizziert hat. Derartigen Lesarten erteilt er jedoch eine explizite Absage, aber allein wegen der widersprüchlichen Haltung der derzeitigen Linken (vgl. S. 46). Stattdessen wirbt er für eine anti-imperialistische Neue Rechte, die sich »gegen die Vorherrschaft des Westens, universale Islamfeindschaft, libertäre Marktgläubigkeit und konservative Kapitalismusaffirmation« stelle und »die soziale Frage wieder als ureigenes Sujet entdeckt; eine Neue Rechte, die europäisch denkt« (S. 84). Diese brauche aufseiten der Linken keine Partner für eine Querfront zu suchen, sondern könne enttäuschten Linken eine intellektuelle Alternative bieten (wobei er hier Sahra Wagenknecht direkt anspricht). Die genannten Ansätze böten die Chance zu einer Synthese, in der »die beiden ›alten‹ Termini ›links‹ und ›rechts‹« sich »in jenem Sinne der Dialektik ›aufheben‹, daß etwas zerstört wird, jedoch als etwas anderes weiterlebt.« (S. 86) Diese Ideen Kaisers gehen so weit, dass man fast schon nicht mehr weiß, ob das noch ›rechts‹ ist. Damit ist er eher ein Außenseiter der Szene,[8] allerdings sitzt er als Lektor des Antaios Verlags auch mitten in ihrem Zentrum. Es fragt sich also, wie wirkungsmächtig solche »Querfront«-Ambitionen in der Neuen Rechten zukünftig werden können.

Martin Sellners Buch *Identitär* wurde ebenfalls schon herangezogen, um die Metapolitik der Neuen Rechten, und speziell auch der Identitären Bewegung, zu beleuchten. Äußerlich fällt es durch seine eigenartigen Illustrationen auf, die im Stile unbeholfener Kinderzeichnungen die verhandelten Themen aufgreifen. Strukturell stellt es sich als eine höchst seltsame Mischform dar: Es beginnt als autobiographische Erzählung, einfach und anschaulich geschrieben, durchaus etwas salopp und jugendlich im Ton, Notizen aus der Wirklichkeit, fast wie bestimmte Werke eher oberflächenverhafteter Popliteratur.[9] Dazu wird bisweilen, um den Mythos des identitären Projekts zu unterstreichen, gehörig poetisiert, etwa in der Beschreibung der IBÖ-Gründungsszene:

> ›Und deswegen‹, so schloß ich damals mein Plädoyer, währenddessen wir bereits anderthalb Melangen verzehrt hatten, ›hängt die Zukunft Europas davon ab, daß wir den identitären Aufbruch aus Frankreich in die anderen Länder tragen, wo er zur stärksten patriotischen Kraft werden muß. Nur so kann die patriotische Jugend neue Wege gehen, statt in alte Muster zurückzufallen. Wir brauchen die Identitäre Bewegung Österreich!‹ Das Plätschern eines Zuckerwürfels, den Alex ungerührt in seiner Kaffeetasse versenkte, durchbrach die ehrwürdige Stille, die auf meine Worte folgte.[10]

Nicht weniger also als die Zukunft Europas steht auf dem Spiel, und so ist es kaum verblüffend, dass Sellner zur Moscheebesetzung der französischen Identitären, die die Österreicher erst zu ihren eigenen Aktivitäten motivierte, sagt: »Da stand doch wahrhaftig der Weltgeist auf einer Moschee in Poitiers.« (S. 20) Den Weltgeist sah bekanntlich Hegel verkörpert in Napoleon, französischer Einfluss also auch von dieser Seite, der ›Bloc identitaire‹ und Napoleon – beides auf einer Ebene. Darunter macht Sellner es nicht. Besonders schwärmerisch, im Duktus eines Pop-Fans, berichtet er vom Treffen in Orange, das als eine berauschende Begegnung junger Rechter mit Applaus, Jubel und Fahnenmeer gezeichnet wird – diese Stimmung möchte er nach Österreich und Deutschland holen.

Im weiteren Verlauf wandelt sich der Text immer wieder, zum einen operiert er als Sachprosa, die bestimmte ideologische Konzepte wie den Ethnopluralismus darlegt, zum anderen werden dokumentarisch die identitären Aktionen geschildert. Darüber hinaus bietet er konkrete Handlungsanweisungen zur Vorbereitung und Durchführung derartiger Attacken, wird somit zu einem produktionsästhetischen Manifest, das die verschiedenen Aktionsformen systematisiert, den Aufbau einer Kampagne skizziert; wir sprachen oben schon davon. Gleichzeitig veranschaulicht er die Innenperspektive der Aktivisten, macht nachfühlbar, wie es ihnen während der Aktionen geht, spart die Angst nicht aus und bestimmte Schwierigkeiten bei der Umsetzung. Er wählt dazu manchmal die direkte Leseransprache, um den Kontakt zu intensivieren:

> Wenn du noch niemals Teil einer politischen Aktion warst, wirst Du das Gefühl nicht nachvollziehen können! Stell Dir eine schwere Abschlußprüfung vor, kombiniere das mit dem ersten Flirtversuch Deines Leben, multipliziere es mit zehn, und dann … Nein, die Nacht vor einer Aktion oder einer großen Demo ist einfach nicht in Worte zu fassen. (S. 39)

All das dient dazu, eventuellen Sympathisanten den Weg in den rechtsextremen Aktionismus zu erleichtern. Dabei kultiviert der Text den Mythos, geriert sich als episches Heldengedicht, bei dem der Heros allen Widerständen zum Trotz seiner ehernen, politischen Pflicht nachkommt. Man sieht daran recht gut, welche Leser Sellner ansprechen will – es sind Rechte, die eben noch nicht den Schritt hin zur direkten Aktion gewagt haben.

Auch der Duktus dieses Textes erinnert passagenweise, ebenso wie Kubitscheks *Provokation*, an Manifeste der historischen Avantgarde, etwa von Filippo Tommaso Marinetti. Zugleich bedient sich auch Sellner ausgiebig bei linken Vorkämpfern, befragt Lenins *Was tun?* (1902), studiert die Taktik von NGOs wie PETA, Greenpeace und APO bei ihren Interventionen im öffentlichen Raum (S. 46). Das schlägt sich in der Sprache nieder; eine Formulierung wie die folgende könnte auch von der Subversiven Aktion oder den Situationisten stammen: »Die Taktik der Kommunikationsguerilla ist das unerwartete Auftauchen, die Provokation und das ebenso plötzliche Verschwinden im urbanen Dschungel.« (S. 54) Sellner ist dabei ausgesprochen bemüht, seine Seriosität zu betonen – die absolute Gewaltfreiheit wird vielerorts beschworen (wenngleich wir oben gesehen haben, dass es damit vielleicht doch nicht ganz so weit her ist). Auch betreibt er – und das fällt übrigens auch in den Publikationen anderer neurechter Autoren auf – eine ziemliche Bildungshuberei: Er führt allerlei Theoretiker an, auf die er sich bezieht, und erwähnt zum Beweis seiner durch und durch authentischen Widerstandshaltung nicht ganz uneitel, dass er bereits mit 15 Jahren eine Abhandlung verfasst habe, zugegebenermaßen »im gestelzten Stil des altklugen Junggymnasiasten«, aber doch »aufgefüttert mit frühen Erträgen der Lektüre von Aristoteles, Platon und Leibnitz« (S. 130); mit Letzterem ist offensichtlich der Philosoph Gottfried Wilhelm Leibniz gemeint …

Wie schon angesprochen, stellt Sellners Buch nicht zuletzt einen Versuch dar, eine eigene Gegenöffentlichkeit zu etablieren, den Berichten der öffentlichen Medien über die identitären Interventionen eine alternative Lesart entgegenzusetzen. Das ist ihm besonders wichtig als Ausdruck des Kampfes gegen die linke Hegemonie, die er als einen »sanften Totalitarismus« begreift. Dieser schreibe »eine Identität vor, die aus Schuld und Selbsthaß besteht und den Faktor Herkunft sowie seine soziokulturellen Effekte negiert.« (S. 132) Daraus resultiere ein »Ethnomasochismus« – ein Begriff, den auch andere rechte Verfasser gerne verwenden –, der verhindere, dass deutsche Interessen gegen Fremde durchgesetzt würden. Wenn man schon so weit gekommen ist, fällt der Schritt zur Verschwörungstheorie nicht schwer: »Das Dogma der totalen Diversität bewertet alles als moralisch gut, was zu einem Schwinden der indigenen Bevölkerungsgruppe führt und dem Wachstum möglichst fremder und möglichst vieler eingewanderter Bevölkerungsgruppen dient.« Daraus folge notwendig die »Politik des Bevölkerungsaustauschs« (S. 133) – an Sellners Argumentation lässt sich beispielhaft demonstrieren, wie sehr die neurechte Vorstellung vom »Großen Austausch« auf einem bloßen Zirkelschluss beruht, wie die zugrundeliegende Fremdenfeindlichkeit zwangsläufig das Ergebnis dieser Argumentation vorherbestimmt. Es mag bestimmte Gruppen aus dem linken Spektrum geben, die meinen, andere Völker seien dem eigenen tendenziell vorzuziehen, weil dadurch das Ungleichgewicht aufgrund von Kolonisation und wirtschaftlichem Eurozentrismus ausgeglichen werden könne. Das aber ist eine absolute Randposition, für die nur sehr wenige stehen. Dass sie hegemonialen Einfluss und damit die Deutungshoheit hätten, ist absurd. Sellner aber setzt das voraus, und weil dies eben die herrschende Ideologie sei, werde der »Große Austausch« angestrebt. Das Ziel der Argumentation (es gibt Kreise, die am »Bevölkerungsaustausch« arbeiten) ist zugleich ihre Voraussetzung.

Ebenso überzogen sind Sellners Versuche, Kriterien der Totalitarismus-Forschung auf die demokratische Gesellschaft zu beziehen, um sein ›Theorem‹ des sanften Totalitarismus zu bekräftigen. Demnach bescheinigt er Deutschland eine Ideologie, die alle Elemente des gesellschaftlichen Lebens abdecke, eine Einheitspartei, einen Polizeistaat, eine monopolistische Kontrolle der Informations- und Kommunikationsmittel und eine zentrale Leitung der Wirtschaft. Diese Aspekte in der hiesigen Gegenwartsgesellschaft wiederzufinden, dazu gehört schon ein großes Maß an Verblendung. Sehr wohl aber finden sich deutliche Ansätze dazu im von Sellner so sehr geschätzten Ungarn Viktor Orbáns.

Um seine manipulativen Realitätsperspektiven zu untermauern, arbeitet Sellner sehr gezielt mit Begriffen, die – wie Klemperers »Arsendosen« – über den ganzen Text verteilt sind: natürlich der »Große Austausch« und die »Reconquista«, auch die »Integrationslüge« (S. 188), die erwähnte »Asyl- und Antirassismusindustrie«. Er gesteht sogar ganz offen, dass dies Teil der Taktik sei, nämlich »einen eigenen Begriff zu etablieren (Großer Austausch, Remigration etc.) oder einen gegnerischen Begriff anzugreifen (Fachkraft, Einzelfall, Integration, Bereicherung etc.)« (S. 190). Letztere, Sellner nennt sie »Begriffsäulen«, sollen durch gezielte Propaganda und Aktionen bekämpft werden: »So schlagen wir der linken Hegemonie eine Säule nach der anderen weg, bis am Ende das ganze Konstrukt einstürzt.« Dagegen sollen »zu Unrecht verfemte Begriffe wie ›Heimat‹, ›Volk‹ und ›Tradition‹« aufgewertet, andere Begriffe wie »Remigration« neu eingeführt werden (S. 191).

Auch auf gewissermaßen literarische Mittel greift Sellner zurück, um sein Anliegen deutlich zu machen. So umschreibt er die Erfahrung des sanften Totalitarismus mit einer metaphorischen Gefängnis-Erzählung, in der das Ausgegrenztsein der Rechten, der Ausschluss der eigenen Meinung aus dem öffentlichen Diskurs, zu einem realen Hochsicherheitstrakt mutiert, in dem er und seine Gesinnungsgenossen einsitzen. Dann flicht er ein fiktives Gespräch in einem Zug ein – zwischen einem Grundschullehrer, einer arbeitslosen Mutter, einem Angestellten und einem Journalisten, die sich über die Zuwanderung unterhalten, wobei der Journalist sich als radikaler Befürworter der Political Correctness und PEGIDA-Hasser erweist. Am Ende stellt sich heraus, dass die anderen drei, die eher kleinlaut agierten, gerade von einer PEGIDA-Demonstration kommen – drei zu eins, die gefühlte Bevölkerungsmehrheit der Rechtsextremen … Gegen Ende stellt er zwei Zukunftsphantasien einander gegenüber: zum einen, wir haben sie schon angesprochen, die Fabel von der erfolgten Reconquista im Jahr 2032. Zum anderen aber malt er (übrigens unter direktem Bezug auf Michel Houellebecqs Roman *Unterwerfung* von 2015) eine düstere Dystopie aus dem Jahr 2040 aus, in der die Muslime die überwältigende Bevölkerungsmehrheit stellen und kurz vor der Übernahme der politischen Macht stehen. Die Geschichte schließt mit der Anklage einer (fiktiven) Tochter an Sellner, wieso er und alle anderen sich damals nicht gewehrt hätten, als es noch möglich gewesen sei, dann bräuchte sie jetzt kein Kopftuch zu tragen. Nun, weder seine Dystopie noch seine Utopie dürfte allzu realistisch sein, zum Glück. Sellners Buch zeigt aber exemplarisch, mit welcher Bandbreite an Ausdrucksweisen die Neue Rechte inzwischen für ihre Ziele wirbt.

Eher ein Sonderfall – und dann auch wieder nicht – ist Rolf Peter Sieferles Buch *Finis Germania*, nicht unbedingt ein zusammenhängender Text, eher so etwas wie eine nachgelassene Sammlung theoretischer Aphorismen, der Autor hatte sich vor Veröffentlichung des Buches das Leben genommen. Sieferle war zu Lebzeiten an sich nicht als Gefolgsmann der Neuen Rechten bekannt, sondern als renommierter Historiker, zuletzt 2005 bis 2012 Professor an der Universität St. Gallen. Mitte der 1990er Jahre indes hatte es schon einmal Irritationen gegeben, als er ein Buch zur *Konservativen Revolution* veröffentlicht hatte, das Porträts der teils nationalsozialistisch kompromittierten Wissenschaftler und Autoren Paul Lensch, Werner Sombart, Oswald Spengler, Ernst Jünger und Hans Freyer enthält.

Sieferles *Finis Germania* erregte vor allem dadurch große Aufmerksamkeit, dass es 2017 auf Platz 9 der »Sachbücher des Monats« gewählt wurde, eine jurybestimmte Liste, die von NDR und *Süddeutscher Zeitung* veröffentlicht wird. Es stellte sich heraus, dass eines der 25 Jurymitglieder, der *SPIEGEL*-Journalist Johannes Saltzwedel, seine sämtlichen Stimmen auf dieses Buch vereint und so den Ranglistenplatz ermöglicht hatte. Er musste wegen zahlreicher Proteste aus der Jury zurücktreten. Dennoch wurde das schmale Bändchen ein großer Verkaufserfolg und führte wochenlang die Amazon-Sachbuch-Bestseller-Liste an. Daher erschien es auch auf Platz 6 der verkaufsbasierten *SPIEGEL*-Bestsellerliste, bis die Redaktion des Nachrichtenmagazins es daraus tilgte, was nicht nur peinlich war – gerade in journalistischen Kreisen wurde große Empörung über diese Manipulation laut –, sondern auch den Verkaufserfolg noch steigerte.[11] Einmal mehr zeigt das, welch zweischneidiges Schwert die Unterdrückung von missliebigen Äußerungen ist. Schon zu Hochzeiten der Zensur, etwa in der preußischen Restaurationsepoche in den Jahrzehnten nach dem Wiener Kongress von 1815, wirkten Bücherverbote als blendende Werbung für die inkriminierten Titel.[12]

In seinem Buch wirft Sieferle als nationalkonservativer Historiker einen fatalistischen, ja resignativen Blick auf die Eigenmächtigkeit der Geschichte. So betrauert er den Verlust des »anthropomorphen Raumes«[13] (worunter der menschliche Beziehungsraum verstanden wird), den Zerfall der Familie als Institution oder den Zustand der zeitgenössischen Kunst – mitunter durchaus hellsichtig. Zwei hochproblematische Motive lassen sich allerdings durchgängig ausmachen: erstens die Verächtlichmachung der Demokratie, zweitens die Verkleinerung des NS-Unrechts und die Diskreditierung der Vergangenheitsbewältigung.

So beklagt Sieferle das Aussterben der wahren deutschen Elite nach den historischen Einschnitten von 1919, 1933 und 1945 (S. 21; also Revolution/Beginn der Weimarer Republik, Machtübernahme der Nationalsozialisten sowie Ende des Zweiten Weltkriegs), womit anscheinend solche nationalkonservativen Charaktere gemeint sind, wie sie Mohlers *Konservative Revolution* bevölkern. Die führende Kaste der Bundesrepublik dagegen zeiht er der Kleinbürgerlichkeit:

> Konrad Adenauers Wortschatz, Heinrich Lübkes Rhetorik, Ludwig Erhards literarische Bildung, Helmut Schmidts Eßgewohnheiten, Willy Brandts Trinkgewohnheiten und Helmut Kohls Physiognomie sind schon lange Anlaß zu wohlfeilen Satiren und leichte Beute für Parodisten. (S. 21)

CDU/CSU-Politiker könnten den Bratwurstdunst vom Besuch der vielen Volksfeste nicht ablegen, SPD-Mitglieder jenen der »rauchgeschwängerten Marathonsitzungen«; das sei »gängige Münze einer Stilkritik der deutschen Herrschaftskultur«. Fatalerweise aber gebe es wohl keine Alternative, und so stelle sich die Frage, »ob diese stilistischen Greuel nicht ebenso Preis der Massendemokratie sind wie zum Massenkonsum eben auch die Verkehrsstaus, die grellen Supermärkte und die Müllberge gehören.« (S. 22) – Das also könnte man im Anschluss an Sieferle den ›demokratischen Stil‹ nennen, worin wohl Mohlers »faschistischer Stil« als Gegenpol insgeheim mitschwingt. Der Grund für all dies liege darin, dass die politische Führungsschicht sich nicht aus einer seit langer Zeit herrschenden Klientel rekrutiere, die einen originären Habitus entwickelt habe, wie etwa in England. So bildeten die Eliten aus Wirtschaft, Politik und Kultur hierzulande keine einheitliche Gesellschaftsformation, sondern differenzierten als »direktes Ergebnis der Demokratisierung und Egalisierung« verschiedene soziale Milieus aus (S. 23). Kultur als solche diene dabei nicht als verbindendes Element und spiele generell eine untergeordnete Rolle für die Mächtigen: »ansonsten begnügen sie sich mit Luxusversionen durchaus vulgärer Konsumgenüsse: Sie fahren etwas größere Autos, wohnen in etwas teureren Schmuckstücken und verwenden Zeit und Geld ansonsten vor allem dazu, sich weiter zu bereichern.« (S. 24) Die deutsche Einheit sei nur deshalb zustande gekommen, weil Helmut Kohl im Gegensatz zu seinem damaligen SPD-Widersacher Oskar Lafontaine der Meinung gewesen sei, man könne sie sich leisten, ohne den hohen Lebensstandard der Westdeutschen aufs Spiel zu setzen (S. 30 f.) – der Aushandlungsprozess also bestimmt von Krämerseelen, nicht etwa von Staatsmännern, die sich des historischen Ernstes der Stunde bewusst gewesen wären. Die politischen Aussagen der Parteien bewertet Sieferle als grundsätzlich obsolet: »Die noch immer fleißig produzierten Programme werden auf das Niveau des Kultur-Geschwätzes verwiesen, wo sie nichts mehr ›bewegen‹. Auch dies ist eine wohltätige Errungenschaft der Demokratie.« (S. 44) Die letzte Aussage ist wohl ironisch doppeldeutig zu verstehen: Einerseits werden die Fortschritte der liberalen Gesellschaft abgewertet, andererseits sieht Sieferle wohl tatsächlich einen Vorteil darin, möglichst wenig von Aktivitäten und Ansichten solcher Politiker behelligt zu werden.

Diese Zitate zeigen schon recht deutlich Sieferles stilistische Eigenheit in diesem Buch: Er schreibt sehr scharfzüngig, bisweilen ätzend satirisch, auch zynisch. Um die wissenschaftliche Präzision eines Historikers ist es ihm nicht zu tun. Was bei der

Beschreibung der bundesrepublikanischen Wirklichkeit teilweise durchaus witzige Blüten treibt, wird vollends unzulässig, wenn er sich auf dieselbe Weise dem Phänomen des Nationalsozialismus und der Aufarbeitung der deutschen Schuld nähert. Hier spricht Sieferle etwa vom »Ritual der Vergangenheitsbewältigung«, das zu bloßem »Politkitsch« verkommen sei (S. 8) – ein Ritual ist bekanntlich eine erstarrte und überkommene Formalie. Die Verbrechen des Nationalsozialismus tut er mit der lapidaren Feststellung ab, sie seien »ein moralischer Extraprofit für die Linke« (S. 9). Der Nationalsozialismus erscheint in *Finis Germania* insgesamt als so etwas wie ein bedauerlicher Betriebsunfall, als ein Projekt, das ursprünglich sogar in die richtige Richtung gewiesen habe:

> Dieses Programm eines preußischen oder nationalen Sozialismus zielte auf eine nichtatomistische, nichtliberale Moderne. Es ist als Ausdruck eines fatalen deutschen Sonderwegs fundamental gescheitert und wegen der mit ihm (vielleicht nur kontingenterweise) verbundenen Ungeheuerlichkeiten vollständig stigmatisiert. (S. 45)

Die Verbrechen des Nationalsozialismus waren also »vielleicht nur kontingenterweise«, also zufällig, nicht wesensnotwendig, mit ihm verbunden. Das ist eine grobe Geschichtsklitterung, denn speziell der Antisemitismus, der für den größten Teil der spezifischen Gräueltaten des Regimes verantwortlich ist, war ein zentraler Bestandteil der nazistischen Weltanschauung. Ohne die konsequente Ausgrenzung und Verunglimpfung des Judentums, das für alle Probleme Deutschlands verantwortlich gemacht wurde, hätte der Nationalsozialismus wohl kaum die Herrschaft errungen. Der Holocaust war demnach keineswegs ein Zufall, sondern eine zwangsläufige Folge.

Doch Sieferle geht noch weiter in der Verharmlosung des NS-Regimes. So räsoniert er über die gegenwärtige Abwesenheit großer Persönlichkeiten, die geschichtsbestimmend sein könnten, und kommt zu dem Schluss: »Der letzte Heros dieser

Art war der unzeitgemäße Bösewicht Adolf Hitler. Heute beißt niemand mehr in den Teppich.« (S. 54) Ein »Bösewicht«, das ist ein Bub, der seiner Mutter die frisch gebackenen Kekse vom noch heißen Ofenblech klaut, aber nicht Adolf Hitler, von dem man weder ironisch noch mit halbem Ernst als »Heros« sprechen kann, und der ›Teppichbiss‹, der lakonisch auf die ungezügelten Leidenschaften des ›Führers‹ verweist, stutzt ihn zu einem Comedymonster zurecht. Diese Zusammenstellung immerhin eines Historikers gemahnt doch hart an die Aussage des Parteivorsitzenden der AfD Alexander Gauland, der Nationalsozialismus sei nicht mehr als ein »Vogelschiss« in der glorreichen deutschen Geschichte, auf die wir noch zurückkommen werden.

Als besonders problematisch erweist sich das Kapitel »Mythos VB«, damit ist die ›Vergangenheitsbewältigung‹ gemeint – dieser Part des Buches hat in der öffentlichen Rezeption am meisten Empörung auf sich gezogen. Hier bekräftigt Sieferle seine Kritik an der gesellschaftlichen Aufarbeitung der NS-Verbrechen, indem er Auschwitz zu einem Mythos erhebt, »eine Wahrheit […], die der Diskussion entzogen werden soll.« (S. 79 f.) Er spottet über den Bundespräsidenten (gemeint ist wohl Richard von Weizäcker, wie überhaupt die meisten Referenzpunkte des Textes in den 1980er Jahren liegen – es ist tatsächlich kaum davon auszugehen, dass es sich um ein jüngeres Manuskript handelte, das Freunde des Autors nach dessen Freitod auf seinem Computer fanden): »Seine glatten, samtenen Worte erzeugen die gewünschte Stimmung des Einverständnisses, erzeugen ›Betroffenheit‹« (S. 69), und diskreditiert die deutsche Vergangenheitsbewältigung mit einiger Häme als »eine neue Staatsreligion«: »Das Erste Gebot aber lautet: Du sollst keinen Holocaust neben mir haben.« (S. 70) Deutschland sei so zum auserwählten Volk geworden, und zwar durch seine kollektive Schuld: »In dieser Schuldhaftigkeit ist es einzig unter den Völkern, da seine Verbrechen von einzigartiger Größe waren« (S. 71). Daraus folgt der vielleicht perfideste Schluss in Sieferles Argumentation, indem nämlich Juden und Deutsche parallelisiert werden: »Sie sind absolute Täter und absolute Opfer [...] ein negativ auserwähltes Volk, die Deutschen, und ein positiv auserwähltes Volk, die Juden«; beide hätten demnach eine »komplementäre Sonderrolle« inne (S. 85). Diese unhaltbare Koppelung führt natürlich bei weiterem Nachdenken zu einer Opferumkehr, die Sieferle in seiner satirischen Ausdrucksform unerwähnt lässt, die sich aber aufdrängt, wenn er etwa behauptet: »Der Deutsche, oder zumindest der Nazi, ist der säkularisierte Teufel einer aufgeklärten Gegenwart.« (S. 66) Die Einräumung ist geschickt, nein, die Deutschen werden nicht kollektiv verteufelt, sondern nur die Nazis, aber geschrieben ist es eben so: Der Deutsche ist der Teufel, die Einräumung liest insbesondere derjenige, der sich als Opfer der Stigmatisierung erkennen soll, nicht mit.

Auf der Basis dieser unausgesprochenen deutschen Opferrolle erledigt Sieferle en passant die Zuwanderungsthematik gleich mit – denn durch den verordneten Antifaschismus werde dem Deutschen ein Multikulturalismus verschrieben, gegen den er sich wegen seiner historischen Belastetheit nicht wehren könne, was letzten Endes darauf ziele, »daß eine kulturelle Formation, nämlich das indigene Volk, zugunsten anderer Volksgruppen auf seine spezifische Identität verzichten soll« (S. 81) – und somit: »Finis Germania«, Deutschland schafft sich ab! Neben den ziemlich ungeheuerlichen Aussagen zur Vergangenheitsbewältigung belegt dieser kleine Exkurs, den Sieferle beiläufig nur mit ein paar Sätzen einflicht, seine Zugehörigkeit zur extremen Rechten.

Streckenweise ähnlich polemisch gehen Martin Lichtmesz und Caroline Sommerfeld in ihrem Buch *Mit Linken leben*[14] vor – gewissermaßen dem Analogon zum gleichzeitig entstandenen *Mit Rechten reden* von Per Leo, Maximilian Steinbeis und Daniel-Pascal Zorn. Man muss dabei leider sagen, dass Lichtmesz'/Sommerfelds Band der selbst gestellten Aufgabe, das rechte Publikum mit Argumenten gegen ›linke‹ Widersacher zu munitionieren, besser gerecht wird als das ›demokratische‹ Pendant, das sich in zahlreichen Abstraktionen verliert und zudem einen herablassenden Gestus pflegt, nicht nur Rechten, sondern allen Beteiligten des gesellschaftlichen Diskurses gegenüber. Lichtmesz/Sommerfeld dagegen gehen ihren Plan systematisch und generalstabsmäßig an; das Buch entspricht dem klassischen Ratgeberformat, aufgesetzt als populäres Sachbuch. Zitate sind also nicht mit Fußnoten belegt. In drei Großkapiteln (»Die Spaltung« (zwischen links und rechts), »Mit Linken reden«, »Mit Linken leben«) geben die Autoren Definitionen der politischen Lager aus ihrer Sicht und setzen sich dann mit Kernbegriffen und Argumenten auseinander. Geschrieben ist das Buch sachlich und doch bisweilen salopp, immer wieder lassen Lichtmesz/Sommerfeld stark tendenziöse Wendungen und Begriffe einfließen, sehr unvermittelt, als könne man deren Inhalt einfach so voraussetzen, etwa gegen die angeblich »wahnhafte Auflösung unserer Kultur« (S. 19, die vermeintliche Aufgabe deutscher Lebensart und Eigenheiten), »Geburtendschihad« (S. 128, der vorgebliche islamistische Kampf gegen den Westen durch Fruchtbarkeit) oder »Debattennazi« (S. 135, linker Gesprächspartner, der die Gesprächsdoktrin bestimmen will), oder sprechen unkommentiert vom »Import immer größerer Menschenmassen aus der Dritten Welt« (S. 19). Nun ist ›Import‹ ein Begriff aus der Wirtschaft, der gewöhnlich die standardisierte Einfuhr von Waren bezeichnet. Damit wird also der Fluchtcharakter dieser großen Wanderungsbewegungen negiert und stattdessen suggeriert, es handle sich um ein bewusstes Geschäft, was nebenbei die identitäre Vorstellung vom »großen Austausch« heraufbeschwört. Dazu sparen die Autoren nicht mit Zynismus oder gar Häme. Zum Beispiel kontern sie den Einwand eines linken Ratgebers zum Migrationsthema, dass auch Albert Einstein, Salman Rushdie und Marlene Dietrich politisch Verfolgte gewesen seien, mit der Spitze, keiner dieser »drei Glamourflüchtlinge« habe »irgendetwas Erkennbares mit den Massen von Filmstars, Nobelpreisträgern und Starschriftstellern gemeinsam, die momentan aus Nord- und Schwarzafrika und anderen außereuropäischen Gebieten nach Europa migrieren.« (S. 162) Formal ist der Text mit zahlreichen Zwischentiteln für sehr kurze Einzelkapitel versehen, die ihn sehr leicht lesbar machen, die aber für sich schon propagandistische Statements beinhalten (»Zurüstung zum Bürgerkrieg«, »Womit man Linke ›triggern‹ kann«, »Wie man zum Vogelfreien wird«). Ergänzend zum Haupttext steuern die Autoren außerdem im Wechsel agitatorische Randglossen bei, jeweils mit dem briefmarkengroßen Konterfei Lichtmesz' oder Sommerfelds versehen, die kleine Anekdoten zur Untermauerung des Gesagten oder ergänzende Literaturhinweise enthalten.

Auch diese beiden Autoren wuchern mit historischen Belegen – Benn, Hölderlin, Thomas von Aquin, Spinoza. Über weite Strecken scheinen sie um Ausgleich und Objektivität bemüht; wie wenig weit es damit jedoch her ist, zeigen zwei Kapitel (»Über linke und rechte Gehirne«/»Sind Linke geistesgestört?«), in denen sie unter Berufung auf – selbstredend äußerst fragwürdige – Quellen »beweisen« wollen, dass Linke grundsätzlich dümmer oder gar geisteskrank seien. Das ist umso kruder, als Lichtmesz/Sommerfeld im Grunde alle, die nicht ihre Ansichten teilen, zu »Linken« erklären. Das verrät den stark polemischen Charakter des Buches, das unmittelbar für die Auseinandersetzung mit dem politischen Gegner verfasst wurde.

Götz Kubitscheks Frau, Ellen Kositza, ist eine der maßgeblichen Autorinnen des neurechten Netzwerks. Sie figuriert als Literaturredakteurin der *Sezession* und ist auch vom Stil her so etwas wie die Feuilletonistin dieser Gruppe. Als Literaturkritikerin kann man ihr bescheinigen, dass sie – anders als manche Rezensenten des Mainstreams – sehr genau liest und durchaus nicht dogmatisch urteilt, also bisweilen die Seite der (linken) Gegner mit konkurrierendem Respekt einbezieht. Besonders aufschlussreich in unserem Zusammenhang ist aber ihre tagebuchartige Kolumne in der *Sezession*, die unter dem Titel »Das war's« Anekdoten, Alltagsbeobachtungen, gewissermaßen Erfahrungen einer rechten Mutter, und Ähnliches glossiert – die gesammelten Texte sind inzwischen auch als Buch erschienen.

Ihr Ton ist dabei locker, ironisch, mitunter fast flapsig. Zeitform ist immer Präsens, die Sätze sind meist kurz, dazwischen finden sich kommentierende Klammerbemerkungen nach Art Walter Serners oder Karl Kraus', dessen Praxis der Medienkommentare sie ebenfalls aufgreift. Oft gibt Kositza in parodistischer Absicht PC-Sprechweisen oder Zeitgeistdialoge wieder, etwa wenn sie fünf junge Mädchen in einem Café in Kattowitz belauscht, die darüber nachdenken, ob sie sich die KZ-Gedenkstätte von Auschwitz anschauen sollen:

> ›Also, ich bin sehr für Auschwitz.‹ – ›Ohnee! Das wäre noch mal eine Stunde Fahrt!‹ – ›Also, ich wäre auch sehr dafür. Ich mein, so nah dran werde ich wohl in meinem Leben nicht mehr sein. Ich würd sagen, ich begreif das als Chance. Laßt uns hinfahren.‹ – ›Hm. Ich weiß nicht, aber Auschwitz reizt mich nicht so.‹[15]

Zwischen den Zeilen soll das wohl die fetischistische Vergangenheitsbewältigung des neo-liberalen Konsumnachwuchses markieren, dem gegenüber die Neue Rechte ein seriös-ernsthaftes Verhältnis zur deutschen Geschichte kultiviere.

Kositzas vagierendes Schreiben entspricht so überhaupt nicht dem Bild einer rechten Autorin, sie erscheint als das krasse Gegenteil von altbacken, zeigt Esprit und gibt sich weltgewandt, ja jetztzeitig, etwa durch den Gebrauch englischsprachiger Trend-Begriffe. Trotz immer wieder bekundeter TV-Verweigerung der Familie Kositza/Kubitschek ist ihr nichts Aktuelles aus der Medienwelt fremd – ob es um Youtuber oder einschlägige Slangfloskeln geht. Das, was sie berichtet, ist dabei hin und wieder tatsächlich nicht unamüsant. So geht es etwa um launige Erlebnisse oder Aussprüche ihrer sieben Kinder, und man würde fast nicht merken, dass es sich um rechte Tendenzprosa handelt, wenn nicht hier und da deutliche Bekenntnisse einflössen. Als Folie der ironischen Abgrenzung dienen eben nicht irgendwelche reaktionären, dumpfen oder ignoranten Haltungen wie bei linken Satirikern, sondern eher Homosexualität, Auswüchse politischer Korrektheit oder Humanismus, wobei häufig das, was ihr Nachwuchs von Schule oder Kindergarten erzählt, als Aufhänger dient:

> Tochter kommt von der Schule: ›Heute war's wieder extrem. Wir hatten sozusagen wieder – wie hast Du damals gesagt? Gehirnputztag?‹ Ich: ›Du meinst die Sache mit der ›hautfarbenen‹ Trommeltruppe und ihren Botschaften? Gehirnwäsche?‹ – Sie: ›Ja, genau, das Wort. Heute war also vier Stunden lang Anti-Mobbing-Training.‹

Ohne allzu klar zu bewerten, lässt der rekapitulierte Dialog keinen Zweifel daran zu, wie unsinnig die Anti-Mobbing-Übung der Schule war:

> ›Wenn ich es richtig verstanden habe, dann ist also eigentlich ALLES Mobbing. Er hat gesagt, auch wenn die Eltern Euch was befehlen, ist es Mobbing.‹ – ›Ich ahne, wie es weiterging: Dann wurde wie damals bei den hautfarbenen Trommlern abgestimmt, wer von Euch gegen Mobbing ist?‹[16]

Vielsagend daran ist, dass das Kind etwas schamhaft zugibt, sich auch gemeldet zu haben, und erklärt, es habe gar in einer Liste gegen Mobbing unterschrieben – allerdings extra winzig, was auf das gutmütige Verständnis der Mutter trifft. Das zeigt, dass die Kinder schon die klare Anweisung mit auf den Weg bekommen haben, kleine rechte ›Nonkonformisten‹ zu geben. Ein Ergebnis der politischen Schulung im Hause Kubitschek ist offensichtlich auch, dass die jüngste Tochter nach der engeren und weiteren Familie noch Alice Weidel, »wegen der Spendenaffäre«, in ihr Nachtgebet mit einschließt …[17]

Mehr als die vorher erwähnten Bücher erscheinen Kositzas Stilfeuilletons als Wolf im Schafspelz, freimütig und oft witzig kommen sie daher, doch im Schilde führen sie alte Inhalte und betreiben offen eine Kulturkritik von rechts. Kositzas Gesinnungsprosa vermittelt dabei recht geschickt das Bild der Autorin als einer aufgeklärten Rechtsintellektuellen, die alles andere als verbohrt und rückwärtsgewandt scheint und auch in ihrer Ehe mit Kubitschek als moderne, emanzipierte Frau auftritt. Aber natürlich ist das Ideologie. Wenn man Kositzas Dialoganteile in *Tristesse droite* betrachtet, wo sie als einzige Frau der Runde nahezu nie, und wenn, immer nur sehr kurz, zu Wort kommt, herrscht in der Tat eher ein traditionelles Geschlechterverhältnis vor – das übrigens auch zwischen den Zeilen ihrer Glossen hervorlugt: Sie ist vorrangig mit der Kinderarbeit befasst, Herr Kubitschek dagegen sitzt im Büro und hat zu arbeiten. Wie die Neue Rechte insgesamt pocht auch Kositza auf die tradierte Form der Geschlechtertrennung mit dominierender Position des Mannes und wendet sich vehement gegen jede Form von Gendermainstreaming.[18] Gleichzeitig aber wird das rückständige Frauenbild des Islams kritisiert.

Das Beispiel zeigt trotzdem zweierlei: einerseits dass die Neue Rechte durchaus in der Lage ist, Rollenbilder zu projizieren, die gegenwartsverhaftet und anti-gestrig zumindest *scheinen*, andererseits dass diese in ihrem eigenen Selbstverständnis tatsächlich auch so empfunden werden – als eine Form der inneren Freiheit und Legitimation. Das macht ihre gewisse Stärke aus, auch wenn sie einer kritischen Überprüfung nicht standhalten.

6. Neurechte Diskursstrategien und Opfermythen

Aufgrund der starken Ausrichtung der Neuen Rechten auf Metapolitik spielt auch das ›Wie‹ der Kommunikation für sie eine zentrale Rolle. Das drückt sich im beschriebenen Sprachgebrauch aus, aber auch in der kommunikativen Einrahmung. Wie systematisch sich Rechte darüber Gedanken machen, haben wir an Martin Sellners Buch gesehen. Als Kopf der österreichischen Identitären Bewegung hat er maßgeblichen Anteil an einem Neuzuschnitt der kommunikativen Kontur der Rechten. Auch wenn die Inhalte sich gegenüber den Altrechten kaum geändert haben, ist doch die Art und Weise, wie diese jungen Rechten heute auftreten, eine ganz andere, indem sie zumindest nach außen nicht mehr dumpf, verbohrt und verhetzt wirken. So präsentiert Sellner die eigenen Inhalte beispielsweise sehr entspannt und humorig auf einem Youtube-Kanal, der inzwischen über 80.000 Follower hat.

Die Identitäre Bewegung bedient sich extensiven »Guerillamarketings«, neben den spektakulären Aktionen sorgen Flugblätter für Aufmerksamkeit; Aufkleber, oft mit ironischen Sprüchen und Karikaturen, werden überall verbreitet und teilweise in Briefkästen geworfen, um damit auch anderen Leuten die Gelegenheit zur »zweiten Geburt«, also zum »Outing« als Rechter, zu geben. Auf einem solchen Aufkleber erscheint etwa, in Protest gegen die Anti-AKW-Bewegung, der Spruch: »Arschkraft – nein danke!«, oder die Identitären werben in typischer Manier mit aus ihrer Sicht maßgeblichen historischen Daten gegen Islamisierung: »732, 1529, 1537, 1683 – Islamisierung? Nicht mit uns!«[1] Ein anderer Aufkleber zum gleichen Thema zeigt das Bild eines Rasierers, darunter der Slogan: »Der Bart muss ab«, dazu ein Hinweis auf die wohl nur kurzzeitig eingerichtete Webseite: »kein-bart-fuer-deutschland.de«. Ein weiterer betreibt unter der Devise »Friss nicht jeden Dreck« einschlägige »Lügenpresse«-

Propaganda, auf ihm ist Ralph Wiggum, der Vielfraß in der TV-Serie *Die Simpsons*, abgebildet, der aus einem Glas mit der Aufschrift »BRD-Medien« nascht. Man sieht, die junge Rechte bedient sich populärer Ansprachen, um ihre Botschaft unter die Bevölkerung zu bringen. Sellner betreibt übrigens auch einen Internet-Shop mit IB-Fanartikeln, hier können auch weibliche Rechte poppig gestaltete T-Shirts, Hoodies, Polos usw. mit identitären Aufdrucken wie »Heimatverliebt«, »Make Love and defend Europe«, »Still not HERZing Antifa« in Trendschriften erwerben.[2]

Auch die AfD ist inzwischen zu solchen Techniken übergegangen. In Düsseldorf zierten unlängst zwei zusammengehörige ›Stempel-Graffiti‹ das Pflaster der Altstadt, das erste: »Tausend Migranten Feiern GrApschparty auf VolksfEst – AfD«, das zweite »Tausend junge Leute randalierten auf Volksfest – Polizei«. Das hebt auf zwei Lesarten ein und desselben Vorfalls ab: wahrscheinlich die Kölner Silvesternacht 2015, die nun schon eine Weile her ist. Die unspezifische Benennung »Volksfest« indes suggeriert, dass es sich bei diesem einmaligen Vorfall um ein häufiges, ja übliches Geschehen handelt. Die Zusammenstellung beider Lesarten verweist auf die angebliche Faktenmanipulation der Staatsmacht, die Wahrheiten zu verschleiern suche, welche die AfD dagegen offen ausspreche.

Die Neue Rechte und speziell die Identitäre Bewegung gibt sich also betont ›jung‹, verwendet einschlägige Codes und geriert sich insgesamt wie eine rebellische Jugendbewegung. Sellner und andere Rechte inszenieren sich als die neuen Utopisten, die, beflügelt von Sehnsucht (bei Sellner: »Was fühlt, denkt und hofft unsere Generation?«[3]), den Traum, die Vision einer besseren Zukunft verfolgen – eigentlich erneut eine Position, die traditionell die Linke besetzt hielt. Ähnlich klingt das bei Kubitschek, etwa wenn es in seinem Buch *Provokation* um die rechte Sozialisation geht oder er sich über die vielen jungen Besucher seiner »Winterakademie« freut: »Einer wie der andere ist ja so etwas wie eine Zugriffspanne des linken Erziehungs- und Denunziationssystems«.[4] Im Klappentext von Drieu la Rochelles rechtem Schlüsselroman *Die Unzulänglichen* von 1939 (ersch. 1942), dessen Übersetzung kürzlich (2016) im Jungeuropaverlag des Neurechten Philipp Stein erstmals unzensiert veröffentlicht wurde, hört sich das so an: »Ein Buch für Suchende, ein Buch für Träumende«. So hat man die Rechten noch nie gesehen. Und es ist davon auszugehen, dass diese Formen der Selbstinszenierung durchaus verfangen.

Ähnliche Lockerheit wissen Neue Rechte auch in ihrem Schreibstil zu entfalten, wie wir bei Sellner, Lichtmesz/Sommerfeld und Kositza gesehen haben. Sie pflegen dabei eine starke intertextuelle Vernetzung, zitieren sich ausgiebig gegenseitig, so dass man inzwischen die Existenz eines größeren Komplexes rechter Literatur konstatieren muss, der in sich komplett geschlossen ist. Die Rechte hat sich damit einen eigenen Resonanzraum geschaffen, den sie – aus ihrer Sicht – auch bitter nötig hat. Denn Rechte sehen sich ja einer »linken Hegemonie« gegenüber, die sie aus dem öffentlichen Diskurs aussperrt. Übrigens: Wenn die Rechten von »Linken« sprechen, das ist eigenartig, meinen sie damit eigentlich immer sämtliche Demokraten[5]: Liberale, Bürgerlich-Konservative, Sozialdemokraten, ökologisch Orientierte und wirklich Linke, eventuell sogar die NPD;[6] konkret richtet sich dieser Begriff gegen alle, die nicht ihrer Meinung sind.[7]

Diese behauptete hegemoniale Front ist also zwar alles andere als einheitlich, dennoch ist es richtig, dass die Rechte keinen freien Zugang zu den Medien hat, ihre Protagonisten auch als Personen ausgegrenzt und gesellschaftlich geächtet werden. Ihnen bleibt keine andere Wahl, als ihre Meinung in ihren eigenen Foren zu veröffentlichen. Ihre Bücher werden aus Buchhandlungen und Sortimenten gedrängt, der Antaios Verlag auf der Buchmesse an den Rand abgeschoben – tatsächlich versucht die Demokratie alles, um die missliebigen Stimmen mundtot zu machen. Und sie hilft ihnen damit sehr. Eine Autorin sagt ihre Lesung in einer Buchhandlung ab, nur weil der (eher linke)

Buchhändler für seine Kunden zu Studienzwecken auch rechte Literatur bereithält.[8] Die *SPIEGEL*-Redaktion tilgt Sieferles Buch von der Bestseller-Liste. Deutlicher kann man kaum darauf hinweisen, dass für bestimmte Positionen keine Meinungsfreiheit herrscht.

Diese Konstruktion kommt den rechten Propagandisten überaus gelegen, denn so können sie »die Linken und Liberalen als Heuchler brandmarken, die skrupellos ihre eigenen Ideale verraten, wenn es ihnen im Kampf gegen den politischen Gegner nutzt.«[9] Diskursstrategisch ist das eine eminent wichtige Position für die extreme Rechte: Ihre Rede von der »Lügenpresse«, die bestimmte »Wahrheiten« im Auftrag der Regierung unterdrücke, kann so plausibel gemacht werden. Noch viel wichtiger: Der Umgang mit ihnen verschafft ihnen die Möglichkeit, sich als Opfer zu inszenieren, als unterdrückte Minderheit, allein und mit dem Rücken zur Wand, gegen eine vorgeblich intolerante, feindlich gesinnte Mehrheit.

Das ›Opfer‹, der ›Opfergang‹ unter dem ehrenhaften Diktat der Pflicht, besitzt im rechten Diskurs eine lange Tradition, wie wir bei Mohler und Jünger gesehen haben; er ist ein zentrales Motiv der konservativen Revolutionäre. Heute kommt verstärkt der Aspekt der ›Selbstviktimisierung‹ hinzu, wie er besonders exemplarisch bereits bei Louis-Ferdinand Céline in seinen perfiden antisemitischen Schriften zum Ausdruck kam.[10] Céline betrachtete sich offensichtlich nach einigen literarischen Misserfolgen ganz persönlich als »Opfer« der Juden, was ihn in zu unsäglichen antisemitischen Ausfällen verleitete (womit er übrigens in der französischen Literatur alles andere als ein Einzelfall ist: Auch die Gebrüder Goncourt, der große Romancier Gustave Flaubert u.a. haben sich einschlägig judenfeindlich geäußert[11]); gleich zu Beginn seiner *Bagatelles pour un massacre* (1937) heißt es etwa: »Sie sind Dummköpfe. Dreckige Arschlöcher, Juden eben. Alles Versager! Unersättliche Blutsauger! Mindestens fünfzehn Werke hat jeder von ihnen unter sich getötet! Sie rächen sich … sie krepieren … sie verdrießen … wimmeln wie

Pusteln! ...«[12] Die fünfzehn »getöteten« Werke – das ist es, was er den Juden hauptsächlich zum Vorwurf macht. Die Legitimität seines aggressiven Sprachduktus ergibt sich aus dieser Opfererfahrung, und ähnlich funktioniert auch die Diskursstrategie der Neuen Rechten:

> Der Eindruck, in den eigenen politischen Meinungen von einer scheinbar übermächtigen Regierung und moralisierenden gesellschaftlichen Regeln gegängelt zu werden und die als überwältigend und beängstigend empfundene politische Situation liefern die Rechtfertigung für einen Modus des (pseudo-)politischen Sprechens, der vonseiten der Medien als Tabubruch kritisiert wird.[13]

Die so begründete Eigenstilisierung zum Opfer ist omnipräsent in den Schriften der Neuen Rechten,[14] auch, wie wir sehen werden, in der Öffentlichkeitsarbeit der AfD. Ja, die Neue Rechte sieht sich einer »Atmosphäre von Angst und Repression« ausgesetzt, Rechte würden beschimpft und gerichtlich verurteilt, sie verlören ihren Job, würden mit dem Tode bedroht und auch tatsächlich zu Opfern von Gewalt, all das mit Billigung des Staates[15] – was die Wahrheit etwas verkehrt, denn Shit Storms und Morddrohungen erfolgen zumeist eben eher von der rechten Ecke aus. Ein falsches Wort kann heutzutage beim rechten Bodensatz zu Myriaden von Hassbotschaften sowie – gerade auch gegenüber Frauen – zu Vergewaltigungsdrohungen und Mordphantasien führen, wie es etwa die ZDF-Reporterin Nicole Diekmann vor einer Weile erfahren musste.[16]

Die Opferrolle aber ist für die Neue Rechte Fundament der Selbstvergewisserung und Garant einer Gemeinschaftsvorstellung: Gerade wenn man in der Minderheit ist, hält man umso fester zusammen. Man sieht sich selbst als Einheit der Patrioten, was nach außen hin anschlussfähig für verirrte Seelen ist, die sich in der aktuellen Politik oder der globalisierten Gesellschaft nicht zurechtfinden und so unter die Fittiche einer gemeinsamen Gesinnung flüchten können. Im Internet schaffen sich diese Kreise eigene Echokammern und scheinen dann in der Vehemenz ihres Auftretens zudem nach außen hin zahlenmäßig viel mächtiger, als sie es in Wirklichkeit sind.

Damit hängt auch zusammen, dass die rechten Argumentationen geradezu manisch monothematisch um die Migrationsfrage kreisen. Es geht um nichts als den »Großen Austausch«, den Verlust des Eigenen, der deutschen Identität, der Leitkultur, deren Wesen nie näher diskutiert, sondern lediglich vorausgesetzt wird. Alle anderen politischen Fragen der Gesellschaftsorganisation, der soziale Ausgleich, die Struktur der Wirtschaft oder des Staates, bleiben ausgeklammert oder verlieren sich im Bereich vager Andeutungen. Taktisch ist das nachvollziehbar, denn einerseits enthebt es die Neue Rechte der Problematik, sich mit lästigen Sachfragen auseinandersetzen und auf konkrete politische Vorhaben festlegen lassen zu müssen. Andererseits hat die Rechte natürlich sofort begriffen, dass ihr die Grenzöffnung für eine Million Flüchtlinge 2015 einen Hebelpunkt bei der deutschen Bevölkerung in die Hand gespielt hat, deren Begeisterungsfähigkeit für rechte Gesinnungen bis dato nicht allzu groß war. Viele aber hegen angesichts des massenhaften Zuzugs syrischer Flüchtlinge Ängste, die größtenteils unbegründet sein mögen, dennoch nicht so einfach wegzuwischen sind, wie die Verantwortlichen der Berliner Regierung das gerne hätten. Gerade alte Leute fühlen sich beunruhigt, wenn etwa in ihrer unmittelbaren Nachbarschaft ein Asylantenheim eingerichtet wird. Und obwohl die Probleme im Großen und Ganzen überschaubar sind, ist es klar gewesen, dass die Integration einer solch hohen Anzahl von Menschen nicht komplett ohne Schwierigkeiten ablaufen würde. So brauchen die langsam mahlenden Mühlen der deutschen Bürokratie bisweilen fünf Jahre, um Migranten endlich Zugang zum Arbeitsmarkt zu verschaffen, was doch immer noch die beste, die organische Form der Integration darstellt. Auch kulturelle Differenzen zwischen Einheimischen und Asylanten, ebenso wie zwischen verschiedenen ethnischen Gruppen von Asylbewerbern, führen zu Irritationen oder sogar Auseinandersetzungen. Dies alles einfach wegzudiskutieren, spielt nur der Rechten in die Hände.

Die damit verbundenen Unsicherheitsgefühle schürt die Neue Rechte nach Kräften, indem sie beängstigende Bedrohungsszenarien zeichnet. Natürlich hatte sie diese Thematik schon immer auf der Agenda, Kubitschek etwa, der bereits 2007 vom »Vorbürgerkrieg« sprach. Jetzt aber kennen die Autoren dieses Milieus kein Halten mehr: Auch Lichtmesz/Sommerfeld sehen den Bürgerkrieg nah. Die angebliche »Überfremdung« Deutschlands führe auf längere Sicht zu einer durchgreifenden Islamisierung und ansteigender Kriminalität, was durch verlässliche Statistiken gerade nicht belegt wird. Aber rechte Medien präsentieren andere Zahlen und behaupten beharrlich, dass die amtlichen Verlautbarungen in diesen Punkten bewusst frisiert seien. Zudem berichten sie kontinuierlich einseitig von Einzelfällen, in denen Migranten straffwürdige Handlungen begangen haben. Die Kölner Silvesternacht 2015 mit den massenhaften sexuellen Übergriffen durch vornehmlich nordafrikanische Migranten besitzt hier eine Signalwirkung, auf die Rechte sich immer wieder beziehen, und zwar mit einem gehörigen Maß an Dramatisierung, Martin Lichtmesz etwa spricht von andauernden »Vergewaltigungsepidemien«[17] und versteigt sich (unter Berufung auf dubiose Quellen) zu der Behauptung, die Zahl der in Europa lebenden Afrikaner würde 2050 150–200 Millionen betragen.[18] Ein weiteres Motiv dieser Beängstigungspropaganda ist die Behauptung, in naher Zukunft würden die Zugewanderten auch die parlamentarisch begründete, politische Macht in Europa übernehmen, da sie aufgrund ihrer überwältigenden numerischen Überlegenheit ihre Parteien mit der Regierungsgewalt betrauen könnten. Hier findet sich immer wieder der Hinweis auf Michel Houellebecqs Roman *Unterwerfung*, der der rechten Agitation gute Dienste zu leisten scheint. Sellner betont, dass die Zeit dränge: »Mit jeder Wahl verschlechtern sich unsere Chancen, jedes Jahr sinkt unser Mobilisierungspotential.«[19] Dass diese Entwicklung auf bewusstes Betreiben durch die Herrschenden zurückzuführen sei (wir sind wieder beim »Großen Austausch«, ohne dass ein solcher irgendeinen ersichtlichen Nutzen für die Regierung erbringen würde), verschärft das Problem aus der verblendeten Perspektive der rechten Geröllpropaganda noch zusätzlich. Andere Rechte wie Kubitschek und Lichtmesz bezeichnen denn auch eine letztendliche Machtübernahme durch die Muslime gar als unausweichlich und versteigen sich deshalb bereits zu Gedanken über einen Exodus in den europäischen Osten, wo die Gründung eines neuen, »ethnopluralistischen« Europas noch möglich sei, denn im Westen sei der Zug bereits abgefahren.[20]

Neben diesen äußeren Gefahren droht nach Meinung der extremen Rechten noch die innere Gefahr: einmal die »Rückgratschwäche«[21] der Deutschen, der »Nationalmasochismus«[22], wie Rechte das nennen, der darin bestehe, dass sie sich nicht zur eigenen Nation bekennen möchten, und als eines der Hauptfeindbilder die politische Korrektheit, die alle von Rechten als positiv verstandenen Werte torpediere: Familie, Ehe, Heimat, ›ethnische Pluralität‹. Eine beliebte Technik, um ihre Anhänger das Gruseln zu lehren, besteht darin, absolute Extrempositionen wie »Critical Whiteness« (die weiße Hautfarbe sei bereits Anzeichen der Unterdrückung anderer Pigmentträger) oder die auf Judith Butler zurückgehende Theorie, dass Geschlechter nicht biologisch gegeben, sondern bloß ein soziales Konstrukt seien, zur allgemeinen Gesellschaftsdoktrin hochzupushen,[23] sie als offizielle Linie der Politiker aller Parteien auszuweisen, was ja nun kaum weniger der Fall sein könnte.

Solcherart gerieren sich die Rechten als Sprachrohr des gesunden Menschenverstandes, der allen Widerständen zum Trotz das ausspricht, was alle anderen unterdrücken oder aufgrund allgemeiner Sprachverbote nicht zu sagen wagen. Sie setzen demnach ihre eigene Position gegen die angeblich oder tatsächlich (und teilweise mit vollem Recht) herrschenden Tabus »als Repräsentation von Natur und Realität. Und deren Anerkennung setzen sie als Normalität.«[24] Dieses »rechte Sprachspiel« ermöglicht es ihnen, jeden Kontrahenten in einer Diskussion kurzerhand abzuwürgen, wenn er ihre Setzungen nicht akzeptiert, zum Beispiel die Behauptung, dass eine nicht durchmischte Gesellschaft gewissermaßen den Ur- und Normalzustand darstelle.

Diese Setzungen erfolgen sehr bewusst; gerade die Rechte beschäftigt sich intensiv mit Kommunikationstheorie. So lassen sich Lichtmesz/Sommerfeld explizit über das notwendige »Reframing« aus, das sie dem vorangegangen »Framing« durch die Linken entgegensetzen wollen, mittels dessen die rechten Zentralbegriffe in negative Kontexte eingebettet worden seien,[25] und verwenden viel argumentativen Aufwand darauf, Begriffe wie ›Angst/Phobie‹, ›Hass‹, ›Rassismus‹, ›autoritär‹, ›menschenverachtend‹, ›völkisch‹ usw. entsprechend auf- oder zumindest umzuwerten.

In die gleiche Richtung zielt der Hinweis Lichtmesz'/Sommerfelds, das »Overton«-Fenster habe sich »im Zuge der Radikalisierung der ›politischen Korrektheit‹ stark nach links verschoben«,[26] was der Korrektur bedürfe – faktisch ist wohl gerade das Gegenteil der Fall.[27] Das »Overton«-Fenster bezeichnet den Akzeptanzgrad politischer Äußerungen, definiert also, was zu einer bestimmten Zeit als erlaubt und was als unzulässig betrachtet wird.[28] Um also hier eine Verschiebung zu erreichen, bemüht sich die Neue Rechte, ihre Themen durch massenhafte Wiederholung in ihren Texten salonfähig zu machen. In den nächsten beiden Kapiteln werden wir sehen, wie eine rechte Partei, die AfD, und rechte Bevölkerungskreise diese Motive aufnehmen, mit deutlich populistischem Zuschnitt, um sie mit ihren Mitteln – über offizielle AfD-Verlautbarungen oder öffentliche Kundgebungen, Webportale, Foren und Chats – wieder und wieder in den Diskurs einzuspeisen.

7. Sprache und Strategien der AfD

Der intellektuelle Überbau der Neuen Rechten mit dem Institut für Staatspolitik, Antaios und *Sezession* darf als ein Think Tank, als Ideen- und Stichwortgeber für die AfD und die rechte Basis gelten. Während Götz Kubitschek und sein Kreis zunächst noch relativ im Verborgenen vor sich hinarbeiteten, ist ihr Wirkungsfeld mit Begründung der AfD exponentiell angewachsen – alles, was wir bisher gesehen haben, begegnet uns in der einen oder anderen Form auch in den Erklärungen der AfD. Das ist nicht verwunderlich, denn gerade Kubitschek unterhält rege Beziehungen besonders zu deren rechtsextremem Rand Der Flügel, der Gruppe um den Thüringer Landesvorsitzenden Björn Höcke, die unlängst vom Verfassungsschutz als Verdachtsfall eingeschätzt wurde.[1] Höcke war ebenso wie der AfD-Parteivorsitzende Alexander Gauland (der übrigens auch zur *Sezession* beitrug) und viele weitere AfD-Funktionäre bei Veranstaltungen in Schnellroda als Redner präsent. Kubitschek gilt heute als Berater Höckes, mit dem er auch schon mal wandern geht.[2] Den Antaios-Verleger und die bei ihm publizierenden Autoren kann man daher im Sinne Gramscis als ›organische Intellektuelle‹ bezeichnen, die in den letzten zwei, drei Jahrzehnten das theoretische Fundament erarbeitet haben, auf das sich die Rechtspopulisten nun stützen.

Die durchaus schon einseitigen und die Wirklichkeit verzerrenden Theorieelemente der intellektuellen Neuen Rechten werden in der AfD, die sich damit als Sprachrohr des ›Volkes‹ geriert, in eine populistische Form gebracht. Die Partei macht die Theorie gewissermaßen stammtischtauglich, was uns erneut auf die spezifische sprachliche Präsentation dieser Inhalte bringt: Während die rechtsextremen Theoretiker in ihren Schriften ausländerfeindliche Reflexe gerne verbergen und immer wieder auf die Gleichwertigkeit der Menschen und Kulturen hinweisen, selbst der Identitäre Martin Sellner betont das, nimmt die AfD in dieser Hinsicht kein Blatt vor den Mund. Offen fremdenfeindliche Sprüche bis hin zur Hassrede sind in der Partei keine Seltenheit.

Die Geschichte der AfD-Rhetorik der letzten Jahre ist vor allem eine Geschichte des Tabubruchs. Die Partei hat schnell erkannt, dass sie, nachdem sie in ihren Anfängen nicht über die Strukturen der hegemonialen Parteien verfügte und mit ihren Inhalten in den maßgeblichen Medien kaum rezipiert wurde, mit möglichst skandalösen Aussagen, oft an nationalsozialistischen Sprachgebrauch anknüpfend, verlässlich ein breites Medienecho zu erzeugen vermag. Die Positionen der AfD werden dadurch von einer breiten Öffentlichkeit wahrgenommen. Mit dem allgemeinen Aufschrei in Mainstream-Medien und liberaler Öffentlichkeit korrespondiert dann jeweils die klammheimliche Freude ihrer Sympathisanten, die sich in ihrer Haltung bestätigt sehen und zugleich die effektive Attacke auf die linksliberale Deutungshoheit goutieren. Denn die Empörung zeigt die Achillesferse der liberalen Gesellschaft: Eigentlich tritt sie für unbedingte Meinungsfreiheit ein. Bei rechten Äußerungen setzt sie jedoch alles daran, die Sprecher zu sanktionieren und zu diskreditieren, womit sie den Vorwurf der Rechten faktisch bestätigt, dass man in Deutschland nicht alles offen sagen darf, was man meint.

Besser wäre wahrscheinlich, zuzugeben, dass es durchaus eine Zensur gibt, dass eben nicht jede/r sagen darf, was er oder sie will. Zwar garantiert das Grundgesetz Meinungsfreiheit, aber es definiert auch Grenzen, die nämlich nach Artikel 5, Absatz 2 »in den Vorschriften der allgemeinen Gesetze, den gesetzlichen Bestimmungen zum Schutze der Jugend und in dem Recht der persönlichen Ehre« liegen.[3] Flankiert wird dieser Artikel durch Paragraph 130 im Strafgesetzbuch, der für eine Person, die in Wort oder Schrift zu Hass oder Gewalt gegen bestimmte gesellschaftliche Gruppen aufruft, diese »beschimpft, verächtlich macht oder verleumdet«, eine Haftstrafe von drei Monaten bis zu fünf Jahren vorsieht.[4] Das heißt also, diskriminierende oder gar hetzerische Äußerungen sind durchaus nicht durch die Meinungsfreiheit gedeckt, und das ist auch gut so. Denn bestimmte Dinge zu sagen, verbietet sich einfach, da sie an niedere Instinkte appellieren und bei dafür empfänglichen Menschen unkalkulierbare Gewaltausbrüche provozieren könnten, wozu sie sich aufgrund dieser unverantwortlichen Manipulationen auch noch berechtigt sähen. Damit wird der soziale Friede also bewusst und vorsätzlich gestört. Bei manchen Äußerungen von AfD-Politikern, in aller Öffentlichkeit getätigt, bisweilen gar im Bundestag, muss man sich schon wundern, dass besagtes Gesetz bislang (fast) nicht zur Anwendung gekommen ist.

Das Problem der neo-liberalen Gesellschaft ist aber, dass sie die freie Meinungsäußerung aller gesellschaftlichen Gruppen propagiert, ja, bestimmten minderprivilegierten Gruppen sogar einen bevorzugten Zugang zum allgemeinen Diskurs bieten, diesen den Rechten aber verweigern möchte. Und diese Sprechverbote werden eben nicht rechtlich, mit dem real existierenden Gesetz, sondern rein moralisch definiert und begründet: »So was sagt man nicht!« Vor lauter Angst und Empörung über die rechten Nestbeschmutzer wird dabei versucht, die Grenzen immer enger zu ziehen: »So geraten immer mehr Themen in den Bereich des Unsagbaren, wo sie die AfD wiederum nur noch aufsammeln muss«.[5] Die rechten Provokateure können daher mit ihren Angriffen jederzeit Aufmerksamkeit erregen und sich danach, wenn sie für ihre Übertretungen abgestraft werden (wohlgemerkt nur verbal, nicht juristisch), als Opfer einer nicht vorhandenen Meinungsfreiheit darstellen. Die Funktionsweise dieser ›Selbstviktimisierung‹, der eigenen Stilisierung zum Opfer, zur »Minderheit gegen die Meinungsdiktatur und eigentliche[n] Stimme des Volkes«,[6] haben wir im vorangegangenen Kapitel bereits offengelegt. AfD-Politiker wie Alexander Gauland, Björn Höcke, André Poggenburg (inzwischen ausgetreten), Alice Weidel und Beatrix von Storch haben es dabei zur Perfektion gebracht, indem sie unzumutbare Aussagen treffen und, sobald die Entrüstung aufbrandet, wieder zurückrudern, weil man sie (angeblich) falsch verstanden habe, die Äußerung aus dem Zusammenhang gerissen worden oder ganz anders gemeint gewesen sei. Da sprachliches Handeln aber auch tatsächliches Handeln ist, steht das Faktum der jeweiligen Aussage dennoch im Raum. Anscheinend operieren die AfD-Leute sehr geschickt, um nicht juristisch greifbar zu sein, oder die deutschen Gerichte beweisen einmal mehr, wenn es gegen Rechts geht, großen Langmut. Immerhin wurde Alexander Gauland zweimal wegen Volksverhetzung angezeigt, die Verfahren wurden aber in beiden Fällen eingestellt.[7]

Diese Technik war und ist weiterhin sehr erfolgreich, höhere AfD-Funktionäre bedienen sich ihrer unverändert, ob bei öffentlichen Vorträgen oder in Twitter-Nachrichten, die sich besonders gut dazu eignen, aktuelle Ereignisse schnell und tendenziös zu kommentieren. So stufte etwa Beatrix von Storch (mit über 8600 Tweets und 41.000 Followern Twitter-Königin der AfD) die Amokfahrt eines geistig verwirrten Mannes in Münster am 7. April 2018 reflexartig als salafistisch motivierten Terrorakt ein.[8] Als sich der tatsächliche Hintergrund herausstellte, korrigierte sie sich nicht etwa, sondern bezeichnete den Amokfahrer als »Nachahmer islamischen Terrors«.[9]

Schauen wir uns weitere Zitate von AfD-Politikern an: Alexander Gauland sagte in einem Interview mit der *Frankfurter Allgemeinen Sonntagszeitung*: »Die Leute finden ihn als Fußballspieler gut. Aber sie wollen einen Boateng nicht als Nachbarn haben.«[10] Die empörten Reaktionen konterte er mit einer ›Lügenpresse‹-Taktik, behauptete zunächst, diese Worte seien nie gefallen, dann, die Zeitung habe ihn reingelegt, das Interview sei nicht zur Veröffentlichung bestimmt gewesen (wozu hat er es dann überhaupt gegeben?). Eindeutig mit nationalsozialistischer Diktion kokettierte sein Kommentar zur früheren Integrationsbeauftragen der Bundesregierung Aydan Özoğuz: »Ladet sie mal ins Eichsfeld ein und sagt ihr dann, was spezifisch deutsche Kultur ist. Danach kommt sie hier nie wieder her, und wir werden sie dann auch, Gott sei Dank, in Anatolien entsorgen können.«[11] ›Entsorgt‹ wird für gewöhnlich Abfall, nicht

Menschen. Im NSDAP-Jargon hieß das »Ausmerze« oder »Vernichtung« (von »Schädlingen«).

Einen großen Eklat erzielte Gauland mit seinem berühmten »Vogelschiss«-Vergleich: »Hitler und die Nazis sind nur ein Vogelschiss in über 1000 Jahren erfolgreicher deutscher Geschichte«[12]. Geäußert hatte er diese historische Zumutung vor der AfD-Jugendorganisation Junge Alternative, die vom Verfassungsschutz wie Der Flügel als »Verdachtsfall« eingeschätzt wurde. Vor diesen Ultrarechten hatte Gauland sich wahrscheinlich mit der Verharmlosung des NS-Regimes profilieren wollen, was ihm gelungen sein dürfte. Durch einige Distanzierungen von der NS-Diktatur im übrigen Text konnte er zudem auch hier wieder erreichen, dass er vom Verdacht der Volksverhetzung freigesprochen wurde. Über die relativierenden Teile seiner Rede sprach ohnehin niemand, die gesamte deutsche Presse katapultierte den »Vogelschiss«-Vergleich ins öffentliche Bewusstsein und das Overton-Fenster öffnete sich wieder ein bisschen weiter nach rechts.

Beatrix von Storch ist eher für radikale Fremdenfeindlichkeit bekannt: In einem Facebook-Beitrag befürwortete sie den Schusswaffeneinsatz gegen Frauen und Kinder, wenn diese illegal die deutsche Grenze zu überschreiten versuchten. Später nahm sie ihr Statement zurück, allerdings nur ein bisschen, wie die *Tagesschau* vermeldete: Ihr Facebook-Eintrag »zum Schusswaffen-Einsatz gegen Flüchtlinge habe sich nicht auf Kinder bezogen, sondern nur auf Frauen. Diese seien im Gegensatz zu Kindern verständig – deshalb könne Waffengewalt gegen sie zulässig sein.«[13] Die Fraktionsvorsitzende Alice Weidel handelte sich bei der Generalaussprache des Bundestags 2018 einen Ordnungsruf ein für ihre Aussage: »Burkas, Kopftuchmädchen und alimentierte Messermänner und sonstige Taugenichtse werden unseren Wohlstand, das Wirtschaftswachstum und vor allem den Sozialstaat nicht sichern.«[14] Burkas können tatsächlich kein Wirtschaftswachstum und keinen Sozialstaat generieren, ebenso wenig wie andere Kleidungsstücke oder unbelebte Ge-

genstände. Den faktischen Beitrag muslimischer Geschäftsleute und Arbeitnehmer zu Wirtschaftswachstum und Sozialstaat in Deutschland unterschlägt Weidel geflissentlich. Dass sie dagegen »Burkas« und »Kopftuchmädchen«, also Musliminnen, pauschal als »Taugenichtse« disqualifiziert, ist schon ehrverletzend, zumal sie in direkter Reihung mit kriminellen »Messermännern« genannt werden. Den Begriff »Kopftuchmädchen« hatte übrigens Thilo Sarrazin in den Diskurs eingebracht, der Rechtsextreme Felix Menzel, Herausgeber der *Blauen Narzisse* und Mitglied der Identitären Bewegung, hatte dazu geschrieben: »Den ›Fall Sarrazin‹ hätte es nicht gegeben, hätte er nicht vorab von den ›Kopftuchmädchen‹ gesprochen. Dies war eine bewußte Skandalisierung.«[15] Das belegt einmal mehr, wie bis auf die Ebene der Einzelbegriffe hinab an der ideologischen Aufladung der Sprache gearbeitet wird.

Zwei Fälle zeigen besonders gut, wie dieses fast schon standardisierte Reiz-Reaktions-Schema im rechten Katz-und-Maus-Spiel mit der Öffentlichkeit funktioniert. Das erste Beispiel ist Björn Höckes berüchtigte Rede, übrigens auch wieder vor sächsischen Vertretern der Jungen Alternative, mit der Benennung des Holocaust-Mahnmals als »Denkmal der Schande«. Nachdem ein Schrei der Entrüstung durch das Land ging, schrieb Höcke am nächsten Tag auf seiner Facebook-Seite:

> Ich bin erstaunt über die Berichterstattung zu meiner Rede vom 17. Januar in Dresden. Angeblich soll ich dort das Holocaust-Gedenken der Deutschen kritisiert haben. Diese Auslegung ist eine bösartige und bewusst verleumdende Interpretation dessen, was ich tatsächlich gesagt habe. Wörtlich habe ich gesagt: ›Wir Deutschen sind das einzige Volk der Welt, das sich ein Denkmal der Schande in das Herz seiner Hauptstadt gepflanzt hat.‹ Das heißt, ich habe den Holocaust, also den von Deutschen verübten Völkermord an den Juden, als Schande für unser Volk bezeichnet. Und ich habe gesagt, dass wir Deutsche diesem auch heute noch unfassbaren Verbrechen, also dieser Schuld und der damit verbundenen Schande mitten in Berlin ein Denkmal gesetzt haben.

Außerdem argumentiert er, der Begriff »Denkmal der Schande« stamme gar nicht von ihm, sondern sei in der Drucksache (14/3126) des Deutschen Bundestages erwähnt: »Denkmäler der Schande und der Trauer, des Stolzes und der Freude sind notwendige Grundsteine des neuen Deutschland und der neuen Bundeshauptstadt.«[16] Das klingt fast überzeugend, wäre da nicht der Kontext, den Höcke geflissentlich übersieht, womit er sich ganz auf der Linie seiner Partei bewegt. Man erkennt daran, wie systematisch solche Tabubrüche vorbereitet werden, denn die Gegenargumente sind stets direkt zur Hand. In Wahrheit ist diese Auslassung an heuchlerischer Dreistigkeit gar nicht mehr zu überbieten, wenn man sich einmal den genauen Wortlaut von Höckes Rede zu Gemüte führt:

> Bis jetzt ist unsere Geistesverfassung, unser Gemütszustand immer noch der eines total besiegten Volkes. Wir Deutschen – und ich rede jetzt nicht von euch Patrioten, die sich hier heute versammelt haben – wir Deutschen, also unser Volk, sind das einzige Volk der Welt, das sich ein Denkmal der Schande in das Herz seiner Hauptstadt gepflanzt hat. […] Und anstatt unsere Schüler in den Schulen mit dieser Geschichte in Berührung zu bringen, wird die Geschichte, die deutsche Geschichte, mies und lächerlich gemacht. So kann es und darf es nicht weitergehen! Selber haben werden wir uns nur, wenn wir wieder eine positive Beziehung zu unserer Geschichte aufbauen. Und schon Franz Josef Strauß bemerkte: ›Die Vergangenheitsbewältigung als gesamtgesellschaftliche Daueraufgabe, die lähmt ein Volk.‹ Und diese dämliche Bewältigungspolitik, die lähmt uns heute noch viel mehr als zu Franz Josef Strauß' Zeiten. Wir brauchen nichts anderes als eine erinnerungspolitische Wende um 180 Grad! Wir brauchen so dringend wie niemals zuvor diese erinnerungspolitische Wende um 180 Grad, liebe Freunde. Wir brauchen keine toten Riten mehr in diesem Land. Wir haben keine Zeit mehr, tote Riten zu exekutieren. Wir brauchen keine hohlen Phrasen mehr in diesem Land, wir brauchen eine lebendige Erinnerungskultur, die uns vor allen Dingen und zuallererst mit den großartigen Leistungen der Altvorderen in Berührung bringt.[17]

Kein einziges Wort verliert er über die Verbrechen an den Juden. Stattdessen beginnt die Passage mit der Feststellung, es handele sich beim Gemütszustand der Deutschen um den »eines total besiegten Volkes«. Dieses habe – das deutsche Volk, aber wohlgemerkt nicht die Patrioten im Raum, die so etwas niemals verantwortet hätten (diesen Teil des Zitats hat er in seinem Facebook-Kommentar wohlweislich weggelassen!) – sich dieses »Denkmal der Schande in das Herz« (den »Volkskörper«, sic!) »gepflanzt«; Niehr/Reissen-Kosch interpretieren das nach der umgangssprachlichen Redewendung »sich breit irgendwohin setzen«.[18] Man könnte auch sagen: Etwas, das noch nicht da ist – und vielleicht auch gar nicht dorthin gehört –, wird gewaltsam eingepflanzt, noch dazu mitten ins Herz. Jede Zugabe erscheint hier als etwas Künstliches, ein Herzschrittmacher etwa, um krankhafte Veränderungen auszugleichen zum Beispiel. Wie dem auch sei: Der Tenor ist überaus negativ. Und so geht es auch weiter: Die deutsche Geschichte werde mies gemacht, durch die »dämliche Bewältigungspolitik« (eine Ingredienz derselben ist ja das Holocaust-Mahnmal). Die sei nichts als ein »toter Ritus« (siehe Sieferles »Finis Germania«), eine »hohle Phrase«, und dazu gehört, das kann man bei genauer Lektüre nicht anders verstehen, auch das Holocaust-Denkmal: Im Text bildet es den argumentativen Ausgangspunkt für die Miesmacherei in Bezug auf die deutsche Geschichte. Statt solch fehlgeleiteter Erinnerungskultur sollte also alles, was damit zu tun hat, die negativen Seiten der deutschen Geschichte, verdrängt und dafür die »großartigen Leistungen der Altvorderen« herausgestrichen werden (»erinnerungspolitische Wende um 180 Grad«). Eine »Wende um 180 Grad« kann in diesem Zusammenhang nur heißen: kein Holocaust-Denkmal, sondern lieber eine Statue Friedrichs des Großen. Mithin ist – aus Björn Höckes Sicht – das Berliner Mahnmal eindeutig eine Schande, und angesichts dessen ist es unverständlich, dass weite Teile der Presse im Zuge der Auseinandersetzungen Höcke bescheinigten, seine Äußerung sei immerhin doppeldeutig, »Denkmal der Schande« könne man tatsächlich nach zwei Richtungen lesen. Das ignoriert seinen ursprünglichen Text und folgt tendenziell genau der Interpretation, die er selbst der Öffentlichkeit als Köder hingeworfen hat.

Noch grobschlächtiger fiel die Provokation des – inzwischen aus der Partei ausgetretenen – ehemaligen Brandenburgischen AfD-Vorsitzenden André Poggenburg aus, der in einer Aschermittwochsrede Türken in Deutschland als »Kümmelhändler« und »vaterlandsloses Gesindel« bezeichnete: »Diese Kameltreiber sollen sich dorthin scheren, wo sie hingehören, weit, weit, weit, hinter den Bosporus, zu ihren Lehmhütten und Vielweibern. Hier haben sie nichts zu suchen und zu melden.«[19] Auch dieser Ausfall wurde heftig kritisiert, sogar von Bundespräsident Steinmeier. Mehr medialen Widerhall hatte Poggenburg sich kaum wünschen können. Es folgte der bereits bekannte Rückwärtsgang, den Poggenburg – weniger geschickt als Höcke, aber mindestens genauso unverfroren – einlegte, behauptete er doch einfach, das sei alles nur Satire gewesen: »Und dürfen wir es zulassen, dass nun sogar zu Aschermittwoch, wo eben auch ein Politiker mal Satiriker sein kann, die Zensur greift?« Seine Verteidigung funktionierte er also gleich zu einem Angriff auf die angeblich omnipräsenten Sprechverbote um. Dabei haben seine kruden Beleidigungen, die noch weit unter Stammtisch-Niveau liegen, ersichtlich nichts mit Satire zu tun, denn diese verlangt auch Hinterbödigkeit, Ironie, eine Spannung zwischen dem Gesagten und dem Gemeinten. Trotzdem wagte Poggenburg es gar, den Medien den Abdruck von Zitaten aus seiner Rede als »Hetzkampagne« auszulegen, »in der Äußerungen von mir vollkommen verändert oder stark sinnentstellt wurden.«[20] Er zelebrierte damit eine Opferumkehr in Reinkultur, die auch bei den Nationalsozialisten eine vielgepflegte Tradition war – nicht die Juden seien die Opfer, sondern das deutsche Volk, das von ihnen ausgesaugt werde.[21] Kopfschüttelnd fragt man sich, was an den Vokabeln »Kümmelhändler« und »Kameltreiber« sinnzuentstellen sein könnte. Und die Formulierung, dass diese »Kameltreiber« hier nichts zu suchen hätten, sondern sich an den Bosporus zurückscheren sollten, heißt nichts anderes als »Ausländer raus!«, niedrigster Rassismus, sonst nichts. Niehr/Reissen-Kosch nennen dieses Verfahren mit einem linguistischen Fachbegriff »trialogische« Kommunikation: »Scheinbar wird nur ein anwesender Kommunikationspartner angesprochen, tatsächlich aber richtet man sich zusätzlich an ein anderes Publikum.«[22] Adressaten sind also nicht nur die Menschen vor Ort, die der Rede beiwohnen, und die Medien, die darüber berichten, sondern auch und vor allem die Menschen im Lande, die eigenen und noch zu gewinnenden Anhänger, die durch solche Skandale in großer Zahl erreicht werden können. Gerade deshalb fällt das Zurückrudern der betreffenden Redner stets so halbherzig aus; sie vermeiden Entschuldigungen und nehmen auch nie etwas vollständig zurück, weil sie ihre rechtsextreme Anhängerschaft nicht mit einem Kotau vor der medialen Öffentlichkeit enttäuschen wollen.

Dieses kommunikative Verfahren birgt, so durchschaubar es ist, dennoch ein Dilemma – was wäre eine geeignete Reaktion? Ignoriert man derartige Äußerungen, legitimiert man sie. Kritisiert man sie so harsch, wie solche Entgleisungen es verdienen, erreicht man auch nicht viel, denn dann ist das Kind bereits in den Brunnen gefallen: Das, was gesagt wurde, hat Wirkung getan, und die öffentlichen Aufwallungen verhelfen ihm zu noch mehr Publizität, ermöglichen den Rechten darüber hinaus, ihre allfällige Opferstilisierung zu starten, die exemplarisch für ihre Anhänger gleich mit funktioniert. Auch diese nämlich sehen sich bestätigt in ihrer Annahme, dass man in Deutschland nicht sagen darf, was man denkt. Statt Entrüstungsrituale und moralische Veitstänze aufzuführen, die der politischen Zielgerichtetheit dieser populistischen Attacken nicht entsprechen, sondern lediglich dem Kalkül der vermeintlichen Tabubrecher gehorchen, sollte man demnach weniger schlimme Ausfälle vielleicht nahezu ignorieren oder sachlich entkräften. Bei anderen, gravierenderen Verstößen sollten jene Teile der liberalen Öffentlichkeit, die es sich finanziell leisten können, Zeitungen, Firmen,

NGOs, Stiftungen oder politische Parteien, durch konsequentes Anzeigen vermutlicher Rechtsbrüche einer konsequenten Strafverfolgung den Weg ebnen. Der jüngst erschienene Verfassungsschutzbericht über die AfD geht hier in die richtige Richtung und hat überdies mannigfaltiges Material angehäuft, um der Partei auf diese Weise zu begegnen – allerdings, das muss an dieser Stelle auch festgehalten werden, haben der Autor oder die Autoren des Berichts bei ihren vielen hundert Quellennachweisen nicht immer sauber gearbeitet,[23] was der generellen Beweiskraft indes keinen Abbruch tut.

Dass die rechten Populisten auf diese Weise durchaus verletzbar sind, zeigt ihre Aufregung darüber, dass sie als »Prüffall« (auf eine mögliche Verfassungsfeindlichkeit hin) eingeschätzt wurden. Denn gerade sie spielen sich als die eigentlichen Bewahrer der Verfassung auf, natürliche Freunde aller Sicherheitsorgane, die den vermeintlichen Rechtsbruch der Regierung anzuprangern nicht müde werden. Dass die Partei aus Sorge darüber, ihr Bild in der Öffentlichkeit könne dadurch beschädigt werden, unverzüglich eine einstweilige Anordnung dagegen erwirkte, vom Verfassungsschutz als »Prüffall« bezeichnet zu werden,[24] verrät, wie sensibel sie in Sachen Sprache sein kann, wenn es sie selbst betrifft.

Anhand des Verfassungsschutzberichts lassen sich die Diskursstrategie und die thematischen Schwerpunkte der AfD sehr gut nachzeichnen. Einerseits zeigen sich darin die Übernahmen aus dem Theoriereservoir der Neuen Rechten, andererseits deutliche Anklänge an die nationalsozialistische Rhetorik. So stehen zumindest Teile der AfD deutlich hinter einem Volksbegriff, wie ihn Caroline Sommerfeld expliziert hat. Zahlreich sind die Belege dafür, dass AfD-Funktionäre verschiedener Ebenen den bekannten Neo-Nazi-Slogan »Deutschland den Deutschen« aufgegriffen haben, etwa der ehemalige sächsische Landesvorsitzende André Poggenburg, der Sprecher der Patriotischen Plattform Hans-Thomas Tillschneider sowie Ralph Weber, parlamentarischer Geschäftsführer der AfD-Landtagsfraktion in

Mecklenburg-Vorpommern, dem dies allerdings eine Abmahnung seines eigenen Landesverbandes einbrachte.[25]

Marc Jongen, Chef-Ideologe der AfD, Bundestagsmitglied und kulturpolitischer Sprecher der Bundestagsfraktion, plädiert wie Sommerfeld für die »Wiedereinführung des Abstammungsprinzips«[26] und für eine Rückbesinnung auf die »genetischen Grundlagen der Kultur«.[27] Auch er beschwört den »Volkskörper«, der durch das »historische Verbrechen« der Grenzöffnung 2015 hochgradig beschädigt worden sei: »Dieser soziale Großkörper, den man das Volk oder die Nation nennt, [...] ist sozusagen traumatisch gestört worden.«[28] Hier haben wir erneut ein ethnisch-biologistisches Verständnis des ›Volkes‹, noch dazu eines, das parallel den Begriff der Krankheit mit sich führt, durch die Unterstellung einer kollektiven Traumatisierung durch Migration. Der sächsische AfD-Aktivist Thomas Göbel (von der *Sächsischen Zeitung* fälschlich als Landtagsabgeordneter ausgewiesen[29]) setzte bei einer PEGIDA-Demonstration in Dresden am 5. Juni 2017 noch eins drauf:

> Unsere deutsche Volksgemeinschaft ist krank. Sie leidet an Altparteien, Diarrhö, Gutmenscheritis, links-grün-versifften Achtundsechzigern und durch Merkel versiffte, aufgelöste Außenhaut. Unser Deutschland leidet unter einem Befall von Schmarotzern und Parasiten, welche dem deutschen Volk das Fleisch von den Knochen fressen will.[30]

Hier ist der Vergleich zur Nazi-Diktion überhaupt nicht mehr zu wegzudiskutieren, denn auch dort war von einer »Volksgemeinschaft« – in Abgrenzung zum Begriff »Gesellschaft« – die Rede, die von »Schädlingen«, in dem Fall den Juden, befallen sei.

Das deutsche Volk, Deutschsein, in einem homogenen Sinne verstanden, das sind eindeutig Hochwertwörter für die AfD: Auch Alexander Gauland hält große Stücke auf »Deutschtum« und »Volkscharakter«:

> Wir lieben nicht die Verfassung. Wir lieben unser Volk. Aber wir wissen, dass die Verfassung richtig und nützlich ist und wir ste-

> hen für sie ein. Sie ist ein Kleid, das man verändern kann. Identität, Nationales, Kultur kann man nicht verändern. Sie ist uns angeboren und sie ist etwas, was wir alle zum Leben brauchen.[31]

Die völkische Identität stellt er also noch über die Verfassung. Man ist geneigt, sich über einiges nicht mehr zu wundern.

Auch Björn Höcke hat klare Vorstellungen von deutscher Identität. So zitiert er einen fälschlich Verteidigungsministerin von der Leyen zugeschriebenen Satz, nach dem Migrantenkinder unsere Zukunft seien,[32] um dem vehement zu widersprechen: »Nein, liebe Freunde, ich sage es in aller Deutlichkeit, deutsche Kinder sind unsere Zukunft. Jedenfalls dann, jedenfalls wenn auf unserem Land nicht nur der Name Deutschland drauf stehen soll, sondern auch Deutschland drin sein soll, und das möchten wir!«[33] Höcke spielt hier auf den bekannten Werbe-Slogan an: »Nur wo nutella draufsteht, ist auch nutella drin!« Ursprung dieses Claims ist der nutella-Werbespot von 1979, der bereits vielfach kopiert wurde und in allen möglichen Formen und Verballhornungen in die gesprochene Sprache eingegangen ist. Höcke setzt damit bewusst auf Volkstümlichkeit. Und diese Wendung gefällt ihm offensichtlich so gut, dass er sie bei einer anderen Gelegenheit gleich noch einmal anbringt:

> Özdemir, der Grünen-Spitzenkandidat, der bei einer Wahl gesagt hat: der deutsche Nachwuchs heißt jetzt Mustafa, Giovanni und Ali. Liebe Freunde, ich bin der Meinung, dass in Deutschland deutsche Kinder unsere Zukunft sind, jedenfalls dann, wenn auf diesem Land nicht nur Deutschland drauf stehen soll, sondern auch Deutschland drin sein soll.[34]

Aufgrund der offensichtlichen Zumutung einer heterogenen Gesellschaft ruft auch die AfD zu handfesten Kampfmaßnahmen auf, etwa der AfD-Landtagsabgeordnete und Vorsitzende des Landesverbands Nordrhein-Westfalen Thomas Röckemann: »Die Gegenwarts-Politik muss endlich die Stärke zur politischen Aktion aufbringen. Sie muss bereit sein, das ›Eigene‹ zu verteidigen und das ›Fremde‹ auszuschließen.«[35] Das »Fremde« wird zur Gefahr für das »Eigene«, zu einer Bedrohung, die, will man das »Eigene« retten, ausgeschlossen werden muss. Das ist identitäre Sprache in Reinkultur, und so verwundert es auch nicht weiter, dass derselbe AfD-Funktionär auf einer Demonstration am 28. Januar 2018 sagte:

> Wir Deutschen in Nordrhein-Westfalen, in Thüringen oder sonst wo, wir müssen uns unseren Staat zurückerobern. [...] Thüringer, seid klüger, setzt Zeichen für die Rettung des Staates gegen Sozialismus, Missbrauch und Pflichtvergessenheit! Kämpft gegen die Islamisierung durch die Landnahme unserer Heimat durch die fremden Herren, vielen Dank, Thüringen![36]

Die ›Landnahme‹ ist ein Begriff, den Rosa Luxemburg für die kolonialistischen Aktivitäten des Kapitalismus prägte, hier wird er umfunktioniert, um vor der angeblichen Machtübernahme durch den Islam zu warnen. Wenn Röckemann davon spricht, man müsse den Staat »zurückerobern«, verwendet er zwar nicht das Wort, aber gemeint ist doch die identitäre »Reconquista«.

Andere AfD-Abgeordnete haben weniger Scheu vor direkten Anleihen bei der vom Verfassungsschutz beobachteten Identitären Bewegung, etwa Ralph Weber, parlamentarischer Geschäftsführer der AfD-Landtagsfraktion in Mecklenburg-Vorpommern, der den Begriff des »großen Austauschs« aufgreift,[37] ebenso wie der AfD-Landessprecher von Mecklenburg-Vorpommern Dennis Augustin.[38] Der AfD-Bundestagsabgeordnete Gottfried Curio nennt diesen Begriff nicht, spricht aber davon, dass der UN-Migrations-Pakt eine »Umsiedlungs- und Ersetzungsmigration« bezwecke.[39] Alexander Gauland, der sich zwar der offenen Übernahme identitärer Vokabeln enthält, schlägt in dieselbe Kerbe, wenn er behauptet, das deutsche Volk werde »ungefragt und gegen seinen Willen ersetzt«, es stehe in einem »Überlebenskampf«, was in der Aussage gipfelt: »Wir haben kein Interesse daran, Menschheit zu werden. Wir wollen Deutsche bleiben.«[40] Interessanterweise variiert dieser Slogan, wie der Marx-Forscher Ingo Stützle herausfand, eine Aussage des Nazi-Rassentheoretikers Theodor Fritsch, bei dem es heißt: »Was nicht ›Mensch‹ werden, sondern Deutscher bleiben wollte, verfolgte Marx mit ingrimmigem Haß.«[41]

Noch ein paar Schritte weiter ging der AfD-Lokalpolitiker Carsten Härle: »Der langfristige Genozid am deutschen Volk ist damit faktisch beschlossen, aber fast niemand bemerkt es.«[42] Hier verstieg sich der Fraktionsvorsitzende von Heusenstamm (Hessen) dazu, die Situation der deutschen Bevölkerung als Genozid zu bezeichnen, ein Wort, das sonst für den Holocaust oder die Pogrome an den Tutsi in Ruanda verwendet wird, und zwar nur aufgrund der dauerhaften Festsetzung einer Obergrenze von 200.000 Flüchtlingen pro Jahr durch die Regierungskoalition.[43] Für Härle ist eine solche Zahl von Einwanderern offenbar bereits mit einem Völkermord an den Einheimischen gleichzusetzen.

Björn Höcke steht dem in nichts nach, fügt allerdings noch eine gehörige Prise Menschenfeindlichkeit hinzu. Beim III. Staatspolitischen Kongreß, der unter dem Titel »Ansturm auf Europa« am 21. und 22. November 2015 in Schnellroda, gewissermaßen im Zentrum der Bewegung, stattfand, hielt er eine skandalöse Rede, in der er sich mit dem »Reproduktionsverhalten der Afrikaner« beschäftigte. In nationalsozialistischer Tradition griff er hier auf biologische Theorien zurück, die er auf den Menschen übertrug, wenn er etwa darüber räsonierte, dass in Afrika die sogenannte »r-Strategie«, der »Ausbreitungstyp« vorherrsche. Dem stehe in Europa die »K-Strategie« gegenüber, »die die Kapazität des Lebensraums optimal ausnutzen möchte«.[44] Wenn man nun weiß, dass Letztere für den Reproduktionsmodus der Säugetiere steht, die ›r-Strategie‹ aber den von Bakterien, Läusen und Ameisen bezeichnet, wird einmal mehr die rassistische Dimension offensichtlich. Das Menschenbild, das Höcke damit verbreitet, entspricht dem der nationalsozialistischen Hetzpropaganda, etwa des *Stürmers*.

Der Islam ist auch für die AfD ein besonderes Feindbild, für Albrecht Glaser, Bundestagsmitglied, ist er »Teil des Problems und nicht Teil der Lösung«,[45] womit er kurzerhand einen Satz des Black-Panther-Aktivisten Eldridge Cleaver umpolt. Der Islam ist für die AfD gewissermaßen der Kristallisationspunkt der feindlichen Migrationsbestrebungen, zumal er aus Sicht der rechtspopulistischen Politiker nicht nach Deutschland gehört, so etwa Alice Weidel: »Diese Steinzeitkultur gehört nicht zu Europa!«[46] und der sächsische AfD-Landessprecher Jörg Urban: »Der Islam passt nicht nach Mitteleuropa, er gehört eben nicht hierher.«[47] Die kämpferischen Konsequenzen betont AfD-Fraktionsvize Beatrix von Storch: »Wer aber in der Neuzeit lebt und Kompromisse mit der Steinzeit schließt, der landet im Mittelalter. Mit dem Islam darf es keine Kompromisse geben. Wir müssen und werden unsere Kultur verteidigen – gegen den Islam.«[48] Sehr abwertend auch Björn Höcke: »Der Islam ist eine einfache Religion, der Islam ist deswegen geistig gesehen eine sehr schwache Religion. Der Islam hat seine Heimat in den Ländern, die zu den abgehängten der Welt gehören.«[49] Hier wird also eine Verbindung gezogen zwischen dem aus Höckes Sicht minderwertigen intellektuellen Gehalt des Islams und der mangelnden Produktivität der Länder, in denen er die dominante Religion ist. Der Schluss soll sein: Muslime taugen nicht zur Wertschöpfung, sind nur eine Belastung für Deutschland, da sie selbst nichts beitragen werden. Wie oft bei Höcke ist das ahnungsvoll angedeutet, aber nicht ausformuliert, weil es dann eine zu deutliche rassistische Herabsetzung einer Volksgruppe darstellte, wodurch er womöglich strafrechtlich zu belangen wäre. Gleichzeitig bezeichnet er den Islam »als Okkupationsmacht«[50] und eine Moschee mit Minarett stets als »ein Symbol der Landnahme«[51] – Okkupation und Landnahme, das weckt in diesem Kontext Assoziationen an die sarazenische Besetzung der spanischen Halbinsel oder die Belagerung Wiens durch die Türken, historische Ereignisse, auf die auch die Identitäre Bewegung immer wieder Bezug nimmt.

Einer der perfidesten AfD-Beiträge, der fast schon zu Rassenhass aufruft, stammt von Ralf Özkara, der, begleitet von lautem Gejohle der AfD-Anhänger, Folgendes zum Besten gab: »Der Islam ist ein verwesender Kadaver in unserem Land, und ich werde nicht zulassen, dass er uns weiter vergiftet.«[52] Ein »verwesender Kadaver«, der den ›Volkskörper‹ vergiftet – man fragt sich doch, welche sprachlichen Entgleisungen man sich noch erlauben muss, um unter den Paragraphen gegen Volksverhetzung zu fallen. Allerdings hat auch Özkara, der überdies mit einer türkischstämmigen Muslimin verheiratet ist, also türkische Schwiegereltern hat, hier eine Sicherung eingebaut, denn er bezieht sich auf ein Kemal Atatürk zugeschriebenes Zitat, mit dessen buchstäblichem Wortlaut nebst Provenienzbekundung er seine Rede bereits markig begonnen hatte: »Der Islam, diese absurde Gotteslehre eines unmoralischen Beduinen, ist ein verwesender Kadaver, der unser Leben vergiftet«[53] – eine Tatsache, die der Verfassungsschutzbericht übrigens verschweigt. Dass diese Äußerung Atatürks authentisch ist, ist allerdings umstritten,[54] letztlich führen alle deutschen Quellen sie zurück auf ein Buch des französischen Faschisten und Vichy-Ministers Jacques Benoist-Mechin[55] (1947 als Kollaborateur zum Tode verurteilt, dann zu Zwangsarbeit begnadigt), was nicht gerade als unverdächtige Provenienz gelten kann. Dennoch: Wenn man ein solches Diktum aus dem Kontext reißt (zu dem auch der orientalische Sprachgestus gehört) und auf die heutige gesellschaftliche Lage anwendet, ändert die Tatsache, dass es möglicherweise historisch ist, wenig am Tatbestand der Hetzpropaganda. Es ist de facto eigentlich unerheblich, ob Atatürk so etwas gesagt hat oder nicht – es geht jetzt und heute nur darum, dass Özkara es bewusst zur Verunglimpfung des Islams angeführt hat.

Auch Dennis Augustin bewegt sich rechtlich auf sehr dünnem Eis, wenn er behauptet, die Einwanderung zahlreicher junger Muslime mit »völlig ungezügeltem Sexualtrieb« habe dazu geführt, dass »die deutschen Jünglinge hilflos mit ansehen [müssten], wie ein muslimischer Mob wie die Halbaffen über die Frauen und Freundinnen herfällt.«[56] Dies vermittelt ein entmenschtes Zerrbild aller Muslime, das sie – wie die nationalsozialistische Propaganda gegen Juden – zu Nicht-Menschen, Untermenschen, wilden Tieren herabwürdigt.

Auf dieser Linie liegt auch die Tendenz der AfD-Politiker, Migranten pauschal zu kriminalisieren, wie etwa Björn Höcke, wenn er beiläufig feststellt: »Ich will keine multikulturelle Gesellschaft, weil multikulturelle Gesellschaften multikriminelle Gesellschaften sind.«[57] Durch eine leichte morphologische Verschiebung von ›multikulturell‹ zu ›multikriminell‹ wird hier einerseits die Vorstellung einer heterogenen Gesellschaftsstruktur attackiert, andererseits werden zwischen den Zeilen auch die Verursacher dieses Zustands benannt, nämlich offensichtlich jene Elemente, die zur ›Monokultur‹ hinzugekommen sind. Alexander Gauland wird da konkreter:

> wer abertausende, zum Teil hoch aggressive Analphabeten in sein Land holt und ihren Lebensunterhalt finanziert, ist nicht weltoffen, sondern dämlich. [...] Wir importieren den Zerfall, indem wir das ethnisch-religiöse und clanstrukturelle Konfliktpotenzial en masse importieren.[58]

Wie Lichtmesz/Sommerfeld spricht auch er von ›Import‹, womit die Fluchtmigration in grober Verzerrung als Warenverkehr gekennzeichnet wird; in diesem Fall geht es um die Einfuhr von kriminellem Potenzial.

Die AfD operiert bei ihrer Kommunikationspolitik mit dem Prinzip konsequenter Wiederholung. Alle Zitate, die wir hier gebracht haben, und de facto die meisten ihrer öffentlichen Aussagen, hängen auf die eine oder andere Weise monothematisch mit der Einwanderung zusammen – genau wie wir das bei der intellektuellen Neuen Rechten gesehen haben. Immer wieder werden so die fremdenfeindlichen Inhalte aufs Neue eingeschliffen, die tatsächliche soziale und ökonomische Schieflage wird auf diese Weise bewusst ›kulturalisiert‹ – es ist eine klare Strategie der AfD, »Klassenkonflikte als Kampf um Ressourcen zwischen Einheimischen und Zuwanderern darzustellen, um damit gerade die Wähler in den unteren sozialen Schichten zu mobilisieren.«[59]

Die AfD wird aber im Vergleich mit dem Antaios-Kreis erheblich deutlicher, agiert sprachradikaler, verbal menschenverachtend und agitatorisch, während man sich in den rechtsintellektuellen Diskursen eher bemäntelt. Die AfD zielt damit explizit auf die Stammtische, und offensichtlich spricht sie mit der Einfachheit ihrer Argumentation und ihrer Verkürzungstaktik bereits formierte ausländerfeindliche Gesinnungen vieler Deutscher erfolgreich an. Die AfD arbeitet bei all dem stark mit tendenziösen Einzelworten, die systematisch in die öffentlichen Diskurse eingespeist werden. Wie vielsagend das Einzelwort sein kann, auch darauf hat Victor Klemperer hingewiesen: »unter dem Einzelwort erschließt sich das Denken einer Epoche, das Allgemeindenken, worin der Gedanke des Individuums eingebettet, wovon er beeinflußt, vielleicht geleitet ist.«[60] Bei der AfD lässt sich das sehr gut beobachten. Die Politiker der Partei verwenden oft Wortneuschöpfungen, die unmittelbar verständlich sind und zugleich in komprimierter Form einen migrationskritischen Gehalt transportieren, etwa ›Anti-Abschiebe-Industrie‹, ›Sozialmigranten‹, ›Asylbehaupter‹ (›Scheinasylanten‹, wie das in den 1990er Jahren genannt wurde) oder ›Identitätstäuscher‹ (für solche Flüchtlinge, die falsche Angaben zu ihrer Person machen). Neben der allseits beschrienen angeblichen ›Lügenpresse‹ wird etwas elaboriert vom ›PKM‹, dem ›Politisch-medialen Komplex‹ gesprochen (analog zum ›Militärisch-industriellen Komplex‹, MIK, einem Begriff für die Machtkonzentration in demokratischen Gesellschaften, der durch Dwight Eisenhower bekannt gemacht wurde).

Ein weiteres Signalwort aus dieser Reihe ist ›Fachkräfte für Messerattacken‹, womit auf die angebliche Häufigkeit von Messerangriffen durch Asylanten abgehoben wird. An diesem Sujet lässt sich sehr gut nachvollziehen, wie generalstabsmäßig die AfD ihre Sprachoperationen verfolgt: Ausgehend von Letzterem wurde mit ›Messereinwanderung‹ eine noch griffigere Formel zur Emotionalisierung der eigenen Klientel gefunden, die erneut mit dem Mittel der Verfremdung arbeitet, nämlich der lautlich-rhythmischen Analogie zu ›Masseneinwanderung‹. Gerd Wiegel, Referent für Rechtsextremismus/Antifaschismus der Partei DIE

LINKE im Deutschen Bundestag, hat speziell die Wege dieser Vokabel in einem Vortrag minutiös nachgezeichnet:[61] Nachdem Weidel mit ihrer oben zitierten Auslassung über »Kopftuchmädchen« und »alimentierte Messermänner« einen bemerkenswerten Ausschlag auf der Skandalisierungsskala hatte erzeugen können, legte sie wenig später auf ihrer Facebookseite mit der Notiz nach: »Wieder zwei Schwerverletzte, die auf das Konto der Messer-Einwanderung nach Deutschland gehen.«[62] Andere AfD-Politiker folgten ihr im Bundestag, um eine Wirkungsverstärkung durch Wiederholung zu erreichen: »Messereinwanderung« (Alexander Gauland), »Import von Islamisten und Gefährdern, unendliches menschliches Leid durch Vergewaltiger und Mörder, Messerstecher und Terroristen« (Gottfried Curio), »blutige, häufig tödliche Messereinwanderung« (Stephan Brandner).[63] Das Thema wurde dadurch ausgeweitet und gleichzeitig wurde sichergestellt, dass die damit verbundene Botschaft (›Migranten neigen zu Messerattacken‹) über rechte Zeitschriften und Portale wie *Compact*, *PI-News*, *Cato*, *Cicero*, *Tichys Einblick*, *Junge Freiheit* beharrlich in die Öffentlichkeit eingespeist wurde.[64] Angebliche Beispielfälle wurden betont überbeleuchtet, Fake News als Fakten aufbereitet, etwa mittels falscher Statistiken, bis das Thema irgendwann auch in der *BILD*-Zeitung landete und damit tatsächlich eine große Zahl von Menschen erreichte. Gleichzeitig schritt man an die Umsetzung im Parlament und stellte einen Antrag auf »Erfassung von Straftaten unter Zuhilfenahme des Tatmittels Messer in der Polizeilichen Kriminalstatistik«.[65] Nach einer ersten Debatte am 14. Juni 2018 wurde der Antrag zur weiteren Beratung an den federführenden Ausschuss für Inneres und Heimat überwiesen, wo er schließlich am 28. November 2018 mit den Stimmen der übrigen Fraktionen abgelehnt wurde.

Flankierend zu diesem Versuch, die bundeseinheitlichen Richtlinien für die Polizeiliche Kriminalstatistik zu ändern, wurde weiterhin große Energie aufgebracht, um die »Messereinwanderung« im Gespräch zu halten – der AfD-Newsroom im

Bundestag ist immerhin mit insgesamt 40 Mitarbeitern für Presse, Öffentlichkeitsarbeit, Social Media und Recherche besetzt.[66] Regelrecht zum AfD-Slogan mutierte der Begriff, nachdem ihn der AfD-Bundestagsabgeordnete Gottfried Curio in einer Bundestags-Rede vom 23.8.2018 folgendermaßen zusammengefasst hatte: »Masseneinwanderung heißt auch Messereinwanderung!«[67] Diese Formulierung fand breiten Widerhall im rechten Resonanzraum, die AfD richtete in ihrem Bundestagswebauftritt einen eigenen Bereich dafür ein, mit dem unter anderem auch die Adresse »www.messereinwanderung.de« direkt verlinkt ist. Dort heißt es bedrohlich: »Seit 2015 [*also dem Jahr der sogenannten ›Flüchtlingskrise‹, Anm. E.S.*] steigt die Zahl der Messerangriffe massiv an.« Zum Beweis wird eine interaktive Karte mit Messerattacken in Deutschland präsentiert sowie eine Chronologie angeblicher Straftaten mit dem Messer. Auch gibt es hier einen Download-Link zum inzwischen abgelehnten Antrag.

Dass ausgerechnet unter den Messertätern nur Migranten sein sollen, klingt ziemlich abstrus, denn auch Deutsche haben Zugang zu dieser Waffe. Tatsächlich sehen die Fakten anders aus: Zwar ist in einzelnen Bundesländern ein leichter Anstieg beim Tatmittel ›Messer‹ zu verzeichnen, jedoch schwanken die Zahlen prinzipiell von Jahr zu Jahr. Ein Anstieg der Messerkriminalität findet sich vor allem in Unterkünften von Flüchtlingen, die zumeist selbst die Opfer solcher Taten sind. Die Kriminalitätsstatistik weist ansonsten keinen höheren Anteil von Ausländerkriminalität aus und die Kriminalität ist insgesamt im Sinken begriffen; eine Dramatisierung der Lage, wie die Rechte sie betreibt, entbehrt jeglicher Grundlage.[68] Tatsächlich aber hat deren Agitation bereits Früchte getragen, in einigen Bundesländern werden jetzt, abseits der allgemeinen Kriminalstatistik, Messerangriffe gesondert erfasst.

Resümierend lässt sich zum Sprachverhalten der AfD sagen, dass es bewusst verkürzend, überaus aggressiv und stets auf Konfrontation mit der demokratischen Gesellschaft bedacht ist. Es gibt Anzeichen dafür, dass einzelne AfD-Politiker bestimmte

Merkmale des nazistischen Antisemitismus auf Muslime oder Asylsuchende übertragen. Wenn die Identitäre Bewegung mit ihren Positionen als rechtsextrem gilt, ist es verwunderlich, dass dieses Verdikt nicht auch für eine Reihe von AfD-Politikern in Anschlag gebracht wird, die teils sogar als gewählte Volksvertreter in Parlamenten sitzen und den Identitären in dieser Beziehung keineswegs nachstehen.

Dass die Wortwahl mancher Parteimitglieder verfassungsrechtlich bedenklich sein könnte, scheint die AfD selbst befürchtet zu haben. Aus Sorge vor einer möglichen Beobachtung durch den Verfassungsschutz hatte die Partei eine ›Arbeitsgruppe VS‹ eingesetzt, geleitet vom Juristen Roland Hartwig. Diese Kommission sollte, auf Grundlage eines Gutachtens des emeritierten Staatsrechtlers Dietrich Murswiek, eruieren, unter welchen Voraussetzungen der Verfassungsschutz eine Partei wie die AfD beobachten darf, und daraus Empfehlungen für das öffentliche Auftreten von AfD-Politikern ableiten.[69] Das Ergebnis fiel allerdings niederschmetternd aus: Murswiek, ein erklärter Sympathisant der AfD,[70] der mehrmals als Redner bei Veranstaltungen der Partei auftrat (und übrigens schon in seiner Jugend in rechtsextremen Kreisen aktiv war, beteiligt u.a. an Henning Eichbergs oben erwähnter Aktion gegen das Treffen von Willy Brandt und Willi Stoph), bescheinigte den AfD-Politikern zahlreiche »Beispiele für Äußerungen, die von den Verfassungsschutzbehörden als Anhaltspunkte für verfassungsfeindliche Bestrebungen gewertet wurden«, unter anderem »Fremdenfeindlichkeit«, »Islamfeindlichkeit« bis hin zu »rassistischen Diskriminierungen«,[71] was sich also mit unserem Befund hier deckt. Auch Parolen wie »Überfremdung«, »Umvolkung«, »Umerziehung«, »Systemparteien«, »Großer Austausch«, »Volkstod« oder generalisierende Äußerungen wie »Flüchtlinge sind kriminell«, »Altparteien sind korrupt« seien problematisch – aus der Perspektive des Verfassungsschutzes. Denn Murswieks Beurteilung entsprang nicht etwa mangelnder Solidarität mit den Zielen der AfD, sondern diente dazu, der Partei Wege aufzuzeigen, wie sie einer Beobachtung durch den Verfassungsschutz entgehen könne.[72] Das erklärte Mursiek auch in einer Richtigstellung, die er auf den Seiten der AfD veröffentlichte.[73]

Da alle diese Begriffe und Aussagen, wie wir gesehen haben, zum festen Inventar der AfD-Sprachstrategie zählen, stand die Partei vor einem Dilemma. Ihre erste Reaktion bestand darin, Unvereinbarkeitserklärungen zu verabschieden, etwa für die Mitgliedschaft bei Vereinigungen wie Pro Chemnitz und Freigeist.[74] Teile des ultrarechten Flügels der AfD betrachteten dies und das Gutachten als solches jedoch als Provokation. Sie antworteten mit einem »Stuttgarter Aufruf«,[75] mit dem sie gegen »alle Denk- und Sprechverbote innerhalb der Partei« protestierten. Binnen kurzer Zeit wurde dieser Aufruf von rund 1000 der über 30.000 AfD-Mitglieder unterschrieben (die Zahl ist danach allerdings nicht nennenswert angestiegen), die sich nicht daran hindern lassen wollen, verfassungsfeindliche Äußerungen zu tätigen. Der Machtkampf zwischen den national-konservativen Mitgliedern der AfD und dem Flügel ist im vollen Gange. Des Öfteren scheinen die ultrarechten Zirkel hier, wie aktuell in Nordrhein-Westfalen,[76] am längeren Hebel zu sitzen.

8. Ohne Maulkorb: die Bildungskatastrophe und die Sprache des Volkes – PEGIDA und der rechte Bodensatz

Bevor wir untersuchen, wie Sprache, Begriffe und Anschauungen der extremen Rechten in Reden und Denken der Bevölkerung eingedrungen sind, wollen wir zunächst noch über einige Rahmenbedingungen reflektieren, allem voran den Niedergang des Bildungssystems.

Über kaum ein anderes Politikfeld wird so viel diskutiert, denn Bildung geht fast alle unmittelbar an, alle, die Kinder haben. Viel ist über Reformen in diesem Bereich geredet worden, insbesondere im Zuge der katastrophalen Ergebnisse deutscher Schüler bei den PISA-Studien. Geschehen ist aber nicht viel; statt einen echten Strukturwandel herbeizuführen, wird blind auf die Wirkung der Ganztagsschule und den Ausbau der Vorschulerziehung gesetzt, ohne aber Voraussetzungen dafür zu schaffen, dass diese Instrumente irgendeine Wirksamkeit entfalten können. So bleiben die Kernprobleme des deutschen Bildungssystems erhalten: »die im internationalen Vergleich zu geringe Akademikerquote, die hohe Zahl der Bildungsabbrecher und die skandalöse Abhängigkeit der Bildungschancen von der sozialen Herkunft.«[1] Hier nämlich, im Bildungssystem, wird der Grundstein gelegt für die soziale Ungleichheit, die wir im ersten Teil behandelt haben. Das deutsche Schulsystem ist vor allem eine Selektionsanstalt. Gleichzeitig hat die Gesamtschule, auf die man im Rahmen der Schulreform der 1970er Jahre gesetzt hatte, die Hoffnungen auf eine Nivellierung des Bildungsniveaus nicht erfüllt. Selbst beim PISA-Sieger Finnland, dessen Gesamtschulkonzept hierzulande jahrelang als leuchtendes Vorbild verkauft wurde, bröckelt der Nimbus des gemeinsamen Lernens. Inzwischen erscheint es alles andere als ausgemacht, dass die Gesamtschule der Grund für die PISA-Erfolge der Finnen und einiger anderer Länder gewesen ist.[2] Denn es ist mitnichten so, dass die starken Schüler die schwachen mitziehen. Vielmehr zeigt die Praxis, dass das Level insgesamt fällt, was nicht nur für die Gesamtschule, sondern für alle Schulformen in Deutschland gilt. Der Abwärtstrend in Sachen Bildung fängt bereits in der Grundschule an.[3]

Dass ein hoher Abschluss nicht mehr grundsätzlich für die professionelle Karriere fruchtbar gemacht werden kann, hatten wir schon in Kap. I. 2 gesehen. Man nennt dies das ›Bildungsparadoxon‹, das der Sozialpädagoge Lothar Böhnisch so definierte:

> daß in der Krise der Arbeitsgesellschaft schulische Bildungsabschlüsse längst nicht mehr entsprechende berufliche Chancen garantieren, daß aber andererseits wiederum diejenigen eher mit Arbeitslosigkeit, beruflicher Dequalifizierung und sozialem Abstieg zu rechnen haben, die nur niedrige Bildungsabschlüsse vorzuweisen haben.[4]

Das dürfte Jugendliche aus bildungsfernen Schichten nicht unbedingt dazu motivieren, sich gegen die eh schon bestehenden Widerstände für die eigene Bildung zu engagieren.

Ein weiteres Manko des deutschen Bildungssystems sind die völlig unterschiedlichen Regelungen der einzelnen Bundesländer, deren Schulstrukturen einen regelrechten Flickenteppich darstellen: In manchen ist das dreigliedrige Modell aus Gymnasium, Real- und Hauptschule abgeschafft, in anderen existiert es weiter fort. Teilweise wurden Sekundarschulen eingerichtet, die zum Beispiel in NRW noch mehr als die Hauptschulen zu einer ›Resterampe‹ verkommen sind, wo alle Schüler geparkt werden, die an Gymnasien und Gesamtschulen nicht unterzubringen waren. Folgerichtig werden einige dieser Schulen jetzt bereits wieder geschlossen. Der Experimente kein Ende!

Was in unserem Zusammenhang aber noch wichtiger ist als der demoralisierende Gesamtzustand des Schulsystems, ist das Absinken der Standards und eine zunehmende Ökonomisierung der Ausbildung, weg von einer ganzheitlichen Entwicklung der intellektuellen und emotionalen Fähigkeiten, hin zu einer »am Management von Unternehmen orientierten Output-Steuerung der Schule«.[5] Die Lehrpläne wurden zunehmend nach den Bedürfnissen der Wirtschaft ausgerichtet, was gravierende Folgen für die geisteswissenschaftlichen Fächer hatte, die mit immer weniger Stunden auskommen müssen. Der Deutschunterricht, der früher eng an die Literaturgeschichte geknüpft war, hat inzwischen zahlreiche andere Schwerpunkte, Literatur spielt nur noch eine Nebenrolle. Großer Wert wird auf das Selbermachen gelegt. So werden etwa in fünften Klassen von Gymnasien als offizielle Tests frei fabulierend Geschichten geschrieben, die nach Creative-Writing-Gesichtspunkten beurteilt werden, ohne dass die Schüler vorab jemals einen etablierten literarischen Text gelesen hätten, an dem sie die richtige Anwendung der dort vermittelten Regeln hätten beobachten können. Was an Literatur behandelt wird, ist denkbar kursorisch, gerade auch im Zusammenhang mit G8. So müssen in den vier Halbjahren der gymnasialen Oberstufe die drei literarischen Formen Drama, Roman und Lyrik ebenso wie sämtliche Epochen der deutschen Literaturgeschichte durchgenommen werden. Dabei kommen dann Themen heraus wie ›Das Reisegedicht vom Barock bis zur Gegenwart‹, was in einem Halbjahr abgehandelt werden soll, ein absolutes Unding: Denn weder gibt es eine durchgängige Kontinuität an Reisegedichten in diesem Zeitraum, noch lassen sich ausgerechnet an diesen die Epochenmerkmale festmachen, was schon schwierig genug wäre, wenn man die gesamte Lyrikproduktion zugrunde legen würde. Ja, nicht einmal der Gattung Lyrik wird man hier im Geringsten gerecht.

Beim Geschichtsunterricht ergibt sich ein ähnlich erschütterndes Bild, zumeist wird er gar nicht mehr in allen Jahrgangsstufen angeboten, und wenn, dann nur mit einer Stunde pro Woche. In Nordrhein-Westfalen wurde soeben mit der Rückkehr zu G9 beschlossen, dass eine Stunde Geschichtsunterricht zusätzlich erteilt werden soll – eine Erhöhung auf 8 Wochenstunden insgesamt in neun Jahren … Oft ist Geschichte gar kein eigenes Fach mehr, sondern firmiert, beispielsweise an Gesamtschulen, im Verein mit Politik, Soziologie und Erdkunde als ›Gesellschaftskunde‹.[6] Das jeweilige Leitfach für Politische Bildung (ob ›Politik‹, ›Gemeinschaftskunde‹ oder wie in NRW – auf Betreiben der FDP-Kultusministerin – ›Politik/Wirtschaft‹) besitzt ebenso einen denkbar geringen Anteil an den Lehrplänen.[7]

Jeder, der heute in der Lehre tätig ist, ob an Schulen oder Universitäten, kennt das Faktum, dass man vor einer Klasse oder einem Seminar steht und nahezu niemand, der dort sitzt, noch eine vage Ahnung von der grundlegenden Chronologie der deutschen Geschichte hat. Eine Umfrage des forsa-Instituts ergab 2017, dass rund 40 Prozent der Schüler nichts vom Vernichtungslager Auschwitz-Birkenau wissen.[8] Ein Georg Büchner wird von deutschen Germanistikstudenten in den Expressionismus eingeordnet, »jedenfalls 20. Jahrhundert«; danach zu fragen, wann das Mittelalter oder der Dreißigjährige Krieg war, kann in bestimmten Konstellationen aussichtslos sein.[9]

Es ist dies ein Ergebnis der unseligen sogenannten »Kompetenzvermittlung«, die FAZ spricht in einem Artikel nicht zu Unrecht vom »Kompetenzfetisch« – Schule soll heute demnach nicht mehr Wissen vermitteln, sondern »Methoden- und Verfahrenskompetenzen, Handlungs-, Urteils-, Entscheidungs- und Sachkompetenzen«.[10] Eine Berliner Schule thematisiert quasi exemplarisch, was sich dahinter verbirgt: Methodenkompetenz etwa heißt »z.B. lernen, nachschlagen, strukturieren und präsentieren«, Handlungs- und Fachkompetenz »z.B. Handlungen planen und durchführen, Experte für ein Thema werden«.[11] Man soll also dazu befähigt werden, eigenständig Themen zu erarbeiten. Gewünscht ist ein sogenanntes »output-orientiertes Lernen [...] Das heißt, entscheidend ist nicht, was die Schüler wissen, sondern was sie können.«[12] Der Bildungsplan des Saarlandes formuliert die Konzeption so:

> Der stetige Zuwachs an wissenschaftlichen Erkenntnissen erfordert in zunehmendem Maße lebenslanges Lernen. Der Unterricht trägt dem Rechnung durch die besondere Betonung metho-

> discher Kompetenzen und durch exemplarisches Lernen. Damit verbunden sind inhaltliche Reduktion sowie der zunehmende Einsatz schülerzentrierter Sozialformen.[13]

»Methodische Kompetenzen« und »exemplarisches Lernen« – auf dem Papier hört sich das schön an. In der Praxis bedeutet es beispielsweise (merke: »inhaltliche Reduktion«), dass Schüler anhand eines winzigen geschichtlichen Ausschnitts die Fähigkeit erlangen sollen, historische Ereignisse insgesamt zu beurteilen. Das aber ist unmöglich, wenn es keine Wissensbasis gibt, nämlich einen Überblick über den Verlauf der Geschichte. Die Vorsitzende des Verbandes der Historiker und Historikerinnen Deutschlands Eva Schlotheuer kritisiert in einem Interview:

> da werden einzelne Ereignisse aus dem Zusammenhang gerissen, und das Übergreifende fällt unter den Tisch. Geschichte als nachvollziehbarer Prozess wird kaum noch vermittelt. Historisches Verständnis entwickelt sich so nicht. (…) Kompetenzvermittlung ohne den konkreten historischen Zusammenhang, das ist wie Kochen mit Maßen, aber ohne Zutaten.[14]

Wie etwa kann man ein Verständnis von der Novemberrevolution von 1918 erlangen, ohne über die gescheiterte bürgerliche Revolution von 1848 informiert zu sein und insbesondere über deren Folgen auf die der deutsche Gesellschaftsentwicklung, nämlich die Herausbildung eines Deutschen Reiches unter extrem restaurativen Gesichtspunkten, und ohne Kenntnis wenigstens der Grundzüge des Marxismus, der Geschichte der Sozialdemokratie? Zu Recht kritisiert der Pädagoge Peter Euler: »Die neue deutsche Outputorientierung ignoriert den dafür nötigen anderen Input, die ›opportunity to learn standards‹ (die sächlichen, personellen und atmosphärischen Lehr-/Lernbedingungen).«[15] Es kann im Unterricht also nicht nur darum gehen, die Ergebnisse von Schülern zu sammeln, sondern ihnen müssen auch Inhalte und Wissen vermittelt werden. Das scheint heute verpönt, Bildung ist durch den Begriff des Lernens abgelöst worden.

Vorbild auch dieser Veränderung ist die aktuelle Wirtschaftspraxis; Begriffe und Praktiken aus dem Bereich ökonomischer Wertschöpfung werden auf die schulische Bildung übertragen:

> Wissensgesellschaft, lebenslanges Lernen, Output-Orientierung, Qualitätsentwicklung, Effizienz, Kompetenz, Bildungsstandards, Evaluation, Wettbewerb, neue Steuerung, Autonomie, Privatisierung. Die Grundtendenz heißt: Bilanzierbare Lerntestleistungen statt Bildung.[16]

Bildung soll in Wert umgesetzt werden, bzw. um Bildung geht es gar nicht mehr, sondern um die Kompetenz, mit den möglichen Anforderungen neuer Berufsumgebungen flexibel zurechtzukommen. Der Kunstpädagoge Jochen Kraut spricht daher von »einer planvollen Usurpation von Bildung und Bildungswesen unter den Vorzeichen einer globalisierten, neo-liberal ausgerichteten Ökonomie.«[17] Nicht zuletzt wird so auch das Konkurrenzdenken der Wirtschaft (jeder gegen jeden) bereits in Schule und Universität instinktiv verinnerlicht.

Daraus ergeben sich fatale Konsequenzen für die Persönlichkeitsentwicklung, die ethische und intellektuelle Physiognomie der Schüler: »Bildungsziele wie Menschenrechte, Demokratie, Chancengleichheit, ökologischer Umgang mit der Natur, Verantwortungsbewusstsein und Respekt vor den Rechten und Freiheiten des Individuums […] drohen hierzulande endgültig aus dem Blick zu geraten.«[18] Als Resultat sehen wir heute Zeichen einer durchgreifenden Entintellektualisierung. An der emotionalen Reife, dem ethischen Urteilsvermögen und der allgemeinen Lebensklugheit, die etwa eine intensive Beschäftigung mit Geschichte, Kunst, Literatur, Musik, Philosophie und Gesellschaftslehre vermitteln kann, scheint es den jüngeren Generationen immer mehr zu gebrechen. An der Universität setzt sich die Misere fort. Mit dem sogenannten Bologna-Prozess hat eine spürbare Entwertung der akademischen Ausbildung eingesetzt, die gleichermaßen an die Bedürfnisse der Wirtschaft angepasst ist, wie sie auch Elemente einer Ökonomisierung der Lehre beinhaltet. Humanwissenschaftliche Abteilungen sind an den deutschen Universitäten stark unter Druck oder werden ganz abgewickelt, eine Entwicklung, die in Ländern wie Japan, Großbritannien und den USA schon viel weiter fortgeschritten ist.[19] Neben den fatalen Konsequenzen für die Gesellschaft insgesamt muss man aber sehen, dass es ohne Lesen, Schreiben und konzeptuelles Denken auch in den Naturwissenschaften nicht geht.

Von Kompetenz, die so sehr im Fokus dieser pädagogischen Maßnahmen zu stehen scheint, kann bei Studienanfängern heute kaum noch die Rede sein: »Das Gymnasium erfüllt gar nicht mehr die Aufgabe, die man ihm aufgetragen hat: Studierfähigkeit.« Schon die grundlegendsten Kenntnisse und Fähigkeiten gehen vielen Studierenden ab, so berichtet der Bonner Erziehungswissenschaftler Volker Ladenthin in seinem – man muss es so nennen – ›Leidensbericht‹:

> Kommaregeln werden so gut wie gar nicht systematisch angewandt; Rechtschreibfehler betreffen inzwischen die unsicher gewordene Groß- und Kleinschreibung. Etwa 80 Prozent der Klausuren weisen ein unregelmäßiges, oft nur schwer lesbares Schriftbild auf. Ich habe Seminararbeiten zu korrigieren, die bei zehn Seiten Umfang bis zu 100 Fehler aufweisen.

Doch nicht nur Formalia sind hier das Problem, auch die Denkbefähigung ist in Mitleidenschaft gezogen: So fällt Ladenthins Studenten

> die eigenständige Erschließung von Theorien aus einfachen wissenschaftlichen Texten (zum Beispiel Karl Popper) mehrheitlich schwer; die Erschließung von Thesen aus historischen oder syntaktisch komplexen Texten (Humboldt, Hegel, aber auch Comenius) bedarf erheblicher Unterstützung. Bei diesen Texten bereitet dann auch eine angemessene eigensprachliche Reproduktion Schwierigkeiten. Die Texte können in der Regel nicht komplex, systematisch vollständig und in eigenen Worten zusammengefasst werden. […] Die Studierenden sind mehrheitlich kognitiv kaum zu Abstraktionen fähig, und daher zum Transfer fast gar nicht.[20]

Eva Schlotheuber schlägt in dieselbe Kerbe, und das in Bezug auf die historischen Kenntnisse, die für die Herausbildung politisch bewusster und urteilsfähiger Individuen in einer Gesellschaft von entscheidender Bedeutung sind:

> Die Entwicklung der letzten zehn Jahre war katastrophal. Wenn historisches Wissen vorhanden ist, dann nur über das 20. Jahrhundert. Vor allem der Impetus, forschend zu lernen, geht verloren. Es fehlt auch an Ausdrucksfähigkeit. Ich stelle regelmäßig eine Klausur, die nicht Multiple Choice ist, sondern in der die Studierenden kleinere Texte schreiben müssen. Das Ergebnis ist niederschmetternd. Selbst bei denen, die nicht durchfallen, sind die Sätze teils unverständlich.[21]

Dieses Phänomen kennen vermutlich alle, die in der Lehre tätig sind oder waren – einschließlich des Verfassers dieser Zeilen. Manche Wirtschaftslobbyisten glauben immer noch, dass unsere Gesellschaft Humanwissenschaften nicht mehr braucht – das sind nun die Folgen. Gerade im Bereich des Sprachlichen schlagen sie sich nieder. Wie sehr Sprache ein Abbild der gesellschaftlichen Wirklichkeit ist, haben wir an vielen Stellen in diesem Buch betont. Sprache ist eine maßgebliche Voraussetzung dafür, sich (in sich) zuhause zu fühlen. Denn sie dient ja nicht nur als Verständigungsmittel, sondern sie ist das maßgebliche Instrument des Denkens, das auch dazu befähigt, bestimmte politische, soziale, kulturelle oder ethische Konzepte zu verstehen und für sich nutzbar zu machen. Die schwindende Ausdrucksfähigkeit, die selbst deutsche Studenten mittlerweile an den Tag legen, lässt Schlimmstes befürchten für solche Menschen, die es schulisch nicht so weit gebracht haben.

Es wäre dennoch zu kurz gegriffen, wenn man allein das Bildungssystem für diese Misere verantwortlich machen würde, denn es gibt eine Reihe von außerschulischen Gründen. Eine prägnante Rolle spielt selbstverständlich der elterliche Hintergrund, schon hier liegt der Grundstein für die soziale Spaltung. Der Bildungserfolg ist in hohem Maße davon abhängig; Schule ist offensichtlich nicht in der Lage, die Defizite derer aufzufangen, die in sogenannten bildungsfernen Milieus aufwachsen. Das zeigt sich bereits bei Grundlagenfähigkeiten wie Rechtschreibung, Lesefähigkeit, Rechnen und erst recht bei der Allgemeinbildung und der Kompetenz im systematischen und konzeptuellen Denken. Während vielen Kindern der bürgerlichen Mittel- und Oberschicht der Bildungserfolg somit weitgehend in die Wiege gelegt wird, indem die Eltern ihnen vieles vermitteln, was das Normschulprogramm nicht mehr behandelt, sind andere weiter davon entfernt denn je. Wenn man Arbeiter oder allgemein sprichwörtliche ›einfache Leute‹ in alten TV-Berichten sieht, aus den 1960er, 70er-Jahren, ist man immer wieder verblüfft über die Argumentations- und Formulierungsfähigkeit dieser Menschen. Anscheinend hat in der Zwischenzeit eine soziale Verwilderung eingesetzt. Dafür sind wahrscheinlich ganz schlicht Faktoren wie das Privatfernsehen und die generelle Reizüberflutung verantwortlich. Die Ablenkungsmöglichkeiten sind groß. Während es in der 1980er Jahren drei Fernsehprogramme gab, die gegen spätestens ein oder zwei Uhr Sendeschluss hatten, existieren seit Beginn der 1990er Jahre zahlreiche Privatsender, die rund um die Uhr Programm ausstrahlen. Da sie keinen Bildungsauftrag verfolgen und ihre hohen Kosten allein aus Werbeeinnahmen finanzieren, musste es ihr Bestreben sein, sich komplett nach den Publikumswünschen zu richten bzw. neue Unterhaltungsbedürfnisse zu entwickeln. Eine erfolgreiche Produktschiene der freien Sender ist es, die große Masse der unteren und niedrigen Schichten in ihrem Sprachduktus und -verhalten gewissermaßen zu spiegeln. Das begann mit den Randale-Talkshows, Pseudo-Gerichtsverhandlungen etc. im Mittagsprogramm, bei denen zumeist schlechte Statisten Auseinandersetzungen im Unterschichtenjargon führten. So durchschaubar das Ganze war – den öffentlichen Sprachtenor haben diese Formate dennoch beeinflusst, der Duktus ist deutlich rauer geworden. Später kamen immer spektakulärere Showprojekte, in denen Exhibitionismus der Mitwirkenden auf Voyeurismus des Publikums traf, etwa *Big Brother* und aktuell das *Dschungelcamp*.

Die Digitalisierung und alles das, was sie im Schlepptau führte, Computerspiele, Youtube, WhatsApp, hat diese Entwicklung zusätzlich befördert. Exzessives »Deathmatchen« erhöht nicht unbedingt die Empathie. Gelesen wird immer weniger, manche Unterschichtenkinder lesen nicht nur nicht, sie »hassen Bücher«,[22] weil ihre Eltern das genauso sehen. So entstehen regelrechte kulturelle Verödungsdynastien. Und auch Eltern, die sich der medialen Problematik bewusst stellen, haben es nicht leicht: Das Handy ist alleiniger Mittelpunkt der jugendlichen Wahrnehmung, den Medienkonsum einzuschränken, produziert ein beständiges Kampffeld.

Die zwischenmenschlichen Verhältnisse sind dabei, sich zu virtualisieren, Liebesbeteuerungen werden per Whatsapp vermittelt, ebenso wie Beziehungen auf diesem Wege beendet werden. Bei Facebook, Twitter und in Foren geht es hoch her, da diese Portale die Begegnungsmöglichkeiten für konträre Meinungen enorm erweitern. Früher im analogen Raum, auf dem Marktplatz, bei Parties oder öffentlichen Diskussionsveranstaltungen, trafen schlichtweg nicht so viele Menschen und nicht so viele Meinungen aufeinander wie im Netz. Hier sind die Diskursteilnehmer zudem durch die Entfernung, teils auch Pseudonyme oder generelle Anonymität geschützt, und so machen sie aus ihrem Herzen keine Mördergrube – oder eben gerade. Die inhaltliche Polarisierung bei gleichzeitiger Verrohung der Sprache ist ein vieldiskutiertes Netzphänomen. Gleichzeitig aber schafft das Netz neue Zusammenhänge, die sogenannten Filterblasen oder auch ›Echo-Kammern‹, wo die Menschen bewusst nur mit anderen verkehren, die ihre Grundeinstellungen teilen, in denen sie also generell Zustimmung erfahren, auch wenn sie äußerst krude oder ethisch unzulässige Gedanken äußern. Diese Segmentierungen, die sich selbst genügen und auf den inhaltlichen Austausch mit Externen verzichten, die womöglich diverse Meinungen vertreten, sind nicht zuletzt auch Ergebnis einer Entmischung der Gesellschaft: Die Klassen bleiben unter sich, die soziale Spaltung ist auch im physischen Raum sichtbar, architektonisch bildet sie sich in getrennten Wohngebieten ab, Besser- und Schlechterverdienende begegnen sich kaum, kommunikative Mobilität herrscht fast gar nicht. Der Wegfall von Wehrpflicht bzw. Zivildienst ist ein weiterer Faktor, der verhindert, dass klassenübergreifende Kontakte entstehen könnten.

Auch aus dieser Perspektive bestätigt sich also die Spaltung zwischen einer global orientierten, liberal-kulturalistischen Ober- und Mittelschicht, den *anywheres*, und einer Unterschicht und unteren Mittelschicht, den *somewheres*, um ein Begriffspaar von David Goodhart aufzugreifen.[23] Gewisse Teile dieser *somewheres*, jener Menschen, die an einen Ort gebunden sind oder sich gebunden fühlen, sind, wie wir überall in Europa sehen, sehr empfänglich für die Lehren der Neuen Rechten, die Verheißungen der rechtspopulistischen Parteien. Es scheint, als habe diese Gruppe eine eigene ›Kultur‹ und ›Sprache‹ entwickelt, die in starkem Kontrast zum liberalen Common Sense stehen.

Ein Phänomen, das sich aus dieser Klientel rekrutierte, ist die vieldiskutierte PEGIDA (= Patriotische Europäer gegen die Islamisierung des Abendlandes) – vonseiten der liberalen Öffentlichkeit verfemt und angefeindet, von AfD und Neuer Rechter dagegen als genuine »Volksbewegung« emphatisch begrüßt. PEGIDA firmiert als Verein, Vorsitzender ist Lutz Bachmann, ihre Heimatstadt ist Dresden; die Bewegung fand aber zahlreiche Ableger in anderen deutschen Städten. Auf sich aufmerksam gemacht hat PEGIDA seit 2014 durch regelmäßige anti-islamische Kundgebungen in Dresden, sogenannte »große Abendspaziergänge«, bei denen völkische, rassistische und nationalistische Positionen zum Ausdruck kommen. Als Gastredner waren und sind dort, wie erwähnt, unter anderem Götz Kubitschek und Jürgen Elsässer, aber auch der identitäre Aktivist Martin Sellner oder der niederländische Rechtsaußen Geert Wilders präsent. Der Tonfall bei diesen Veranstaltungen ist noch weitaus radikaler und ruppiger als bei der AfD, verschiedene Redner, etwa Lutz Bachmann und der Schriftsteller Akif Pirinçci, wurden bereits wegen Volksverhetzung verurteilt. Bachmann zum Beispiel hatte

Ausländer als »Viehzeug«, »Gelumpe« und »Dreckspack« beleidigt. Pirinçci dagegen hatte, neben unsäglichen Beschimpfungen gegenüber Muslimen, in Richtung der deutschen Politiker, und der Grünen in Sonderheit, bedauert, dass die KZs »leider derzeit außer Betrieb« seien, womit er offenkundig darauf abgehoben hatte, man könne auf diese Weise des Ausländerproblems Herr werden.[24] Ein weiterer PEGIDA-Redner, Nino Köhler, wurde am 1. August 2018 nach zwei Bombenanschlägen auf die Fatih-Moschee und das Kongresscentrum (ICC) in Dresden wegen versuchten Mordes und anderer Delikte zu 9 Jahren und acht Monaten Haft verurteilt.

Im PEGIDA-Slang hören sich die hier verhandelten einschlägigen Themen so an:

> Noch immer wandern 80 % Asylsuchende illegal nach Deutschland ein, die Politik reagiert immer noch nicht. Kriminalitätsstatistiken werden frisiert, indem ganze Deliktgruppen (z.B. Verstöße im Ausländerrecht) ausgeklammert oder Mehrfachdelikte nur noch einfach gezählt werden (z.B. Gruppenvergewaltigung). Die Maschinerie der geplanten und durchgegenderten Volksverblödung läuft auf Hochtouren und hat in Form von Links-Grüner Union-Ideologie den Plan, unser Volk zu vernichten.[25]

Das Niveau verflacht zusehends, auch wenn die Inhalte sattsam bekannt sind. Unbelegte (und hier sogar unerklärte) Zahlen (»80 % Asylsuchende«?), Signalworte (»Gruppenvergewaltigungen«, »Volksverblödung«) und Verschwörungstheorien (»frisierte Statistiken«, »Plan, unser Volk zu vernichten«) werden auf engem Raum zusammengefasst – ohne irgendwelche weiterführenden Argumente oder Begründungen. Man sieht an diesem Aufruf ganz gut, wie die an sich schon unterkomplexen Theoreme der Neuen Rechten (»Politikerkonspiration«, »Großer Austausch«, »Umvolkung«, »Ausländerkriminalität«) über die Popularisierung der AfD hier an der Basis auf besonders simple Formeln heruntergebrochen werden. Lutz Bachmann als bekannteste Figur von PEGIDA unterhält einen eigenen Video-Blog, LUTZiges zum Samstag oder auch Sonntag, in dem er leutselig, kumpelhaft und konziliant zu seinen Anhängern spricht, oft mit sächsischem Dialekteinschlag, ganz volkstümlich, auf Du und Du mit dem Zuschauer. Immer wieder versichert er, dass er keinerlei politisches Mandat anstrebe, sondern weiterhin einer der ihren bleiben werde, ein ganz normaler Protestler auf der Straße. Auch lehne er es ab, mit irgendeiner Partei zusammenzuarbeiten, nicht einmal mit der AfD, weil PEGIDA gewissermaßen als Korrektiv erhalten bleiben solle, selbst wenn rechte Politiker Ämter erobern sollten.

Dieser Duktus der Beschwörung einer Gesinnungsgemeinschaft ist ein zentrales Element seiner politischen Agitation, wie man an einer Rede, die Bachmann am 4. 2. 2019 bei einer PEGIDA-Demonstration in Dresden hielt, gut beobachten kann: Er begann mit der Ankündigung eines Konservativ-Patriotischen Aschermittwochs, bei dem alle relevanten rechten Kräfte zusammengebracht werden sollten: AfD, ADP, PEGIDA und andere. Hier ein Auszug aus der Rede:

> Ja, Freunde, Zusammenhalt ist wichtig, und jetzt haben alle interessanten konservativen Spieler, die sich auf dem Feld befinden, wenn ich das jetzt mal so ins Fußballerische reinbringen darf, die sich auf dem Feld für die Landtagswahl befinden, die Möglichkeit, den großen Worten der letzten Wochen von Zusammenhalten, Bürgerbewegung, Basisnähe und so weiter und so weiter, sie haben die Chance, denen Taten folgen zu lassen und Zusammenhalt zu zeigen, indem dort alle den Patriotischen Aschermittwoch mit PEGIDA begehen. Das ist denen ihre Basis, das sind die Wähler, die 'se erreichen wollen, und es gibt keine bessere Möglichkeit.
>
> Und apropos Basis: Die Basis, also die Wähler, also das deutsche Volk, wird ja aktuell wieder richtig verarscht, von den Altparteien. Habt Ihr das alle mitbekommen, was in den letzten Tagen so los war? Erst kamen die Volksverräter von CDU und SPD, aus der kleinen Koalition, die da noch übrig ist, mit sogenannten ›Fahrplänen Ost‹ um die Ecke [Gelächter]. Da stellen sich mir als Demokrat und Bürger der Bundesrepublik Deutschland die Nackenhaare auf, die Parteien, die nämlich in den letzten Jahren ganz Deutschland heruntergewirtschaftet und Mitteldeutschland

zu ›Dunkeldeutschland‹ diffamiert haben, die sich die letzten dreißig Jahre einen *Scheiß* um Mitteldeutschland gekümmert haben, die es in den letzten dreißig, fast dreißig Jahren nicht hinbekommen haben, Löhne, Renten und andere Leistungen anzugleichen, kommen auf einmal um die Ecke mit Plänen für, darf ich das sagen: ›Osterweiterung‹ oder wie darf ich den Unsinn über dieses ominöse ›Ostdeutschland‹ immer verstehen, ich dachte, mittlerweile wären Polen, Tschechen, Slowenen und so weiter souveräne Staaten und teilweise sogar EU-Partner, jetzt kommen SPD und CDU mit Programmen für Ostdeutschland um die Ecke. Hallo! Sachsen, Thüringen, Brandenburg und so weiter sind *Mittel*deutschland! So heißt hier sogar der Rundfunk offiziell. [Grölen] Zwangsgebühren-finanzierter-Staats-Lügenfunk-Apparat, der heißt Mitteldeutscher Rundfunk. Und bevor Ihr politischen Maden, Ihr sitzt auch heimlich auf'm Klo, das weeß ich, das nicht begriffen habt, kann man Eure Pläne überhaupt nicht ernstnehmen. Wie gesagt, an die dreißig Jahre sind wir verschaukelt worden, Millionen Mitteldeutsche sind verschaukelt worden, und jetzt denkt Ihr, weil sich hier nun Widerstand regt in Mitteldeutschland und Euer Mist nicht mehr ohne Gegenwind hingenommen wird, Ihr könntet abermals mit Wahlversprechen aus Euren widerlichen Lügenmäulern Eure Sitze retten? Nix da! [Grölen, Jubel] Diesmal läuft das nicht. [Sprechchöre: Volksverräter! Volksverräter! Volksverräter! Volksverräter! Volksverräter! Volksverräter!] Hört Euch doch mal selber zu, Ihr CDU-Bonzen, SPD-Schranzen, Ihr linksgestörten Öko-Faschisten von den Grünen, und natürlich nicht zu vergessen die völlig formatlosen FDP-Lemminge da. Ihr alle kommt jetzt mit vollmundigen Versprechen um die Ecke, weil es ja um Stimmen, Posten und natürlich um Fleischtöpfe geht, und wenn es um die geht, dann ist Dunkeldeutschland auf einmal wieder Ostdeutschland, obwohl es eigentlich Mitteldeutschland ist, dann ist das interessant, dann geben sich die Speichellecker der Blutkanzlerin und ihrer Mittäter die Klinken in die Hand und kommen gar nicht mehr aus dem Schütteln ihrer schleimigen Pfoten raus. [Gelächter]

[…] Wichtig ist nun, dass wir patriotischen, konservativen Kräfte mit aller Kraft daran arbeiten, die Riesenschicht der Nicht-Wähler für die demokratische Veränderung in unserem Land zu

> aktivieren. Unendlich viele Bürger wurden aufgrund von Altparteienlügen, von gebrochenen Wahlversprechen, durch Betrug am Wähler bereits verloren, weil sie sich sagen: ›Ist doch egal, wen man wählt, es kommt ja doch immer dasselbe raus.‹ Und genau diese Menschen sind die Hauptzielgruppe, ihnen wieder eine Hoffnung zu geben, ein politisches Zuhause, und am Ende ihnen wieder eine Stimme zu geben, *und zwar eine Stimme, die dann auch das umsetzt*, völlig verrückte Idee, wenn ein Politiker mal umsetzt, was er im Wahlkampf versprochen hat. So wie Trump in Amerika. Das muss das Ziel sein. Diese Menschen zurückzuholen in den demokratischen Diskurs wird aber von Tag zu Tag schwerer, mit jeder Lüge und jedem Verbrechen der Regierungsbande, anders kann man sie nicht nennen, wird es härter, sie zurückzuholen. […] Deshalb müssen wir konservativen, patriotischen Bürger ganz fest zusammenhalten und dürfen uns nicht entzweien lassen, deshalb, und damit schließt sich der Kreis für meine heutige Ausführung, veranstalten wir auch genau diesen politischen Aschermittwoch am 6. März in Nentmannsdorf, wir hoffen auf zahlreiches Erscheinen, und bei gutem Essen, 'nem Bierchen oder 'nem Weinchen, guter Musik und vor allen Dingen guten Reden und Gesprächen mit Gleichgesinnten zusammenzusitzen und das zu tun aus Liebe zu unserem heiligen Deutschland, und deshalb kämpfen wir dann gemeinsam für Einigkeit und Recht und Freiheit, denn PEGIDA ist die Forderung zu bleiben, und Freunde, wir bleiben, bis wir siegen, und, Freunde, wir werden siegen. [Gegröle, Pfiffe, Beifall] Danke, Dresden. [Sprechchöre: Danke, Lutz! Danke, Lutz! Danke, Lutz!][26]

Bachmann redet wie bei einer Ansprache in einer Kneipe oder im Sportverein, ein bisschen humorig, ein bisschen ernst, recht drastisch im Ausdruck, vor Fäkalsprache nicht zurückschreckend, insgesamt sehr stark auf die Kumpanei mit seinen Zuhörern schielend, was diese auch dankbar annehmen (siehe die Sprechchöre). Der »Konservativ-Patriotische Aschermittwoch«, der wegen Differenzen mit der ADP, André Poggenburgs neugegründeter Partei noch rechts von der AfD, nach übereinstimmender Meinung der PEGIDA-Initiatoren im absoluten Desaster endete,[27] wird hier als lockerer, rechter Kameradschaftstreff ausgewiesen; es geht also gewissermaßen um eine Vereinigungskultur, wie sie auch schon die Nationalsozialisten intensiv betrieben hatten, jeder Berufsgruppe regelmäßige Kameradschaftsabende verordnend.

Die Isotopien des Textes (damit meint die Sprachwissenschaft durchlaufende Kerninhalte) sind deutlich erkennbar – einmal sind da »wir«, bzw. direkt angesprochen als »Ihr«, die »konservativen, patriotischen Bürger«, die Demobesucher oder Zuhörer und Zuschauer am Livestream, den PEGIDA inzwischen unterhält, ehrliche, biedere Menschen, denen man nichts vormachen kann, auch mit dem identitätsstiftenden Begriff »Mitteldeutsche« bezeichnet, deren Zusammenhalt erforderlich ist. Dem gegenüber steht das andere »Ihr«, die Gegner, die offiziellen Politiker, die nur mit Lug und Trug konnotiert und als »Volksverräter« bezeichnet werden, dem Unwort des Jahres 2016, das, erstmals von den Nationalsozialisten als Straftatbestand eingeführt, anders als »Landesverrat« das völkisch-nationale Element hervorkehrt.[28] Gegen die »Altparteien« gilt es die enttäuschten Nicht-Wähler zu mobilisieren, womit Bachmann dann eben doch ziemlich unverblümte Wahlwerbung für die AfD macht, denn diese spricht ebenfalls immer von »Altparteien«, sieht sich dagegen als neue »Bewegungspartei«.

Im Grunde ist die Herausstellung dieser Demarkationslinie zwischen ›wir‹ und ›ihr‹ geradezu klassisch für den Populismus (s.o.), hier allerdings mit dem Unterschied, dass Bachmann, bislang tatsächlich nirgendwo unmittelbar involviert, wirklich für sich beanspruchen kann, sich als Repräsentant einer protestierenden Menge zu äußern, der er selbst noch angehört. Er ist einer der Ihren, nicht irgendein der Basis entfremdeter Politiker. Das zeigt sich auch darin, dass er ›die Sprache des Volkes‹ spricht, betont unelaboriert und nicht immer fehlerfrei, dreimal in seiner Rede »kommen« die offiziellen Politiker mit etwas »um die Ecke«. Auch sonst sind alltagsprachliche Wendungen sein probates Mittel und selbstverständlich spart er nicht mit Beleidigungen und ziemlich platten, überzogenen Bildern, wenn er etwa von den

Speichelleckern »der Blutkanzlerin und ihrer Mittäter« spricht, die sich »die Klinken in die Hand« geben und »gar nicht mehr aus dem Schütteln ihrer schleimigen Pfoten raus« kommen. Die »Blutkanzlerin«, dieser Begriff wird bei Rechten häufig benutzt. Er bezieht sich unter anderem auf eine Kampagne, die durch einen martialischen Aufkleber propagiert wird: »Merkill – die Blutkanzlerin«, der Angela Merkel als blutverschmierten Zombie mit Hackebeil und Axt zeigt. Nach dem Begleittext des Aufklebervertriebs (in schwer fehlerhaftem Deutsch) wird sie so tituliert »wegen ihren irren Glaubens an #wirschaffendas und ihren manischen Trieb zum Machterhalt«, »de facto« seien »unzählige junge Mädchen für Merkels Weiterbleiben auf dem Kanzlerinnenthron umgebracht worden«[29] – unsägliche Geröllpropaganda, die Bachmann bei seinen Anhängern allerdings als bekannt voraussetzen kann. Der Inhalt seiner Rede lässt sich sehr knapp zusammenfassen: »Wir«, »das Volk«, »die Mitteldeutschen«, das »heilige Deutschland« – als synonyme identitäre Hochwörter gebraucht – müssen zusammenstehen, um den verbrecherischen Politikern das Handwerk zu legen. Wie das geschehen soll und was an die Stelle der jetzigen Staatsmacht treten soll, bleibt auch hier komplett ausgespart. Nur Unmutsäußerung. Unstillbarer Hass, sonst nichts.

Achtung vor den staatlichen Organen besteht offensichtlich nicht mehr, und das ist nicht nur bei PEGIDA und ihren Anhängern so, sondern ein gesellschaftliches Phänomen. Nun war der Respekt gegenüber den Herrschenden bei den proletarischen Massen vielleicht noch nie besonders groß. Aber dass solche drastischen Äußerungsformen heute im Rahmen öffentlicher Kundgebungen laut werden, die noch dazu vieltausendfach im Netz abgerufen werden, ist doch neu. Hass und Häme gegenüber allen Insignien oder Vertretern des Staates haben Einzug gehalten in Deutschland. Polizisten, Arbeitsamtmitarbeiter, Feuerwehrleute und Sanitäter werden in unfassbarer Weise bei ihrer Arbeit behindert, ja sogar tätlich angegriffen. Der *SPIEGEL* hat diesem Phänomen unlängst eine Titelgeschichte gewidmet, in der Bahnbegleiter, Notärzte, Sachbearbeiter u.a. über die verbalen und gewalttätigen Ausfälle Auskunft geben, mit denen sie mittlerweile immer häufiger konfrontiert werden.[30] Das Ausmaß der dort geschilderten Aggression ist erschreckend. Dass Wissenschaftler dafür den zunehmenden Druck in der neoliberalen Leistungsgesellschaft, wie wir ihn in Kapitel I.2 und I.3. skizziert haben, verantwortlich machen, kann nicht verwundern. Dennoch: Ebenso wie nicht jeder, der *Egoshooter*-Spielen frönt, zum Amokläufer wird, muss nicht jeder, der unter diesen Zuständen leidet, in derartiger Weise entgleisen, wie es heute bei vielen zum Normalzustand geworden ist. Die Reaktionen ufern völlig aus, und das ist oft, aber nicht immer ein Anzeichen rechter Gesinnung. Was an Gewaltphantasien in den Köpfen der Leute herumspukt, ist beängstigend, es ist, als stehe man wirklich kurz davor, in dunkle Zeiten zurückzufallen. Bei einer AfD-Kundgebung in Erfurt hatte der dortige Bischof die Verdunkelung des Domes angeordnet, was Björn Höcke weniger gefiel und auch seinen Zuhörern nicht so sehr: »Ein Zwischenrufer schlug unter Gelächter vor, den Bischof – wörtlich – ›an seinen Eiern an der Kirchenglocke‹ aufzuhängen.«[31] Doch mit solchen Verbalausfällen nicht genug; strafrechtlich relevante Tatbestände wie Morddrohungen sind, teils aus geringstem Anlass, heutzutage an der Tagesordnung. In Düsseldorf wollte eine Schule den Schülern auf anschauliche Weise das Energiesparen näherbringen und rief einen »Warmer-Pulli-Tag« aus, an dem die Heizung etwas niedriger gedreht werden sollte als normalerweise – die Konsequenz waren 200 Hassmails, die von »links-grüner Gehirnwäsche schon an Grundschule« phantasierten, auch hier inklusive der Empfehlung, die Schulleiterin wegen dieser Idee umzubringen.[32] Bei einem Länderspiel der deutschen Nationalmannschaft bedachten drei ›Fans‹ zwei türkisch- bzw. afrikanischstämmige Spieler mit rassistischen Beleidigungen – als ein Sportreporter sie zurechtwies und den Vorfall auf seinem Facebook-Account öffentlich machte, wurde ihm angedroht, man werde seine zweijährige Tochter vergewaltigen.[33]

Jüngst hat eine Umfrage des Polit-Magazins Report München unter 1000 Bürgermeistern erwiesen,[34] dass mehr als 40 Prozent der Kommunen Erfahrungen mit Hassmails und Morddrohungen gemacht haben. Auch hier sind die Anlässe dafür mitunter ziemlich belanglos, so etwa in Magdeburg: Weil wegen der Verlegung einer Straßenbahnlinie einige Bäume gefällt werden sollen, gelangen Zettel mit der Aufforderung »OB Trümper an den Galgen!« in Umlauf.[35] Der Magdeburger Oberbürgermeister hat ohnehin schon Erfahrung mit handgreiflichen Attacken, ebenso wie 8 Prozent der befragten Personen aus den kommunalen Verwaltungsspitzen. Der Mord an dem Kasseler Regierungspräsidenten Lübke hat gezeigt, dass die Schwelle, solche Hassverbrechen auch tatsächlich in die Tat umzusetzen, offensichtlich gesunken ist.

Fast täglich vermelden die Medien haarsträubende Nachrichten über rassistische, antidemokratische, rechtsextreme Ausfälle, kontinuierlich finden sich menschenverachtende Hetz- und Hasskommentare in zahlreichen Portalen, Chats und Newsrooms. Wissen die Leute nicht mehr, was sie da sagen? Oder ist es schlimmer: Sie wissen es und meinen es auch so? Man kann nicht absehen, wohin die Entwicklung führen wird.

Sicher aber ist, dass, so sehr gesellschaftliche Probleme diese Prozesse bedingen, die Neue Rechte eine klare Mitverantwortung dafür trägt, mit ihrer Ideologie, Strategie und Sprache. Sie hat Tabus gebrochen, Dämme gegen sprachliche Hetze eingerissen. Da Sprechen immer auch Handeln ist, muss man Schlimmes befürchten, wenn sich diese Richtung fortsetzt. Zwar sinkt die Kriminalität insgesamt, doch die Zahl kleinerer Gewaltdelikte steigt.[36] Die Gesellschaft erlebt eine Minderung der Reizschwelle, eine Brutalisierung des Ausdrucks, kleine Alltagsereignisse können zu maximalen Entladungen führen. Das ist nicht nur nicht schön, das ist sogar gefährlich. Es weckt alte Ängste: Was, wenn jemand kommt, der etwas führungsstärker ist als die jetzigen Funktionäre der AfD? Was, wenn dann alles wieder von vorn beginnt? Davor gefeit, als gebranntes Kind, scheinen wir Deutschen nicht.

Schluss – Quo vadis, Demokratie?

Dabei stehenzubleiben, wäre dann doch zu betrüblich. Noch existiert eine Zivilgesellschaft, die über solide Instanzen verfügt, auch wenn sie, etwa das Rechtssystem, auf das es hier besonders ankommt, stark unter Überlastung ächzen. Und da die extreme Rechte zuletzt so erfolgreich war im diskursiven Bereich, liegt es nahe, ihr auch dort besonders kompakt zu begegnen.

Man muss nun sagen, dass die demokratische Gesellschaft hier zuletzt sehr unglücklich agiert hat. Die Neuen Rechten einfach nur als Nazis, als Ewiggestrige abzutun, greift zu kurz und ist kontraproduktiv. Man darf den Gegner nicht unterschätzen. Wie wir gesehen haben, hat die Rechte in den letzten Jahren ein, wenn auch monothematisch ausgerichtetes, dennoch ausgebildetes Theoriekonglomerat entwickelt – ein, wenn man diese Perspektive annimmt, lückenloses Weltbild, das eine Generalerklärung für alle Krisen und Probleme der zeitgenössischen Gesellschaft liefert. Autoren wie Martin Lichtmesz, Martin Sellner und auch Götz Kubitschek rezipieren alle wichtigen theoretischen Ansätze, auch jene, die aktuell gegen sie gerichtet sind. Eine ähnlich gute Vorbereitung, d.h. eine Kenntnis der wichtigsten rechten Ideologeme, braucht es also auch auf der Seite ihrer Gegner.

Jenseits der Verteufelung muss man die direkte politische Auseinandersetzung suchen. Ganz falsch ist es, Diskussionen wie etwa die Theatergespräche in Zürich, wo der Chefideologe der AfD Marc Jongen auf dem Podium vertreten sei sollte, oder in Magdeburg, wo der Innenminister Sachsen-Anhalts Holger Stahlknecht mit Götz Kubitschek diskutieren sollte, einfach abzusagen.[1] Nach wütenden Protesten vonseiten der Öffentlichkeit, auch von Politikern der Grünen oder LINKEN, zogen die Theatermacher in beiden Fällen zurück, für den Theatermann und

Theoretiker Bernd Stegemann, den Thomas Wagner befragt hat, die denkbar schlechteste Reaktion:

> Offenbar befürchtet man, die eigene Position nicht so behaupten zu können, dass man am Ende als Sieger vom Platz geht. Dadurch wird meines Erachtens ungewollt ein beängstigendes Signal ausgesendet: Wir fühlen uns nicht mehr in der Lage, unsere politische Meinung öffentlich so potent zu vertreten, dass nicht Herr Kubitschek der Star des Abends ist, sondern die Verteidiger der offenen Gesellschaft.[2]

Solche Absagen nutzen die Rechten dazu, sich als Opfer zu stilisieren, denen vonseiten der Gesellschaft keinerlei Gesprächsbereitschaft entgegengebracht wird. Sie können sich auf diese Weise in ihrem eigenen Resonanzraum, ungestört von lästigen Gegenargumenten, als sachbezogene und objektive politische Denker inszenieren, denen eine Mauer aus Ressentiment entgegenschlägt. Das, obwohl doch in Wahrheit vor allem *ihre eigenen* Argumente ressentimentgeladen sind – dies herauszustellen, ist aber nur möglich, wenn man sich – gut vorbereitet – auf die Diskussion einlässt. Selbstverständlich ist das ein zweischneidiges Schwert, denn eine ›ehrliche Debatte‹ aus Sicht der Rechten ist eine, die unannehmbare Voraussetzungen wie die einer Überfremdung der deutschen Gesellschaft zum Ausgangspunkt des Gesprächs nimmt. Lässt man sich darauf nicht ein, ist man nicht debattierfähig. Diesen Widerspruch muss man kenntlich machen und auflösen.

Ausgrenzung jedenfalls verleiht ihnen übernatürliche Kraft, während das Gespräch dafür sorgen kann, dass eine Entzauberung einsetzt. Im Moment haftet dem Antaios-Kreis, der Identitären Bewegung, selbst einigen Politikern der AfD der Reiz des Prekären, ein Nimbus des Geheimnisvollen und Gefährlichen an. Das birgt eine gewisse Strahlkraft für viele, die das neoliberale Establishment ablehnen und daher in allen, die dieses Establishment zu seinen Feinden erkoren hat, also auch den extremen Rechten, natürliche Verbündete wähnen müssen. Wenn jedoch AfD-Politiker als normale Gäste in Talkshows auftreten und dort nicht automatisch als Parias behandelt, sondern mit politischen Argumenten bekämpft werden, zeigt sich schnell die Einseitigkeit ihrer Konzepte. Für die meisten politischen Sachthemen und gesellschaftlichen Problemlagen haben sie gar keine Lösungsansätze, und so werden sie schnell auf ein (sehr kleines) menschliches Maß zurechtgestutzt. Alexander Gauland hat hier des Öfteren eine schlechte Figur abgegeben, etwa im Sommerinterview mit ZDF-Chefredakteur Thomas Walde, der schlicht das Thema Migration außen vor ließ und andere politische Sachfragen aufs Tapet brachte, auf die Gauland kaum etwas zu antworten wusste.[3] Björn Höckes simple Provokation dagegen, bei Günther Jauch ein Deutschlandfähnchen zu hissen, in Wahrheit nur ein peinlicher Witz, wurde durch den Sturm der Entrüstung, der nachher losbrach, zur Widerstandsgeste.

Wenn Österreichs Grüne wegen eines Mäuerchens der Identitären vor ihrem Büro nach dem Verfassungsschutz rufen, werden Aktionen, die in Wahrheit gar nicht so viel hermachen, aufgebauscht, aus der Mücke wird ein Elefant. Das heißt, Moralisierung ist das falsche Mittel. Wenn man abweichende Meinungen sogleich mit einem Ausschlussverdikt belegt, vertieft man lediglich die Spaltung. Besonders schwerwiegend wird diese Taktik, die man im Umgang mit der extremen Rechten ja noch verstehen kann, weil sie nicht nur diese, sondern, unter dem Stichwort Identitätspolitik, immer mehr Kreise der Gesellschaft trifft. Unlängst hat sich die Fraktionsvorsitzende der Partei DIE LINKE Sahra Wagenknecht, von Mitgliedern ihrer eigenen Partei immer wieder unter Faschismus-Verdacht gestellt, weil sie es gewagt hatte, die Angst eingesessener Bewohner vor ökonomischer Konkurrenz durch Migranten zu thematisieren, zermürbt aus der ersten politischen Reihe zurückgezogen. Das sei stellvertretend genannt für viele Zerwürfnisse und Verwerfungen im Lager derer, die der extremen Rechten eigentlich einigermaßen geschlossen gegenübertreten sollten.

Dieser spielt man so unmittelbar in die Karten. Trumps ehemaliger Chefideologe Steve Bannon hat daraus geradezu eine

Strategie gemacht: »Je länger die Demokraten über Identitätspolitik sprechen, desto früher kriege ich sie«, spottete er in einem Interview. »Ich will, dass sie jeden Tag über Rassismus sprechen. Wenn die Linke sich auf die Themen Rasse und Identität konzentriert und wir uns auf ökonomischen Nationalismus, dann können wir die Demokraten zermalmen.«[4] Dieses Verfahren macht sich die extreme Rechte auch hierzulande zunutze, indem sie genüsslich auf den zahlreichen Widersprüchen der Identitätspolitik herumreitet und sie zur offiziellen Staatsideologie »hochjazzt«[5] – da immer mehr Menschen von deren Auswüchsen und der damit verbundenen Political Correctness als Diskursregulierung genervt sind, trifft sie auf offene Ohren.

Stuart Hall hat in einem berühmten Text bereits 1979 angesichts des damaligen Vormarsches der Rechten in Großbritannien eine maßgebliche Erkenntnis über den Erfolg des Populismus formuliert, die unverändert Aktualität besitzt. Dieser nämlich sei

> no rhetorical device or trick, for this populism is operating on *genuine contradictions, and it has a rational and material core.* [...] it addresses real problems, real and lived experiences, real contradictions – and yet is able to represent them within a logic of discourse which pulls them systematically into line with policies and class strategies of the Right. [*Hervorhebung E.S.*]«[6]

Hall spricht hier den Wahrheitskern an, der im rechten Diskurs steckt, und der liegt unleugbar darin, dass es diesem aktuell besser als dem linken gelingt, die wirtschaftlich prekäre Lage, die soziale Ungleichheit unter den Menschen, besonders in Ostdeutschland zu thematisieren. Es gelingt ihr besser, weil die Linke, inklusive der linksliberalen Sektion (SPD, Grüne), die ökonomische Frage zum Nebenwiderspruch degradiert hat. Stattdessen grassiert, oben haben wir es schon angesprochen, eine regelrechte Epidemie in Sachen Identität. Nancy Fraser nennt diese identitätspolitische Spielart deshalb zurecht einen »progressiven Neoliberalismus«[7] der dem wirtschaftlich basierten Neoliberalismus dabei hilft, die Gesellschaft zu atomisieren, die Menschen in vielfältige Einzelkonflikte zu verwickeln, die den – eigentlich viele einenden – Konflikt zwischen den Kapitaleignern und jenen, die ihre Arbeitskraft feilbieten, effektiv verwischen. Mit Folgen: »Entsolidarisierte Menschen sind willfährige Arbeiter und sehnsüchtige Konsumenten, sie sind aber auch angsterfüllte Wutbürger und Verzweifelte, die nach einfachen Lösungen suchen.«[8] Dies ist ein realer Widerspruch. Die Antwort der Rechten, die darin besteht, den Konflikt zu kulturalisieren und die Einwanderer zu Sündenböcken für die soziale Schieflage zu machen, ist natürlich falsch und führt zu nichts. Und das gilt es mit großer Deutlichkeit herauszustellen: Dass es tatsächlich eine Konkurrenzsituation zwischen Einheimischen und Zugezogenen gibt, ist fraglich – schon allein die bürokratischen Hürden, die, auch für anerkannte Asylanten, zu überwinden sind, um in Deutschland eine geregelte Arbeit aufzunehmen, sind sehr hoch. Meist brauchen sie viele Jahre, bis sie endlich die Chance bekommen, in den deutschen Arbeitsmarkt integriert zu werden. Wie sollten sie da eine Konkurrenz für die Einheimischen darstellen? Nachvollziehbar ist aber das Argument, dass Menschen, die zum Beispiel die demütigende Erfahrung der Arbeitslosigkeit gemacht haben, es als Deklassierung empfinden, wenn sie im Falle eines erneuten Jobverlusts nach nur einem Jahr den Flüchtlingen finanziell quasi gleichgestellt sind. Diese Empfindung mag subjektiv und fehlgeleitet sein, weil sie einen biologisch definierten Versorgungsanspruch voraussetzt, dennoch ist sie real, und es kommt also darauf an, diesen Menschen klarzumachen, dass sie und die Flüchtlinge faktisch im selben Boot sitzen und daher sogar identische Interessen haben.

Auf dem Wohnungsmarkt schlägt die sogenannte Flüchtlingskrise inzwischen in der Tat stark durch – nicht etwa, weil, wie die Rechte behauptet, Asylbewerber den Deutschen die Wohnungen wegnähmen (die in Wirklichkeit bei einer privaten Wohnungsbesichtigung sicher eher stark benachteiligt werden), sondern weil das Angebot an bezahlbarem Wohnraum einfach unübersehbar verknappt ist – aufgrund der schlichten Zahl der benötigten Wohnungen im unteren Preissegment und der gegenläufigen Entwicklung, dass immer mehr bezahlbare Wohnungen in Luxusimmobilien umgewandelt oder gleich zu reinen Spekulationsobjekten werden. Es geht also um nicht weniger als die Wiederentdeckung der sozialen Frage. Wenn Rechte wie Benedikt Kaiser diese bereits für sich reklamieren, ist es allerhöchste Zeit. Mittlerweile hat sich diese Erkenntnis selbst bei der SPD schon durchgesetzt, zumindest argumentieren Programmatiker wie Nils Heisterhagen verstärkt in diese Richtung.

Es muss aber auch beim Sprechen über die Migration eine größerer Objektivität einsetzen – lange Zeit, zumindest bis zur Kölner Silvesternacht, verfuhren Politiker und viele Medienvertreter nach dem Motto, dass nicht sein kann, was nicht sein darf. Und das erboste Teile der Bevölkerung, denn sie bekamen den Eindruck, Tatsachen wie kriminelle Taten von Flüchtlingen würden verschwiegen – wohingegen die Linke fast über jedem Bericht, der Verbrechen von Zuwanderern meldete, gleich in Zeter und Mordio ausbrach und eine generelle Verunglimpfung von Flüchtlingen argwöhnte. Das heißt, selbstverständlich muss man massiv gegen die Pauschalisierungen der AfD und anderer Rechter vorgehen, dass alle Flüchtlinge Kriminelle und potenzielle Vergewaltiger seien. Man darf aber auch nicht so tun, als gäbe es Kriminalität unter Flüchtlingen überhaupt nicht, oder etwa versuchen, von Migranten verübte Delikte per se durch die ganz sicher schlechte Unterbringung in den Auffanglagern und die Perspektivlosigkeit zu entschuldigen und sie damit letztlich zu entschulden. Selbstverständlich werden einige Menschen – ein winziger Teil der Gesamtheit – in dieser Lage straffällig. Es werden übrigens auch Einheimische straffällig, und statistisch ist der reale Unterschied nicht groß. Sämtlichen Flüchtlingen prinzipiell nur positive menschliche Eigenschaften zu unterstellen ist ebenfalls eine Form von Rassismus, die große Teile der Linken lange Zeit praktiziert haben und teilweise immer noch praktizieren. Man nimmt ihnen damit die Individualität und spricht ihnen die Fähigkeit zur eigenen, ethischen Entscheidung ab – ein gruppenbezogener »Persilschein« quasi. Dem rechten Populismus verschafft diese naive Vereinheitlichung zudem eine fruchtbare Grundlage. Das vielzitierte Wort Angela Merkels »Wir schaffen das« beinhaltet schon die Wahrheit, dass die Integration von so vielen Menschen eben nicht einfach und selbstverständlich ist, sondern dass sie das Land vor eine Aufgabe stellt, die bewältigt werden muss – was natürlich auch Probleme und Schwierigkeiten mit sich bringt.

Auf derselben Linie liegt die Blindheit der linksliberalen Öffentlichkeit gegenüber fundamentalistischen und ultraorthodoxen Auslegungen des Islams. Manche begreifen ja sogar die *Hamas* noch als legitimen Ausdruck des antiimperialistischen Kampfes. Menschen, die offene Kritik am Salafismus üben, sehen sich nicht selten einer vehementen Stigmatisierung durch linksliberale Kreise ausgesetzt. Volker Weiß erwähnt beispielsweise den algerischen Journalisten und Intellektuellen Kamel Daoud, der darauf hinwies, dass die Sozialisation arabischstämmiger Immigranten in Teilen dem europäischen Wertesystem widerspreche und daher eine gewisse Akkulturation erforderlich sei, worauf ihm eine geschlossene Front französischer Intellektueller entgegentrat, mit der Folge, dass Daoud, der unter Lebensgefahr seiner Arbeit in Algerien nachging, gleich ganz verstummte. Hier zeigt sich: »Aus der ständigen Betonung des Respekts vor den angeblichen Traditionen und Identitäten sowie der Warnung, diese aufgrund eines postkolonialen Gefälles zu kritisieren, spricht ein tief konservatives Menschenbild.«[9] Dasselbe gilt für Diskussionen über die Rolle der Frau in der arabischen Welt und in allen konservativen Formen des Islams, auch hierzulande. Gerade Frauen argumentieren dann häufig, sie seien in Deutschland derselben Benachteiligung, demselben alltäglichen Sexismus ausgesetzt wie die Frauen dort. Das aber verkennt mutwillig den Unterschied zwischen weitgehender Selbstbestimmung und vollkommener Fremdbestimmung.[10] Man sollte also nicht so tun, als könne das in Teilen völlig andere

Frauenbild des Islams nicht auch bei uns ein Problem sein. Sicher sind sehr viele Muslime, wenn sie nicht ohnehin hier geboren sind, mit der hiesigen, grundgesetzlich verankerten Gleichberechtigung der Frau vertraut und haben sie auch vollständig verinnerlicht. Aber zu negieren, dass es auch Gruppen gibt, die das überhaupt nicht so sehen, und zwar sehr viel radikaler als deutschstämmige Machos, wäre blauäugig. Und Probleme einfach zu verschweigen bzw. Kritiker mundtot machen zu wollen, war noch nie eine Lösung.

Es geht also darum, die Argumente der Rechten aufzugreifen, sie zu prüfen und zu widerlegen – das funktioniert aber eben nur, wenn man bereit ist, sich vorurteilsfrei mit den Realitäten zu befassen. Wenn dabei bestimmte Problemkonstellationen erkannt werden, müssen diese auch offen diskutiert werden, um Lösungsmöglichkeiten erarbeiten zu können. Die zutiefst intellektfeindliche Praxis einer aus dem Ruder gelaufenen Identitätspolitik behindert eine solche Auseinandersetzung und verewigt die Widersprüche.

So – schaffen wir das nicht!

Danksagung

Der Autor dankt Matthias Kordes, Ingar Solty, Bernd Stegemann und Thomas Wagner für Ratschläge, Literaturhinweise und die Bereitstellung weiterer Materialien – und Julia Aparicio Vogl für ihr ebenso konsequentes wie professionelles Lektorat.

Anmerkungen

1 Vgl. die stark nostalgische Gesprächsrunde, die Götz Kubitschek und seine Frau Ellen Kositza 2013 mit Gesinnungsgenossen in ihrem Domizil in Schnellroda veranstalteten, veröffentlicht unter dem vielsagenden Titel *Tristesse droite* (hg. von Kositza/Kubitschek, Schnellroda: Antaios 2015). Vor gerade mal sechs Jahren sahen sich die Gesprächsteilnehmer noch als »Milieugröße[n], aber ohne Bedeutung nach außen« (Ellen Kositza, S. 63) oder (Thorsten Hinz): »Was heißt heute rechts? Täglich die neuesten Niederlagen zu notifizieren, ihre Bedeutung aufzuzeigen, ohne zu heulen.« Inzwischen hat diese Gruppe deutlich mehr Oberwasser bekommen, Kubitschek trat mehrfach als Gastredner bei PEGIDA-Kundgebungen auf und gilt als Berater der AfD (nach: Sonja Angelika Strube: »Christliche Unterstützer der AfD. Milieus, Schnittmengen, Allianzen« in: Stefan Orth/Volker Resing (Hg.): *AfD, Pegida und Co. Angriff auf die Religion?*, Freiburg i.Br.: Herder 2017, S. 58–71, hier 65), die er anfangs – etwa in den hier dokumentierten Gesprächen – eher spöttisch betrachtete.

2 Vgl. Matthias Drobinski: »Die Reinheitsfanatiker«, in: *Süddeutsche Zeitung* (13./14./15. 8. 2016), https://www.sueddeutsche.de/leben/essay-ueber-die-alternative-fuer-deutschland-reinheitsfanatiker-1.3116392?reduced=true; 15. 12. 2018 (die Angabe bezieht sich jeweils auf dem letzten Zugriff durch den Verfasser).

3 Der Begriff ›identitär‹ ist im *Duden* nicht vorgesehen, nach Maßgabe der Wortbildungsregeln könnte man ihn als ›sich mit der eigenen Identität identifizierend‹ definieren. Zugleich spielt der Begriff eine Rolle in der Demokratietheorie, eine identitäre Demokratie meint dann eine utopische Staatsform, in der Herrschende und Beherrschte identisch sind, also etwa Formen direkter Demokratie, in denen sämtliche Entscheidungen von allen Bürgern getragen werden.

4 Volker Weiß: *Die autoritäre Revolte. Die NEUE RECHTE und der Untergang des Abendlandes*, Stuttgart: Cotta 2017, S. 106.

5 Vgl. dazu z.B.: Christoph Butterwegge: »Deshalb verharmlost die Bundesregierung soziale Ungleichheit«, in: https://www.focus.de/politik/experten/butterwegge/5-armuts-und-reichtumsbericht-

deshalb-verharmlost-die-bundesregierung-soziale-ungleichheit_id_6945836.html; 15. 11. 2018.

6 Nach der verkürzten Zusammenfassung, in: Bundesministerium für Arbeit und Soziales (Hg.): *Lebenslagen in Deutschland. Der Fünfte Armuts- und Reichtumsbericht der Bundesregierung*, Bonn (April 2017), in: https://www.armuts-und-reichtumsbericht.de/DE/Bericht/Der-fuenfte-Bericht/Der-Bericht/der-bericht.html, S. 13; 15. 11. 2018.

7 Ulrich Beck: *Risikogesellschaft. Auf dem Weg in eine andere Moderne*, Frankfurt a. M.: Suhrkamp 1986, S. 122.

8 Oliver Nachtwey: *Die Abstiegsgesellschaft. Über das Aufbegehren in der regressiven Moderne*, Frankfurt a.M.: Suhrkamp 2016.

9 Klaus Dörre: »Prekäre Arbeit. Unsichere Beschäftigungsverhältnisse und ihre sozialen Folgen«, in: *Arbeit. Zeitschrift für Arbeitsforschung, Arbeitsgestaltung und Arbeitspolitik* 3 (2006), S. 181–193, hier 188.

10 Jörg Matthes: *Framing. Konzepte. Ansätze der Medien- und Kommunikationswissenschaft*, Baden-Baden: Nomos 2014, S. 10–12.

11 Elisabeth Wehling: *Politisches Framing. Wie eine Nation sich ihr Denken einredet – und daraus Politik macht*, Köln: Halem 2016, S. 42.

12 Horst Dieter Schlosser: *Sprache unterm Hakenkreuz. Eine andere Geschichte des Nationalsozialismus*, Köln: Böhlau 2013, S. 90.

13 Vgl. etwa Weiß 2017; Thomas Wagner: *Die Angstmacher. 1968 und die Neuen Rechten*, Berlin: Aufbau 2017.

14 Schlosser 2013, S. 24.

I Populismus und soziale Lage

1. Populismus und Populisten …

1 Lukas Thommen: »Populus, plebs und populares in der römischen Republik«, in: Richard Faber/Frank Unger (Hg.): *Populismus in Geschichte und Gegenwart*, Würzburg: Königshausen & Neumann 2008, S. 31–41, hier 35.

2 Bernd Stegemann: *Das Gespenst des Populismus*, Berlin: Theater der Zeit 2017, S. 35.

3 Ebd., S. 54.
4 Vgl. Kolja Möller: »Ein postheroischer Populismus? Zum Verhältnis von Populismus und Reflexivität«, in: Andreas Fischer-Lescano/Hannah Franzki/Johan Horst (Hg.): *Gegenrechte: Recht jenseits des Subjekts*, Heidelberg: Mohr-Siebeck 2018, 277–299, S. 283 f.
5 ›Die Bauern dieses Landes haben gearbeitet, und andere machen die Gesetze (…), der Nicht-Produzent wird reich und die Produzenten sind arm geworden.‹ Zit. nach: Margaret Canovan: *Populism*, New York/London: Steck Vaughn Co. 1981, S. 26.
6 Möller 2018, S. 283.
7 Vgl. Frank Unger: »Populismus und Demokratie in den Vereinigten Staaten von Amerika«, in: Faber/Unger 2008, S. 57–78, hier 70 f.
8 Ebd., S. 71.
9 Ebd., S. 72.
10 Ebd.
11 Möller 2018, S. 285.
12 Vgl. Ingar Solty: »Donald Trump – ein amerikanischer Faschist? Legitimationskrise, Repräsentationskrise und rechter Populismus in den USA«, in: *Sozialismus* 43.1 (2016), S. 2–7, insbes. 5–6.
13 Nach Möller 2018, S. 288 f.
14 Vgl. dazu etwa: Phlipp Seibt: »So unsozial ist die AfD«, in: *Spiegel-online* (14. 3. 2016), http://www.spiegel.de/wirtschaft/soziales/afd-wirtschaftsprogramm-streichen-kuerzen-abschaffen-a-1082252.html; Martin Greive: »Alternative für Reiche? Wo die AfD sparen will«, in: *Welt* (16. 3. 2016), https://www.welt.de/politik/deutschland/article153335239/Alternative-fuer-Reiche-Wo-die-AfD-sparen-will.html; Zugriff jeweils 12. 12. 2018.
15 Nach dem *Grundsatzprogramm der AfD*, in: https://www.afd.de/wp-content/uploads/sites/111/2018/01/Programm_AfD_Druck_Online_190118.pdf, S. 132 f.; 12. 12. 2018.
16 Vgl. zur Neoliberalisierung der Sozialdemokratie: Ingar Solty: »The Historic Significance of the New German Left Party. Neoliberal transformation of social democracy«, in: *Socialism and Democracy* 22.1 (March 2008), S. 1–34, hier 4–12; ders.: »Transformation des deutschen Parteiensystems und europäische, historische Verantwortung der Linkspartei«, in: *Das Argument – Zeitschrift für Philosophie und Sozialwissenschaften* 271/49.3 (2007), 329–347.

17 Stegemann 2017, S. 54.
18 Ingar Solty: »Gesellschaftliche Ursachen. Über ohnmächtigen und gegenmächtigen Antifaschismus«, in: *Neues Deutschland* (19.10.2015).
19 Stegemann 2017, S. 29.
20 Carl Schmitt: *Der Begriff des Politischen*, Berlin: Duncker & Humblot 1932, hier zit. nach: [8]2009, S. 26.
21 Victor Klemperer: *LTI*, Leipzig: Reclam 1975, S. 208 f.

2. Gesellschaft im Abstieg: Soziale Lage und Arbeitswirklichkeit

1 Vgl. dazu: *Thomas Lühr: Prekarisierung und »Rechtspopulismus«. Lohnarbeit und Klassensubjektivität in der Krise*, Köln: Papyrossa 2011.
2 Nach Holger Lengfeld: »Die ›Alternative für Deutschland‹: eine Partei für Modernisierungsverlierer?«, in: *Kölner Zeitschrift für Soziologie und Sozialpsychologie*, 69.2 (2017), S. 209–232, https://doi.org/10.1007/s11577-017-0446-1; darauf aufbauend: Martin Schröder: »AfD-Unterstützer sind nicht abgehängt, sondern ausländerfeindlich«, *SOEPpaper Multidisciplinary Panel Data Research* 975 (2018), https://www.diw.de/documents/publikationen/73/diw_01.c.595120.de/diw_sp0975.pdf; Zugriff jeweils 29.11.2018, sowie Verena Hambauer / Anja Mays: »Wer wählt die AfD? Ein Vergleich der Sozialstruktur, politischen Einstellungen und Einstellungen zu Flüchtlingen zwischen AfD-WählerInnen und den WählerInnen der anderen Parteien«, in: *Zeitschrift für Vergleichende Politikwissenschaft* 12.1 (2018), S. 133–154.
3 Ebd., S. 1.
4 Zusammengefasst in: Daniel Wüstenberg: »Bildung, Beruf, Herkunft: Wer für die AfD stimmte«, in: *Stern* (25.9.2017), https://www.stern.de/politik/deutschland/afd-waehler--nicht-nur-maennlich--ostdeutsch--ungebildet-7634746.html; 29.11.2018.
5 Inzwischen gibt es weitere Studien, die dem Befund Holger Lengfelds in Teilen widersprechen und durchaus auch die soziale Situation der ›Modernisierungsverlierer‹ für die Wahlpräferenz AfD verantwortlich machen: Thomas Lux: »Die AfD und die unteren Statuslagen. Eine Forschungsnotiz zu Holger Lengfelds Studie Die ›Alternative für Deutschland‹: eine Partei für Modernisierungsver-

lierer?«, in: *Kölner Zeitschrift für Soziologie und Sozialpsychologie*, 70.2 (Juni 2018), S. 255–273, https://doi.org/10.1007/s11577-018-0521-2; Susanne Rippl/Christian Seipel: »Modernisierungsverlierer, Cultural Backlash, Postdemokratie«, in: ebd., S. 237–254, https://doi.org/10.1007/s11577-018-0522-1; Zugriff jeweils 29.11.2018.

6 Nach: Hambauer/Mays 2018, Tabelle 14 im Anhang.

7 Vgl. ebd., Tabelle 15.

8 Vgl. dazu die brit. Autoren Pippa Norris/Ronald Inglehart: *Cultural Backlash: Trump, Brexit, and the Rise of Authoritarian Populism*, New York: Cambridge University Press 2019.

9 Rippl/Seipel 2018, S. 240.

10 Philipp Manow: Die *Politische Ökonomie des Populismus*, Frankfurt a. M.: Suhrkamp 2018, S. 99.

11 Ebd., S. 88.

12 Hans-Ulrich Wehler: *Die neue Umverteilung. Soziale Ungleichheit in Deutschland*, München: C.H. Beck 2013, S. 32.

13 Nachtwey 2016, S. 11.

14 Manow 2018, S. 75.

15 Vgl. dazu zuletzt Petra Köpping: *Integriert doch erst mal uns! Eine Streitschrift für den Osten*, Berlin: Christoph Links 2018.

16 An diesem klaren Befund ändern auch beschönigende Eingriffe der jeweilig Regierenden nichts: Der Armuts- und Reichtumsbericht 2012 war bekanntlich zeitweilig auf Betreiben des damaligen Bundeswirtschaftsministers Philipp Rösler unterdrückt und später in einer entschärften Fassung veröffentlicht worden, doch die entscheidenden Zahlen waren bereits durchgesickert. Demnach vereinten »die vermögensstärksten zehn Prozent der Haushalte über die Hälfte des gesamten Nettovermögens auf sich«. Der Anteil dieses obersten Zehntels sei dabei »im Zeitverlauf immer weiter gestiegen« (Zitate aus der ersten Fassung des Armuts- und Reichtumsberichts, hier zit. nach: Tom Öchsner: »Reiche trotz Finanzkrise immer reicher«, in: *Süddeutsche Zeitung* (17.5.2013), https://www.sueddeutsche.de/wirtschaft/neuer-armuts-und-reichtumsbericht-der-bundesregierung-reiche-trotz-finanzkrise-immer-reicher-1.1470673; 24.5.2019. Dort heißt es weiter: »1998 belief er [der Anteil des obersten Zehntels, Anm. E.S.] sich laut den amtlichen Zahlen auf 45 Prozent, 2008 war in den Händen dieser Gruppe der reichsten Haushalte bereits mehr als 53 Prozent des Nettogesamtvermögens. Die untere Hälfte der Haushalte verfüge über nur gut

ein Prozent des gesamten Nettovermögens, heißt es in dem Bericht weiter.«) Der neueste Bericht verzeichnet ähnliche Zahlen, indem nun die reichsten 10 % der Bevölkerung 51,9 % des Nettogesamtvermögens besitzen, die ärmere Hälfte der Bevölkerung gerade mal 1 % (vgl. Bundesministerium für Arbeit und Soziales (Hg.): *Lebenslagen in Deutschland. Der Fünfte Armuts- und Reichtumsbericht der Bundesregierung, Bericht*, Bonn (April 2017), S. 507 f.).

17 Der Paritätische Gesamtverband: *Menschenwürde ist Menschenrecht. Bericht zur Armutsentwicklung in Deutschland*, https://www.der-paritaetische.de/schwerpunkte/armutsbericht/download-armutsbericht/?L=0, S. 9; 30.11.2018.

18 Vgl. dazu: »Kritik an Essener Tafel nach Aufnahmestopp«, in: *Zeit* (23.2.2018), https://www.zeit.de/gesellschaft/zeitgeschehen/2018-02/essen-essener-tafel-aufnahmestopp-migranten-deutschland; 30.11.2018.

19 Edeltraut Hoffmann/Ulrich Walwei: »Normalarbeitsverhältnis: ein Auslaufmodell?«, in: *Mitteilungen aus der Arbeitsmarkt- und Berufsforschung. Schwerpunktheft: Wandel der Organisationsbedingungen von Arbeit*, 31.3 (1998), S. 409–425, hier 409.

20 Vgl. dies.: *Strukturwandel der Erwerbsarbeit – was ist eigentlich noch ›normal‹? IAB-Kurzbericht* 14, Nürnberg: IAB 2000, http://www.iab.de/194/section.aspx/Publikation/k001108n01; 30.11.2013.

21 Eyko Ewers: *Arbeit als Lebensinhalt? Zur Situation von Gründern und Mitarbeitern kleiner IT-Unternehmen*, Diss. FU Berlin 2005, S. 91 u. 96, https://refubium.fu-berlin.de/handle/fub188/11151; 4.12.2018.

22 Olaf Petersen: *Unternehmensentwicklung zwischen Hierarchie und Egalität: Dynamik, Konflikte und Commitment in IT-Startups*, Diss. FU Berlin 2005, S. 19, https://refubium.fu-berlin.de/handle/fub188/12946.

23 Fredmund Malik: »Zielvereinbarungen« in: Hans-Jörg Bullinger/Hans-Jürgen Warnecke (Hg.): *Neue Organisationsformen in Unternehmen. Handbuch*, Berlin u.a.: Springer 1996, S. 861–869, hier 869.

24 Vgl. dazu Günther Voß/Hans. G. Pongratz: »Der Arbeitskraftunternehmer. Eine neue Grundform der ›Ware Arbeitskraft‹?«, in: *Kölner Zeitschrift für Soziologie und Sozialpsychologie* 50.1 (1998), S. 131–158.

25 Walter Volpert: »Psychologie der frei flottierenden Arbeitskraft« in: Manfred Moldaschl/Günther Voß (Hg.): *Subjektivierung von Arbeit*, München/Mering: Hampp 2002, S. 261–269, hier 269.

26 So hat sogar die Deutsche Unfallversicherung bereits eine Infobroschüre zu diesem Thema veröffentlicht: *Ständige Erreichbarkeit: Wie belastet sind wir? Ursachen und Folgen ständiger Erreichbarkeit*, https://publikationen.dguv.de/dguv/pdf/10002/2012_01_iag_report.pdf; 4.12.2018. Vgl. dazu u.a.: Alain Ahrenberg: *Das erschöpfte Selbst. Depression und Gesellschaft in der Gegenwart*, Frankfurt a.M.: Campus 2015.

27 Ulrich Bröckling: *Das unternehmerische Selbst: Soziologie einer Subjektivierungsform*, Frankfurt a.M.: Suhrkamp 2007.

28 Sighart Nettel/Greta Wagner: *Leistung und Erschöpfung. Burn Out in der Gegenwartsgesellschaft*, Berlin: Suhrkamp 2013, S. 14.

29 Vgl. epd/nd: »Immer mehr Krankentage wegen psychischer Leiden«, in: *Neues Deutschland* (26.3.2019), https://www.neues-deutschland.de/artikel/1115310.anfrage-der-linken-immer-mehr-krankentage-wegen-psychischer-leiden.html; 26.4.2019.

30 Ingar Solty/Enno Stahl: »Vorwort«, in: Klaus Kock/Hanneliese Palm/Ingar Solty/Enno Stahl (Hg.).: *Literatur in der neuen Klassengesellschaft. Richtige Literatur im Falschen 4*, Essen: Klartext 2019 (i.Dr.).

31 Hans-Christian Dany: *Morgen werde ich Idiot. Kybernetik und Kontrollgesellschaft*, Hamburg: Nautilus 2013, S. 92 u. 71.

32 Nachtwey 2016, S. 139.

33 Robert Castel: *Die Metamorphosen der sozialen Frage. Eine Chronik der Lohnarbeit*, Konstanz: UVK 2000, S. 360f.

34 Vgl. Nachtwey 2016, S. 150.

35 Georg Simmel: »Soziologie. Untersuchungen über die Formen der Vergesellschaftung«, in: ders.: *Gesamtausgabe*, Bd. 11, Frankfurt/M.: Suhrkamp 1992, S. 676.

36 Nachtwey 2016, S. 151.

37 Berthold Vogel: *Wohlstandskonflikte. Soziale Fragen, die aus der Mitte kommen*, Hamburg: Hamburger Edition 2009, S. 37.

38 N.N.: »Deutschland ist nur noch Vorletzter bei Geburtenrate«, in: *Welt* (11.6.2016), https://www.welt.de/politik/deutschland/article156140049/Deutschland-ist-nur-noch-Vorletzter-bei-Geburtenrate.html; auch nach anderen Studien bleibt Deutschland immer unter dem europ. Durchschnitt, s. eine Seite der Bundeszentrale für politische Bildung: http://www.bpb.de/nachschlagen/zahlen-und-fakten/europa/70512/geburtenziffer; nach einer Liste des CIA rangiert Deutschland immerhin noch auf Platz 213 von

226 Ländern weltweit: https://www.cia.gov/library/publications/the-world-factbook/rankorder/2054rank.html; Zugriff jeweils 5.12.2019.

39 Bertelsmann Stiftung (Hg): *Mittelstand unter Druck?*, bearb. v. Christoph Burkhardt, Markus M. Grabka, Olaf Groh-Samberg, Yvonne Lott, Steffen Mau, Gütersloh: Bertelsmann 2013, S. 12.

40 Vgl. Nachtwey 2016, S. 76.

41 Ebd., S. 140.

42 Pierre Bourdieu: *Die feinen Unterschiede*, Frankfurt a.M.: Suhrkamp 1982, S. 248.

43 Wehler 2013, S. 86 f.

44 Bourdieu 1982, S. 195.

45 Vgl. auch Wehler 2013, S. 109.

46 Didier Eribon: *Die Rückkehr nach Reims*, Berlin: Suhrkamp 2016, S. 44.

3. Das Unbehagen in der (neo-)liberalen Kultur

1 Colin Crouch: *Postdemokratie*, Frankfurt a.M.: Suhrkamp 2008, hier zitiert nach der Lizenzausgabe für die Bundeszentrale für politische Bildung, Bonn 2008, S. 10.

2 Ebd., S. 32.

3 Ebd., S. 12.

4 Ebd., S. 30.

5 Eribon 2016, S. 121 u. 120.

6 Nachtwey 2016, S. 107.

7 Vgl. dazu: Klaus Dörre/Sophie Bose/John Lütten/Jakob Köster: »Arbeiterbewegung von rechts? Motive und Grenzen einer imaginären Revolte«, in: *Berliner Journal für Soziologie*, online first: https://doi.org/10.1007/s11609-018-0352-z (22.5.2018); 6.12 .2018.

8 Marcel Fratzscher: *Verteilungskampf. Warum Deutschland immer ungleicher wird*, München: Carl Hanser 2016, S. 35.

9 Vgl. dazu Enno Stahl: *Diskurspogo. Über Literatur und Gesellschaft*, Berlin: Verbrecher Verlag 2013, darin insb. die Aufsätze: »Literatur in Zeiten der Umverteilung«, »wir schlafen nicht+ New Economy und Literatur«, »Kneipenjobber und Kulturschaffende«, »Realismus und literarische Analyse«.

10 Vgl. dazu Solty/Stahl 2019.

11 Cornelia Koppetsch: »Aufstand der Etablierten? Rechtspopulismus und gefährdete Mitte«, in: *Soziopolis* (12.4.2017), S. 3 u. 7, https://soziopolis.de/beobachten/kultur/artikel/aufstand-der-etablierten/; 6.12.2018.
12 Nancy Fraser: »Für eine neue Linke oder: Das Ende des progressiven Neoliberalismus«, in: *Blätter für deutsche und internationale Politik* 62.2 (2017), S. 71–76, hier 71, https://www.blaetter.de/archiv/jahrgaenge/2017/februar/fuer-eine-neue-linke-oder-das-ende-des-progressiven-neoliberalismus; 6.12.2018..
13 Vgl. dazu auch Nachtwey 2016, S. 76f.
14 Koppetsch 2017, S. 9.
15 Bourdieu 1982, S. 238.
16 Ebd., S. 9f.
17 Dörre/Bose/Lütten/Köster 2018, S. 11.
18 Ebd., S. 25.
19 Zit. nach: ebd., S. 16.
20 Ebd.
21 Vgl. Stuart Hall: *Ausgewählte Schriften. Ideologie, Medien, Kultur, Neue Rechte, Rassismus*, Hamburg: Argument 1989, S. 56–91.
22 Stegemann 2017, S. 49.
23 Ebd., S. 51.
24 Guillaume Paoli: *Die lange Nacht der Metamorphose. Über die Gentrifizierung der Kultur*, Berlin: Matthes & Seitz 2017, S. 52.
25 Ebd., S. 20.
26 Nach: Florian Gathmann: »Gabriel über Rassisten in Heidenau ›Das ist Pack‹«, in: *Spiegelonline* (24.8.2015), http://www.spiegel.de/politik/deutschland/heidenau-sigmar-gabriel-besucht-fluechtlingsunterkunft-a-1049582.html; 11.12.2018.
27 Nach: Stefan Berg: »Gabriel gegen Ausländerhasser. Das ›Pack‹-Problem«, in: *Spiegelonline* (27.8.2015), http://www.spiegel.de/politik/deutschland/fluechtlinge-das-pack-problem-kommentar-a-1049965.html; 11.12.2018.

II Gegen die Hegemonie: Rechte Diskursstrategien

1 Nach: Anna Brausam: »Todesopfer rechter Gewalt seit 1990«, http://www.opferfonds-cura.de/zahlen-und-fakten/todesopfer-rechter-gewalt/; 8.2.2019 – hier ist die Zählungs-Problematik ausführlich dargestellt, am Ende des Textes folgt eine Opferliste, bei der jeweils markiert ist, ob der/die Getötete auch staatlicherseits als Opfer rechter Gewalt eingestuft wird. Alle Fälle sind zudem einzeln dokumentiert.

2 In der AfD gibt es seit dem 7. Oktober 2018 sogar die Vereinigung ›Juden in der AfD‹ (JAfD).

3 Samuel Salzborn: *Rechtsextremismus*, Baden-Baden: Nomos 2015, S. 64.

4 Nach: Kai Biermann/Philip Faigle/Astrid Geisler/Karsten Polke-Majewski/Martín Steinhagen: »Die Scheinriesen«, in: *Die Zeit* (26.4.2017), https://www.zeit.de/politik/deutschland/2017-04/identitaere-bewegung-rechtsextremismus-neonazis-mitglieder; als/afd: »Identitäre begingen mehr als hundert Straftaten«, in: *Spiegelonline* (24.8.2018), https://www.spiegel.de/politik/deutschland/rechtsextremismus-identitaere-bewegung-beging-mehr-als-hundert-straftaten-a-1224705.html; Zugriff jeweils 4.6.2019.

5 Vgl. Martin Sellner: *Identitär! Geschichte eines Aufbruchs*, Schnellroda: Antaios [3]2017, S. 22 f. u. 178.

6 Ebd., S. 213.

7 Weiß 2017, S. 55.

1. Die Wurzeln des neurechten Denkens

1 Vgl. ebd. und Wagner 2017.

2 Götz Kubitschek: »5 Lehren – Nachruf auf Armin Mohler« (1.7.2003), https://sezession.de/8033/fuenf-lehren-nachruf-auf-armin-mohler; 14.2.2019. Auch in seinem Buch *Provokation* greift Kubitschek diese »fünf Lehren« noch einmal auf und erläutert sie: Götz Kubitschek: *Provokation*, Schnellroda: Antaios [2]2018, S. 49 f.

3 Vgl. dazu Weiß 2017, S. 42 f.

4 Armin Mohler: Über Linke, Rechte und Langweiler, Dresden: Edition Antaios 2001, S. 25 f.

5 Weiß 2017, S. 43.

6 Ebd., S. 52.
7 Armin Mohler: *Die Konservative Revolution 1918–1933. Ein Handbuch*, Darmstadt: Wissenschaftliche Buchgesellschaft [2]1970, S. 4.
8 Ebd., S. 13.
9 Möller van den Bruck erwähnt eine Gegenbewegung zum demokratischen Staat, nämlich »die konservativ-revolutionäre des Nationalismus« (Arthur Möller van den Bruck: *Das Dritte Reich*, Hamburg: Hanseatische Verlags-Anstalt [3]1931, S. 234).
10 Die Universitäts- und Landesbibliothek Düsseldorf etwa bewahrt dieses Buch in einem Außenlager auf und gibt es nur »an volljährige Personen« ab (was Studierende als Hauptnutzer der Bibliothek ja zumeist sind …).
11 Möller van den Bruck [3]1931., S. 232.
12 Mohler [2]1970, S. 15.
13 Möller van den Bruck [3]1931, S. 65.
14 Mohler [2]1970, S. 146.
15 Möller van den Bruck [3]1931, S. 68.
16 Ebd., S. 235.
17 Mohler [2]1970, S. 16.
18 Ebd., S. 87 f.
19 Ebd., S. 95
20 Ernst Jünger: *Das abenteuerliche Herz*, Berlin: Frundsberg 1929, S. 257.
21 Mohler [2]1970, S. 97.
22 Der Gedanke ewiger Wiederkehr wird beispielsweise in dieser Formulierung deutlich: »Alles geht, Alles kommt zurück; ewig rollt das Rad des Seins. Alles stirbt, Alles blüht wieder auf, ewig läuft das Jahr des Seins.« (Nach: Friedrich Nietzsche: *Also sprach Zarathustra*. Digitale Kritische Gesamtausgabe Werke und Briefwechsel (eKGWB) [eKGWB/Za-III-Genesende-2 — Also sprach Zarathustra III: § 2. Erste Veröff. 10/04/1884./http://www.nietzschesource.org/#eKGWB/Za-III-Genesende-2; 28. 5. 2019)
23 Mohler [2]1970, S. 109.
24 Ebd., S. 113.
25 Möller van den Bruck [3]1931, S. 27.
26 Albrecht Erich Günther: »Wandlungen der sozialen und politischen Weltanschauung des Mittelstandes«, in: *Der Ring* 4.22 (30. 5. 1931), *Monatsbeilage 5: Deutsche Reden im Ausland*, S. 408–410, hier 408.
27 Vgl. dazu: Helmut Kellershohn: »Zwischen Wissenschaft und Mythos. Einige Anmerkungen zu Armin Mohlers ›Konservativer Re-

volution‹«, in: Heiko Kauffmann/Helmut Lellershohn/Jobst Paul: *Völkische Bande. Dekadenz und Wiedergeburt. Analysen rechter Ideologie*, Münster: Unrast 2005, S. 66–89; Claus Leggewie: *Der Geist steht rechts. Ausflüge in die Denkfabriken der Wende*, Berlin: Rotbuch 1987; Stefan Breuer: *Anatomie der Konservativen Revolution*, Darmstadt: Wbg Academic 1995.

28 Im Nachwort der zweiten Auflage von 1970, S. 168, sowie im Gesprächsband Mohler 2001, S. 41.

29 Leggewie 1987, S. 211.

30 Weiß 2017, S. 48.

31 Kubitschek [2]2018, S. 53.

32 Wagner 2017, S. 28.

33 Vgl. Weiß 2017, S. 37 f.

34 Vgl. dazu Wagner 2017, S. 37 f.

35 Vgl. dazu und zum Folgenden: ebd., S. 75 f.

36 Henning Eichberg: »Ethnopluralismus. Eine Kritik des naiven Ethnozentrismus und der Entwicklungshilfe«, in: *Junges Forum* 5 (1973), S. 3–12.

37 Weiß 2017, S. 33 f.

38 Nach ebd., S. 37.

39 Nach ebd., S. 31.

40 Nach Jens Mecklenburg (Hg.): *Handbuch deutscher Rechtsextremismus*, Berlin: Elefantenpress 1996, S. 442.

41 Antonio Gramsci: »Die Herausbildung des Intellektuellen. Aufzeichnungen aus den Jahren 1929 bis 1932«, in: ders.: *Zu Politik, Geschichte und Kultur*, Frankfurt a.M.: Röderberg 1980, S. 222–229, hier 229.

42 Ebd., S. 228 u. 226.

43 Wagner 2017, S. 63.

44 Weiß 2017, S. 54.

2. Der faschistische Stil: Mohler und Jünger

1 Armin Mohler: »Der faschistische Stil«, in: Gerd-Klaus Kaltenbrunner (Hg.): *Konservatismus international*, Stuttgart: Seewald 1973, S. 172–198, hier 173.

2 Gottfried Benn: »Rede auf Marinetti«, in: ders.: *Essays und Reden. In der Fassung der Erstdrucke, Gesammelte Werke III*, Frankfurt a.M: Fischer [2]2006, S. 491–494, hier 491 f.

3 Mohler 1973, S. 174f.

4 Benn [2]2006, S. 493.

5 Vgl. ebd.

6 Mohler 1973, S. 175.

7 Benn [2]2006, S. 493.

8 Benn beschreibt an der bei Mohler (1973, S. 175) zitierten Stelle eigentlich nur Marinettis martialischen literarischen Ansatz und spricht davon, dass dieser eine Kunst begründet habe, »die dem Feuer der Schlachten und dem Angriff des Helden nicht widersprach.« (Benn [2]2006, S. 492) Das enthält aber keinerlei Bewertung, schon gar keine positive. Die eher eigenmächtige Lesart Mohlers verrät auch diese Formulierung: »Man spürt der Rede Benns an, daß er sich bei dieser Gelegenheit nicht zwingen muß. Es ist sogar so etwas wie ein Aufatmen zu verspüren.« (Mohler 1973, S. 174)

9 Ebd., S. 175.

10 Ebd., S. 180.

11 Götz Kubitschek: »Der faschistische Stil«, in: *Staatspolitisches Handbuch im Netz*, https://wiki.staatspolitik.de/index.php?title=Der_faschistische_Stil; 15. 2. 2019.

12 Hier zit. nach: Ernst Jünger: *Der Waldgang*, Stuttgart: Klett-Cotta 2014, S. 9, Zitate im Folgenden jeweils über die Seitenzahl direkt hinter der zitierten Passage belegt.

3. Denkbilder der Neuen Rechten

1 Kubitschek [2]2018, S. 23.

2 Guy Debord: *Die Gesellschaft des Spektakels*, Berlin: Edition Tiamat 1996, S. 14f.

3 Nach: Caroline Sommerfeld: »Debord, Derrida und die rechte Postmoderne«, in: *Sezession im Netz* (1. 12. 2017), https://sezession.de/59669/debord-derrida-und-die-rechte-postmoderne; 15. 2. 2019. Vgl. dazu auch: Sellner [3]2017, S. 84.

4 Kubitschek [2]2018, S. 24.

5 Vgl. dazu Guy Debord: »Rapport über die Konstruktion von Situationen und von Organisations- und Aktionsbedingungen der internationalen situationistischen Tendenz«, in: Roberto Ohrt (Hg.): *Der Beginn einer Epoche. Texte der Situationisten*, Hamburg: Nautilius 1995, S. 28–44, hier insb. 29.

6 Vgl. Matthias Brodkorb: »Götz Kubitschek: Der Faschist vom Rittergut Schnellroda?« (6.11.2008), https://blog.zeit.de/stoerungsmelder/2008/11/06/gotz-kubitschek-der-faschist-vom-rittergut-schnellroda_539; 15.2.2019.
7 Götz Kubitschek in: Kositza/Kubitschek 2015, S. 126.
8 Weiß 2017, S. 56.
9 Sellner [3]2017, S. 30.
10 Ebd., S. 99.
11 Ebd., S. 32.
12 Ebd., S. 57.
13 Ebd., S. 69.
14 Ebd., S. 90.
15 kanu: »›Die Schutzbefohlenen‹: Weinen mit Jelinek«, in: *Die Presse* (12.4.2016), https://diepresse.com/home/kultur/news/4966011/Die-Schutzbefohlenen_Weinen-mit-Jelinek; 15.2.2019.
16 Sellner [3]2017, S. 124 f.
17 Ebd., S. 125.
18 Ebd., S. 128.
19 ORF: »Audimax: Fahndung nach Rechtsextremen« (15.4.2016), https://wien.orf.at/news/stories/2768696/; »Rechtsextreme stürmen Jelinek-Aufführung in Wien«, in: *Zeit* (15.4.2016), https://www.zeit.de/gesellschaft/zeitgeschehen/2016-04/identitaere-bewegung-wien-theater-elfriede-jelinek-die-schutzbefohlenen; Zugriff jeweils 15.2.2019.
20 Vgl. https://www.youtube.com/watch?v=XfXtPEwveMo; 17.2.2019.
21 Sellner betont zugleich immer wieder, dass die ›Identitären‹ sich durchaus hätten verteidigen können, wenn sie es denn gewollt hätten – sie alle frönten dem Kampfsport (Sellner [3]2017, S. 124); vermutlich legt er so viel Gewicht darauf, weil er die eher gewaltbetonten Nazikreise mit seiner Friedensbotschaft nicht verschrecken möchte.
22 Nach: N.N.: »Ermittlung wegen Hausfriedensbruchs«, in: *Die Tageszeitung* (14.1.2019), http://www.taz.de/!5564940/; 15.2.2019.
23 Vgl. https://www.youtube.com/watch?v=BrSUzFvnY4w; 17.2.2019.
24 Sellner [3]2017, S. 70.

4. Rechte Begriffsarbeit

1 Ebd., S. 10.
2 Ebd., S. 15.

3 Ebd., S. 183.
4 Vgl. Martin Lichtmesz/Caroline Sommerfeld: *Mit Linken leben*, Schnellroda: Antaios 2017, S. 72.
5 Vgl. Benedikt Kaiser: *Querfront*, Schnellroda: Antaios 2017, S. 67f.
6 Vgl. Manow 2018, S. 128.
7 Vgl. Lichtmesz/Sommerfeld 2017, S. 72, und Sellner [3]2017, S. 185.
8 Ebd., S. 186.
9 Ebd., S. 185f.
10 Vgl. N.N.: »Dobrindt beklagt ›Anti-Abschiebe-Industrie‹«, in: *Der Spiegel* (6.5.2018), http://www.spiegel.de/politik/deutschland/alexander-dobrindt-csu-landesgruppenchef-beklagt-anti-abschiebe-industrie-a-1206430.html; 20.2.2019.
11 Kubitschek [2]2018, S. 29.
12 Ebd., S. 40f.
13 Ungefähr: ›Auch wenn auch alle mitmachen, ich nicht‹.
14 Sellner [3]2017, S. 99.
15 Kaiser 2017, S. 49.
16 Vgl. z.B. diese Stellungnahme: https://www.afd-rbk.de/zentralismus-statt-subsidiaritaet; 20.2.2019.
17 Zit. nach dem Interview, das Thomas Wagner mit Sellner geführt hat, in: Wagner 2017, S. 218f.
18 Caroline Sommerfeld: »Bin ich völkisch? Drei Volksbegriffe«, in: *Sezession im Netz* (22.9.2018), https://sezession.de/59430/bin-ich-voelkisch-drei-volksbegriffe; 5.3.2019.
19 *Parteiprogramm der NSDAP 1920*, Punkt 4: http://www.documentarchiv.de/wr/1920/nsdap-programm.html; 8.3.2019.
20 Sommerfeld 2018.
21 Ebd.
22 Ebd.
23 Ebd., S. 4.
24 Vgl. Peter Longerich: *Heinrich Himmler. Biographie*, Berlin: Siedler 2008, S. 295f.
25 Lichtmesz/Sommerfeld 2017, S. 60f.
26 Mohler [2]1970, S. 127.
27 Mohler 1973, S. 176.
28 Ebd., S. 189.
29 Vgl. Kubitschek 2019.
30 Per Leo/Maximilian Steinbeis/Daniel-Pascal Zorn: *Mit Rechten reden*, Stuttgart: Klett-Cotta 2017, S. 168.

31 Chris Reitz: »Kapitalistischer Horror. Zum ästhetischen Dispositiv (neu-)rechter Metapolitik«, in: ders./Sebastian Schuller (Hg.): *Zeit der Monster. Die ›neue‹ Rechte im Neoliberalismus, das Scheitern linker Kritik und Möglichkeiten emanzipatorischer Praxis in Kunst und Akademie*, Ochsenfurt: Kulturmaschinen 2018, S. 35–76, hier 42 f.
32 Zit. nach: Wagner 2017, S. 264 f.
33 Sellner [3]2017, S. 91 oder auch 259.
34 Martin Lichtmesz: »Wenn Aeneas vor der Wahl steht«, in: *Sezession im Netz* (15.1.2019), S. 5, https://sezession.de/59595/wenn-aeneas-vor-der-wahl-steht; 5.3.2019.
35 Vgl. Weiß 2017, S. 192 f.
36 Zit. nach: Wagner 2017, S. 264 f.
37 Kositza/Kubitschek 2015, S. 127.
38 Sellner [3]2017, S. 263 f.
39 Klemperer 1975, S. 24.

5. Die Neue Rechte in ihren Texten: Stil und Form

1 Vgl. die Verlagswebseite: https://antaios.de/gesamtverzeichnis-antaios/reihe-kaplaken/; 12.5.2019.
2 Kubitschek [2]2018, S. 7, Zitate daraus im Folgenden jeweils über die Seitenzahl direkt hinter der zitierten Passage belegt.
3 Vgl. zur Form des Manifests: Enno Stahl: *Anti-Kunst und Abstraktion in der literarischen Moderne 1909–1939. Vom italienischen Futurismus bis zum französischen Surrealismus*, Frankfurt a.M.: Peter Lang 1997, S. 48 f.
4 Kositza/Kubitschek 2015, S. 26 u. passim.
5 Vgl. Wagner 2017, S. 265.
6 Ebd., S. 264.
7 Kaiser 2017, S. 81. Zitate daraus im Folgenden jeweils über die Seitenzahl direkt hinter der zitierten Passage belegt.
8 Vgl. dazu: »Thomas Wagner: Europa, Tradition und die soziale Frage. Einblicke in die Kulturarbeit der Neuen Rechten«, in: Kock/Palm/Solty/Stahl 2019.
9 Vgl. zur Typologie der Popliteratur: Enno Stahl: »Popliteratur – eine fragwürdige Kategorie« sowie: »Popliteratur – Phänomen oder Phantasma«? in: ders. 2013, S. 161–167 u. 123–135.
10 Sellner [3]2017, S. 19 f. Zitate daraus im Folgenden jeweils über die Seitenzahl direkt hinter der zitierten Passage belegt.

11 Vgl. Susanne Beyer: »›Finis Germania« und die SPIEGEL-Bestsellerliste‹«, in: *Der Spiegel* (25.7.2017), http://www.spiegel.de/kultur/literatur/finis-germania-und-die-spiegel-bestsellerliste-in-eigener-sache-a-1159667.html; 22.2.2019.

12 Vgl. dazu: Bernd Kortländer/Enno Stahl: *Zensur im 19. Jahrhundert. Das literarische Leben aus Sicht seiner Überwacher*, Bielefeld: Aisthesis 2012.

13 Rolf Peter Sieferle: *Finis Germania*, Schnellroda: Antaios 2017, S. 51 f.; Zitate daraus im Folgenden jeweils über die Seitenzahl direkt hinter der zitierten Passage belegt.

14 Lichtmesz/Sommerfeld 2017; Zitate daraus im Folgenden jeweils über die Seitenzahl direkt hinter der zitierten Passage belegt.

15 Ellen Kositza: »Das war's. Diesmal mit: Auschwitz als Chance …«, in: *Sezession im Netz* (25.7.2018), S. 2, https://sezession.de/58923/das-wars-diesmal-mit-auschwitz-als-chance; 5.3.2019.

16 Dies.: »Das war's. Diesmal mit: Gehirnputztag«, in: *Sezession im Netz* (22.8.2018), S. 1 f., https://sezession.de/59316/das-wars-diesmal-mit-gehirnputztag; 5.3.2019.

17 Dies.: »Das war's. Diesmal mit: Aufstehen auf rumänisch …«, in: *Sezession im Netz* (17.11.2018), S. 3, https://sezssion.de/59882/das-wars-diesmal-mit-aufstehen-auf-rumaenisch; 5.3.2019.

18 Vgl. Ellen Kositza: *Gender ohne Ende oder Was vom Manne übrig blieb*, Schnellroda: Antaios 2008.

6. Neurechte Diskursstrategien und Opfermythen

1 Die Jahreszahlen beziehen sich auf folgende Ereignisse: 732 – der bereits erwähnte Sieg Karl Martells, 1529 – erste Wiener Türkenbelagerung, 1537 – türkische Besetzung der ägäischen Inseln, 1683 – zweite Wiener Türkenbelagerung.

2 Vgl. https://phalanx-europa.com/de; 12.5.2019.

3 Selllner [3]2017, S. 219.

4 Götz Kubitschek: »Winterakademie in Schnellroda – Wir und die anderen«, in: *Sezession im Netz* (21.1.2019), https://sezession.de/60070/winterakademie-in-schnellroda-wir-und-die-anderen; 24.2.2019.

5 Vgl. dazu Lichtmesz/Sommerfeld 2017, S. 66 f.

6 Vgl. Kositza/Kubitschek 2015, S. 113.

7 Vgl. dazu: Leo/Steinbeis/Zorn 2017, S. 31 f.

8 Nach: Ijoma Mangold/Iris Radisch: »Das unbequeme Sortiment«, in: *Die Zeit* (7.11.2018), https://www.zeit.de/2018/46/margarete-stokowski-absage-lesung-buchhandlung-muenchen; 24.2.2019.

9 Leo/Steinbeis/Zorn 2017, S. 152.

10 Gemeint sind: *Bagatelles pour un massacre* (1937), *L'École des cadavres* (1938) und *Les beaux draps* (1941).

11 Vgl. Enno Stahl: »Zur Neuauflage des Judenhasses«, in: *Jungle World* 5 (2018), https://jungle.world/artikel/2018/05/neuauflage-des-judenhasses; 27.2.2019.

12 Louis-Ferdinand Céline: »Bagatelles pour un massacre«. Übers. E.S., nach dem französ. Original, http://www.pourlhistoire.com/docu/bagatelles.pdf; 27.2.2019.

13 Franziska Link: »Licence de tout dire. Zu Louis-Ferdinand Célines Pamphleten«, in: Reitz/Schuller 2018, S. 97–118, hier: 113.

14 Vgl. exemplarisch Sellner ^{3}2017, S. 39, 140; Lichtmesz/Sommerfeld 2017, S. 13, 38.

15 Nach ebd., S. 23 f.

16 Vgl. Peter Sieben: »ZDF-Journalistin erhält Morddrohungen nach Anti-Nazi-Aussage – dann passiert ein erstaunliches Internetphänomen«, in: *Der Westen* (8.1.2019), https://www.derwesten.de/panorama/nicole-diekmann-nazis-raus-id216158441.html; 27.2.2019.

17 Martin Lichtmesz: »Wenn Aeneas vor der Wahl steht«, in: *Sezession im Netz* (15.1.2019), https://sezession.de/59595/wenn-aeneas-vor-der-wahl-steht; 27.2.2019.

18 Vgl. Judith Raupp: »Ist Afro-Europa die Zukunft?«, in: *Süddeutsche Zeitung* (28.10.2018), https://www.sueddeutsche.de/kultur/europa-afrika-stephen-smith-1.4188268; 27.2.2019.

19 Sellner ^{3}2017, S. 224.

20 Lichtmesz 2019, S. 5 f.

21 S.o.: Kubitschek ^{2}2018, S. 11.

22 Häufig benutzter Begriff, hier auch Teil eines ganzen Sammelbandes: Michael Ley/Martin Lichtmesz (Hg.): *Nationalmasochismus*, Schnellroda: Antaios 2018. Bereits 1989 hatte der rechtsextreme Historiker Gustav Sichelschmidt unter diesem Titel eine rechte Kampfschrift herausgegeben: Gustav Sichelschmidt: *Nationalmasochismus. Diagnose einer deutschen Zeitkrankheit*, Berg: Türmer 1989.

23 Vgl. Lichtmesz/Sommerfeld 2017, S. 48 f.

24 Leo/Steinbeis/Zorn 2017, S. 34.

25 Vgl. Lichtmesz/Sommerfeld 2017, S. 173 ff., vgl. dazu auch Sellner [3]2017, S. 108.
26 Lichtmesz/Sommerfeld 2017, S. 30.
27 Vgl. dazu, dass die Grenzen des Sagbaren sich längst massiv nach rechts verschoben haben: Thomas Niehr/Jana Reissen-Kosch: *Volkes Stimmes? Zur Sprache des Populismus*, Berlin: Duden Verlag 2018, S. 136.
28 Vgl. »The Overton Window: A Model of Policy Change«, https://www.mackinac.org/overtonwindow; 28. 2. 2019.

7. Sprache und Strategien der AfD

1 Vgl. *Gutachten zu tatsächlichen Anhaltspunkten für Bestrebungen gegen die freiheitliche demokratische Grundordnung in der »Alternative für Deutschland« (AfD) und ihren Teilorganisationen*, Kap. A I, 2, online zugängl. unter: https://netzpolitik.org/2019/wir-veroeffentlichen-das-verfassungsschutz-gutachten-zur-afd/#2019-01-15_BfV-AfD-Gutachten_A-I-1; 28. 2. 2019; s.a.: BfV: *Konzentration auf die Beobachtung der Verdachtsfälle ›Der Flügel‹ und ›Junge Alternative‹. Pressemitteilung vom 8. März 2019*, https://www.verfassungsschutz.de/de/oeffentlichkeitsarbeit/presse/pm-20190308-konzentration-auf-die-beobachtung-der-verdachtsfaelle-der-fluegel-und-junge-alternative; 26. 6. 2019.
2 Vgl. Götz Kubitschek: »Dieter Stein las Björn Höcke«, in: *Sezession im Netz* (28. 2. 2019), https://sezession.de/60376/dieter-stein-las-bjoern-hoecke; 8. 3. 2019.
3 *Grundgesetz für die Bundesrepublik Deutschland*, Artikel 5, https://www.gesetze-im-internet.de/gg/art_5.html; 8. 3. 2019.
4 *Strafgesetzbuch*. Besonderer Teil (§§ 80–358). 7. Abschnitt – Straftaten gegen die öffentliche Ordnung (§§ 123–145d): § 130 Volksverhetzung, https://dejure.org/gesetze/StGB/130.html; 8. 3. 2019.
5 Bernd Stegemann: *Die Moralfalle. Für eine Befreiung linker Politik*, Berlin: Matthes & Seitz 2018, S. 182.
6 Niehr/Reissen-Kosch 2018, S. 86.
7 Vgl. N.N.: »Verfahren wegen Volksverhetzung gegen Gauland eingestellt«, in: *FAZ* (13. 11. 2018), https://www.faz.net/aktuell/rhein-main/verfahren-wegen-volksverhetzung-gegen-gauland-eingestellt-15888508.html; 8. 3. 2019.

8 Vgl. Hpi/AFP: »Scharfe Kritik an Beatrix von Storch«, in: *Der Spiegel* (8.4.2018), http://www.spiegel.de/politik/deutschland/nach-hetz-tweets-zu-muenster-scharfe-kritik-an-beatrix-von-storch-a-1201809.html; 8.4.2019.
9 Zit.nach: Niehr/Reissen-Kosch 2018, S. 139.
10 Markus Wehner/Eckard Lohse: »Gauland beleidigt Boateng«, in: *FAZ* (29.5.2016), https://www.faz.net/aktuell/politik/inland/afd-vize-gauland-beleidigt-jerome-boateng-14257743.html; 8.3.2019.
11 hib/cte: »Staatsanwaltschaft ermittelt gegen Gauland«, in: *Der Spiegel* (10.9.2017), http://www.spiegel.de/politik/deutschland/afd-staatsanwaltschaft-ermittelt-gegen-alexander-gauland-a-1166986.html; 8.3.2019.
12 Zit. nach: N.N.: »Gauland bezeichnet NS-Zeit als ›Vogelschiss in der deutschen Geschichte‹«, in: *Die Welt* (2.6.2018), https://www.welt.de/politik/deutschland/article176912600/AfD-Chef-Gauland-bezeichnet-NS-Zeit-als-Vogelschiss-in-der-Geschichte.html; 8.3.2019.
13 »Frauen ja, Kinder nein«, in: *Tagesschau* (31.1.2016), https://www.tagesschau.de/inland/afd-schusswaffen-103.html; 8.3.2019.
14 Alice Weidel: »Rede bei der Generalaussprache zum Bundeshaushalt im Deutschen Bundestag« (16.5.2018), veröffentl. bei Youtube, https://www.youtube.com/watch?v=Mtu3MMUph4A; 14.3.2019.
15 Felix Menzel: »Thesen zur Skandalokratie«, in: *Sezession* 48 (2012), S. 28–31, hier 31.
16 Björn Höcke auf Facebook (18.1.2017), hier zit. nach: Niehr/Reissen-Kosch 2018, S. 117 f.; s.a. https://www.facebook.com/Bjoern.Hoecke.AfD/posts/1823115994596345:0; 4.6.2019.
17 Kompletter Wortlaut der Höcke-Rede, transkribiert von Konstantin Nowotny, veröffentl. u.a. hier: »Gemütszustand eines total besiegten Volkes«, in: *Tagesspiegel* (17.1.2107), https://www.tagesspiegel.de/politik/hoecke-rede-im-wortlaut-gemuetszustand-eines-total-besiegten-volkes/19273518.html; 8.3.2019.
18 Niehr/Reissen-Kosch 2018, S. 118.
19 Tilmann Steffen: »Die neue Achse der AfD«, in: *Die Zeit* (15.2.2018), https://www.zeit.de/politik/deutschland/2018-02/politischer-aschermittwoch-afd-sachsen-bjoern-hoecke/komplettansicht; 8.3.2019.
20 André Poggenburg auf Facebook (21.2.2018), hier zit. nach: Niehr/Reissen-Kosch 2018, S.131 f.
21 Vgl. Schlosser 2013, S. 135.
22 Ebd., S. 128.

23 Mitunter sind Quellenangaben ungenau, manchmal auch fehlerhaft, dem mecklenburg-vorpommerschen AfD-Landesvorsitzenden Dennis Augustin wird eine Äußerung angedichtet, die er so nachweislich nicht getätigt hat: »Und während das Establishment noch von der Chimäre Integration faselt, bilden sich muslimische Parallelgesellschaften wie Krebsgeschwüre in den Ländern der westlichen Wertegemeinschaft.« – »wie Krebsgeschwüre« hat Augustin, dem diese Aussage zwar durchaus zuzutrauen wäre, an dieser Stelle nicht geäußert, stattdessen sagte er: »Und während das Establishment noch von der Chimäre Integration faselt, bilden sich in unseren Städten muslimische Parallelgesellschaften, und das nicht nur in unseren Städten, sondern tatsächlich in allen Ländern der westlichen Wertegemeinschaft.« (Dennis Augustin: »Redebeitrag ›Gefahr Islamisierung. Vortrag und Diskussion‹«, veröffentl. bei Youtube, Kanal »STUDIO AfD M-V« (9.7.2017), https://youtu.be/A61S_TDjJYI; 13.3.2019)

24 Vgl. Sebastian Pittelkow/Nicolas Richter: »Der Reinfall mit dem Prüffall«, in: *Süddeutsche* (26.2.2019), https://www.sueddeutsche.de/politik/afd-verfassungsschutz-prueffall-gericht-1.4345821; 12.3.2019.

25 André Poggenburg, Facebook-Eintrag v. 23.6.2017, https://de-de.facebook.com/poggenburg/posts/1786490031366285:0; Hans-Thomas Tillschneider: »Rede bei einer Demonstration in Merseburg am 11.9.2017«, veröffentl. bei Youtube, Kanal »Hans-Thomas Tilschneider« (24.9.2017), https://m.youtube.com/watch?v=OotvV5gEdwM; Ralph Weber, Facebook-Eintrag v. 24.4.2017, https://www.facebook.com/permalink.php?story_fbid=1819014088418324&id=1715507535435647; Zugriff jeweils 26.6.2019. – Ralph Weber tilgte die inkriminierte Formel in einer nachträglichen Bearbeitung zwei Tage später, der Verfassungsschutz aber dokumentierte die Ursprungsfassung in seinem Bericht: »In einer nachträglichen Bearbeitung dieses in den Medien kritisch rezipierten Beitrags entfernte Weber die Textstellen »*›Biodeutsche‹ mit zwei deutschen Eltern und vier deutschen Großeltern*« und »*Deutschland den Deutschen*«, betonte jedoch, dies gehe mit keiner inhaltlichen Distanzierung von seinem ursprünglichen Text einher.« (Zit. nach: *Gutachten zu tatsächlichen Anhaltspunkten* …, Kap. C.I.1.3.1.1.a., »Völkisch«) Zur Abmahnung vgl.: Manuel Göken/Pia Lorenz: »Juraprofessor wehrt sich gegen Abmahnung aus eigenen AfD-Reihen«, in: *legal tribune online* (28.4.2017), https://www.lto.de/recht/nachrichten/n/afd-

juraprofessor-ralph-weber-post-facebook-biodeutsche-ueberfremdung-uni-greifswald-afd-abmahnung/; 26. 6. 2019.

26 Jens Jessen/Ijoma Mangold: »Interview mit Marc Jongen. ›Man macht sich zum Knecht‹«, in: *Die Zeit* 23 (25. 5. 2016), https://www.zeit.de/2016/23/marc-jongen-afd-karlsruhe-philosophie-asylpolitik; 12. 3. 2019.

27 Marc Jongen: »Migration und Thymostraining. Rede an der Winterakademie des IfS«, veröffentl. bei Youtube, Kanal: »kanal schnellroda« (24. 2. 2017), https://youtu.be/cg_KuESI7rY; 12. 3. 2019.

28 Ders.: »Leitkultur statt Multikulti. Rede bei der AfD Karlsruhe am 03.05.2017«, veröffentl. bei Youtube, Kanal: »AfD Karlsruhe« (3. 5. 2017), https://youtu.be/wSFGV_Iv_bo; 12. 3. 2019.

29 Vgl. N.N.: »Sächsische Zeitung erfindet AfD-Abgeordneten ›Thomas Göbel‹« (7. 5. 2018), https://afdkompakt.de/2018/05/07/saechsische-zeitung-erfindet-afd-abgeordneten-thomas-goebel/; 27. 5. 2019. Ein Landtagsabgeordneter ist er tatsächlich nicht, aber es existiert zweifelsohne ein sächsischer AfD-Aktivist und Malermeister namens Thomas Goebel, der bei Facebook auf einer einschlägigen Seite namens »Mein Standpunkt/AfD« Kommentare postet, anscheinend von ihm selbst betrieben: https://www.facebook.com/PolitischeSeite/; 27. 5. 2019.

30 Thomas Goebel: »Rede bei einer PEGIDA-Demonstration, Dresden (05.06.2017)«, veröffentl. bei Youtube, Kanal: »Für Gerechtigkeit« (5. 6. 2017), https://www.youtube.com/watch?v=HJbR2ZawWc4; 27. 5. 2019.

31 Alexander Gauland: »Redebeitrag auf dem 2. Kyffhäusertreffen am 04.06.2016«, veröffentl. bei Youtube, Kanal: »Der Flügel« (7. 6. 2016), https://youtu.be/d1m_atNKRN4; 12. 3. 2019.

32 Vgl. dazu Cristian Helberg: »Das steckt hinter dem angeblichen Zitat von Ursula von der Leyen (CDU) zu Migrantenkindern« (16. 1. 2019), in: https://correctiv.org/faktencheck/politik/2019/01/16/das-steckt-hinter-dem-angeblichen-zitat-von-ursula-von-der-leyen-cdu-zu-migrantenkindern; 12. 3. 2019.

33 Björn Höcke: »Wahlkampfrede zur Bundestagswahl 2017 in Gera am 16.08.2017«, veröffentl. bei Youtube, Kanal: »AfD Thüringen« (17. 8. 2017), https://youtu.be/Q4XDSQV-izg; 12. 3. 2019.

34 Ders.: »Wahlkampfrede in Berlin am 09.09.2017«, veröffentl. bei Youtube, Kanal: »Junge Alternative Berlin«, https://youtu.be/mTRK6IXtEQQ; 12. 3. 2019.

35 Thomas Röckemann: Facebook-Eintrag v. 20.7.2016, https://www.facebook.com/AfDfuerNRW/posts/1114419995296647:0; 27.5.2019. Vgl. auch hier: *Gutachten zu tatsächlichen Anhaltspunkten …*, Kap. C.I.1.2.1.1.a., völkisch, Anm. 163.

36 Ders.: »Redebeitrag auf AfD-Demonstration am 28.01.2018 in Erfurt«, veröffentl. bei Youtube (28.1.2018), https://youtu.be/oke VBbVF jbo; 13.3.2019.

37 Ralph Weber: Facebook-Eintrag v. 24.4.2017, abgerufen am 25.4.2017, hier zit. nach: *Gutachten zu tatsächlichen Anhaltspunkten …*, Kap. C.I.1.3.1.1.a., völkisch, Anm. 278.

38 Dennis Augustin: »Videoansprache ›Dennis Augustin zur Islamisierung‹«, veröffentl. bei Youtube, Kanal: »STUDIO AfD M-V« (15.9.2017), https://youtu.be/AFzv5hGB_oM; 13.3.2019.

39 Gottfried Curio: »Rede in Kirchhain am 02.10.2018«, Videomitschnitt, veröffentl. bei Youtube, Kanal: »AfD Kompakt TV« (4.10.2018), https://youtu.be/RZo3b1xU6JQ; 13.3.2019.

40 Zit. nach: Katja Thorwart: »Alexander Gauland in Frankfurt. Verschwörungs-Erzählungen von Rechtsaußen«, in: *Frankfurter Rundschau* (23.9.2018), http://m.fr.de/politik/meinung/kommentare/alexander-gauland-in-frankfurt-verschwoerungs-erzaehlungen-von-rechtsaussen-a-1588274,2; 13.3.2019.

41 Theodor Fritsch: *Handbuch der Judenfrage*, Leipzig: Hammer Verlag, [49]1944, S. 123.

42 Carsten Härle: Facebook-Eintrag v. 14.10.2017, erneut am 26.3.2018, https://www.facebook.com/permalink.php?story_fbid=367248813704085&id=100012569078654; 27.5.2019.

43 Dabei ist das eigentlich eine ziemlich willkürliche Begrenzung, denn während akuter Kriegszustände können durchaus mehr Flüchtlinge kommen, deren Aufnahme nach Artikel 33 der Genfer Flüchtlingskonvention vorgeschrieben ist (vgl. https://www.unhcr.org/dach/wp-content/uploads/sites/27/2017/03/GFK_Pocket_2015_RZ_final_ansicht.pdf; 15.3.2019).

44 Zit. nach: Simon Hurtz: »AfD Thüringen ›Blanker Rassismus‹: Höcke und die Fortpflanzung der Afrikaner«, in: *Süddeutsche Zeitung* (12.12.2015), https://www.sueddeutsche.de/politik/afd-thueringen-blanker-rassismus-hoecke-und-die-fortpflanzung-der-afrikaner-1.2780159; 31.1.2019.

45 Albrecht Glaser: »Deutschland ist orientierungslos. Bewerbungsrede auf dem AfD-Bundesparteitag am 02.12.2017«, veröffentl. bei

Youtube, Kanal: »Für Gerechtigkeit« (2.12.2017), https://youtu.be/rdyMtOgjv4o; 13.3.2019.

46 Alice Weidel: Facebook-Eintrag v. 22.8.2018, https://www.facebook.com/aliceweidel/photos/a.1063313067013261/2121571784520712/?type=3&theater; 27.5.2019.

47 Jörg Urban: Facebook-Eintrag auf der Seite der AfD-Sachsen v. 16.5.2018, https://www.facebook.com/AfD.Sachsen/posts/1525992110863301; 27.5.2019.

48 Felix Krautkrämer: »AfD-Fraktionsvize von Storch: Islam bedeutet Steinzeit«, in: *Junge Freiheit* (24.4.2017), https://jungefreiheit.de/debatte/interview/2017/afd-vize-von-storch-islam-bedeutet-steinzeit/; 13.3.2019.

49 Björn Höcke: »Redebeitrag auf AfD-Demonstration am 28.01.2018 in Erfurt«, veröffentl. bei Youtube, Kanal: »Patriotenkanal« (28.1.2018), https://youtu.be/YsPOVYKDF7Q; 13.3.2019.

50 Ders.: »Redebeitrag auf der PEGIDA-Demonstration in Dresden am 14.05.2018«, veröffentl. bei Youtube, Kanal: »AfD Thüringen« (14.5.2018), https://youtu.be/hp6yOrVUbs8; 13.3.2019.

51 Ders.: »Rede bei der Eröffnung der Aufklärungsausstellung über die Ahmadiyya-Gemeinde am 02.11.2016«, veröffentl. bei Youtube, Kanal: »AfD-Landtags-TV« (3.11.2016), https://youtu.be/8ocDurTRATQ; 13.3.2019.

52 Ralf Özkara: »Rede auf AfD-Demonstration am 12.05.2018«, Videomitschnitt, veröffentl. bei Youtube (13.5.2018), https://youtu.be/Sw73ctUrfIM; 13.3.2019.

53 Hier zit. nach: Cem Dalaman: *Die Türkei in ihrer Modernisierungsphase als Fluchtland für Deutsche Exilanten*, Diss. FU Berlin 2003, S. 42 f., http://webdoc.sub.gwdg.de/ebook/diss/2003/fu-berlin/2001/57/5Kap2.pdf; 14.3.2019. Dalaman zitiert und übersetzt nach dem Buch von Jacques Benoist-Mechin: *Mustafa Kemal ou La mort d'un Empire*, Paris: édition Albin Michel 1954.

54 Vgl. die Diskussion hier: https://de.wikiquote.org/wiki/Diskussion:Kemal_Atat%C3%BCrk; 20.5.2019.

55 Benoist-Mechin 1954, S. 323. Im franz. Wikiqoute wird das Zitat ebenfalls nur als Atatürk *attribuées* (›zugeschrieben‹) bezeichnet: https://fr.wikiquote.org/wiki/Mustafa_Kemal_Atat%C3%Brk; 14.3.2019.

56 Dennis Augustin: »Redebeitrag ›Gefahr Islamisierung. Vortrag und Diskussion‹«, veröffentl. bei Youtube, Kanal: »STUDIO AfD M-V« (9.7.2017), https://youtu.be/A61S_TDjJYI; 13.3.2019.

57 Björn Höcke: »Rede in Paderborn am 13.05.2016«, veröffentl. bei Youtube, Kanal: »Alternative für Deutschland Kreisverband Warendorf« (15.1.2018), https://youtu.be/pgoAispxPA8; 14.3.2019.

58 Alexander Gauland: »Rede beim Parteitag der AfD-Bayern am 09.06.2018«, veröffentl. bei Youtube, Kanal: »AfD Kreisverband Altötting« (10.6.2018), https://youtu.be/BZGrkWu_sis; 14.3.2019.

59 Rippl/Seipel 2018, S. 242.

60 Klemperer 1975, S. 177.

61 Vgl. Gerd Wiegel: »Rechtspopulistische Kommunikationsmacht. Vortrag«, gehalten am 27.8.2018 in der Villa Palagione, Volterra, Italien (ungedruckt, Skript-Fassung liegt dem Verfasser vor).

62 Alice Weidel: Facebook-Eintrag v. 31.5.2018, https://www.facebook.com/aliceweidel/posts/1986984601312765; 27.5.2019. Vgl. auch: *Gutachten zu tatsächlichen Anhaltspunkten* …, Kap. C.I.1.2.1.1.a. völkisch, Anm. 214.

63 Zit. nach Wiegel 2018.

64 Vgl. ebd.

65 Deutscher Bundestag in der 19. Wahlperiode, Drucksache 19/2731, dipbt.bundestag.de/doc/btd/19/027/1902731.pdf; 14.3.2019.

66 Vgl. Wiegel 2018.

67 Gottfried Curio: »Rede im Deutschen Bundestag« (23.8.2018), https://youtu.be/oG7PO_7MXGs; 14.3.2019.

68 Nach Patrick Gensing/Gabor Halasz: »Keine ›Messer-Epidemie‹ in Deutschland«, in: *ARD-Faktenfinder* (22.3.2018), https://faktenfinder.tagesschau.de/inland/kriminalitaet-deutschland-101.html; 14.3.2019.

69 Vgl. Sebastian Pittelkow/Katja Riedel: »Eigenes Gutachten bringt AfD in Bedrängnis«, in: *tagesschau.de* (2.11.2018), https://www.tagesschau.de/inland/afd-verfassungsschutz-129.html; 15.3.2019.

70 Nach: Kai Biermann/Astrid Geisler: »Der Ratgeber der AfD«, in: *Die Zeit* (22.11.2018), https://www.zeit.de/politik/deutschland/2018-11/afd-gutachten-dietrich-murswiek-parteispenden; 15.3.2019.

71 Zit. nach: Pittelkow/Riedel 2018.

72 Nach: Biermann/Geisler 2018 und Wolfgang Janisch: »AfD-Gutachter auf eigener Mission«, in: *Süddeutsche Zeitung* (4.11.2019), https://www.sueddeutsche.de/politik/afd-dietrich-murswiek-verfassungsschutz-1.4196405; 15.3.2019.

73 Vgl. AfD (4.11.2018), https://www.afd.de/prof-dr-dietrich-murswiek-richtigstellung-zu-seinem-gutachten-ueber-rechtliche-vor-

aussetzungen-fuer-die-beobachtung-einer-politischen-partei-durch-den-verfassungsschutz/; 15. 3. 2019.

74 Nach: Pittelkow/Riedel 2018.

75 Stuttgarter Aufruf, https://www.stuttgarter-aufruf.de/; 26. 6. 2019.

76 »AfD-Machtkampf in NRW eskaliert – Hardliner bleiben übrig«, in: *Frankfurter Rundschau* (6. 7. 2019), https://www.fr.de/politik/afd-machtkampf-eskaliert-hardliner-bleiben-uebrig-12772315.html; 11. 7. 2019.

8. Ohne Maulkorb: die Bildungskatastrophe und die Sprache des Volkes – PEGIDA und der rechte Bodensatz

1 Joachim Weiner: »Die deutsche Bildungsreform, 2-teiliger Rundfunkessay (1. Erstarrte Fronten, 2. Exzellenz und Effizienz)«, in: *Deutschlandfunk* (1. 3. und 8. 3. 2009), https://www.deutschlandfunk.de/die-deutsche-bildungsreform.1184.de.html?dram:article_id=185314 und https://www.deutschlandfunk.de/die-deutsche-bildungsreform.1184.de.html?dram:article_id=185315; 19. 3. 2019, hier insb. Teil 2.

2 Vgl. Thomas Kerstan: »Ende des Bildungswunders«, in: *Die Zeit* 11 (9. 3. 2017), https://www.zeit.de/2017/11/finnland-bildung-schulen-pisa-studie-schueler; 19. 3. 2019.

3 Vgl. N.N. [sun]: »Grundschüler schlechter in Mathe und Deutsch«, in: *spiegelonline* (13. 10. 2017), http://www.spiegel.de/lebenundlernen/schule/deutschland-bildungsniveau-an-grundschulen-bundesweit-gesunken-a-1172601.html; 19. 3. 2019.

4 Lothar Böhnisch: *Gespaltene Normalität. Lebensbewältigung und Sozialpädagogik an den Grenzen der Wohlfahrtsgesellschaft*, Weinheim/München: Juventa 1994, S. 79.

5 Weiner 2009, Teil 1.

6 Vgl. dazu das Interview mit Eva Schlotheuber: »Empörung allein ist nicht produktiv«, in: *Rheinische Post* (27. 1. 2019), https://rp-online.de/politik/deutschland/historikerin-zur-afd-empoerung-allein-macht-nur-den-gegner-fett_aid-35934393; 20. 3. 2019.

7 Vgl. die Studie *Ranking Politische Bildung 2018. Politische Bildung an allgemeinbildenden Schulen der Sekundarstufe I im Bundesländervergleich* v. Mahir Gökbudak/Reinhold Hedtke, Univ. Bielefeld, März 2019, online abrufbar: https://pub.uni-bielefeld.de/

download/2934293/2934488/G%C3%B6kbudak_Hedtke_Ranking-PB_2018_final_online.pdf; 2.4.2019.

8 Nach: *Studie forsa, Geschichtsunterricht* (7.9.2017), https://www.koerber-stiftung.de/fileadmin/user_upload/koerber-stiftung/redaktion/handlungsfeld_internationale-verstaendigung/pdf/2017/Ergebnisse_forsa-Umfrage_Geschichtsunterricht_Koerber-Stiftung.pdf; 21.3.2019.

9 Persönliche Seminarerfahrung des Verfassers.

10 Klara Keutel/Jan Grossarth: »Der Kompetenz-Fetisch«, in: *FAZ* (8.2.2015), https://www.faz.net/aktuell/beruf-chance/campus/der-kompetenz-fetisch-wissen-wird-in-schulen-immer-unwichtiger-13425660.html; 19.3.2019.

11 Webseite der Wilhelm-von-Humboldt-Gemeinschaftsschule, https://wvh-gemeinschaftsschule.de/gemeinsam-lernen/element/kompetenzen/; 20.3.2019.

12 Keutel/Grossarth 2015.

13 Zit. nach: ebd.

14 Schlotheuber 2019.

15 Peter Euler: »Widersprüche der Bildungsstandards. Kompetenzorientiert auf dem Weg zu einer verständlichen Naturwissenschaft?«, http://arbeitsplattform.bildung.hessen.de/fach/beruf/berufsfeldforen/bf_07_chemie_physik_biologie/Auftaktreden/HLZAufsatzKorrPeterEuler2010.pdf, S. 5; 20.3.2019.

16 Ebd.

17 Jochen Krautz: »Pädagogik unter dem Druck der Ökonomisierung Zum Hintergrund von Standards, Kompetenzen und Modulen«, in: *Pädagogische Rundschau* 1 (2007), S. 81–93, http://schimmelbildung.blogsport.de/images/krautz__paedagogik_unter_dem_druck_der_oekonomisierung_paedagogische_rundschau.pdf; 20.5.2019.

18 Weiner 2009, Teil 1.

19 Vgl. Felix Lill: »Angriff auf die freien Denker«, in: *Die Zeit* 15 (31.3.2019), https://www.zeit.de/2016/15/geisteswissenschaften-abschaffen-japan-gesellschaft-grossbritannien-usa?wt_zmc=sm.int.zonaudev.facebook.ref.zeitde.dskshare.link.x&utm_medium=sm&utm_source=facebook_zonaudev_int&utm_campaign=facebook_referrer&utm_content=zeitde_dskshare_link_x; 21.3.2019.

20 Volker Ladenthin: »Da läuft etwas ganz schief«, in: *Forschung und Lehre* (6.8.2018), https://www.forschung-und-lehre.de/lehre/da-laeuft-

etwas-ganz-schief-894/?fbclid=IwAR1C6DuPOowogJSdBmVtZfl_hFF1Iy5idmW6KpKLovQ6OfX1QMm9Vw2d6ug; 20 .3. 2019.

21 Schlotheuber 2019.

22 Nach Aussagen von Sozialarbeitern im persönlichen Gespräch mit dem Verfasser.

23 Vgl. Andrew Marr: »Anywheres vs Somewheres: the split that made Brexit inevitable«, in: *New Statesman* (17. 3. 2017), https://www.newstatesman.com/politics/uk/2017/03/anywheres-vs-somewheres-split-made-brexit-inevitable; 20. 3. 2019.

24 Vgl. N.N.: »Autor Pirinçci wegen Volksverhetzung zu Geldstrafe verurteilt«, in: *spiegelonline* (25. 9. 2017), http://www.spiegel.de/politik/deutschland/dresden-akif-pirincci-wegen-volksverhetzung-zu-geldstrafe-verurteilt-a-1169719.html und N.N.: »Gericht verurteilt Lutz Bachmann zu Geldstrafe«, in: *zeitonline* (3. 5. 2016), https://www.zeit.de/gesellschaft/zeitgeschehen/2016-05/pegida-gruender-bachmann-wegen-volksverhetzung-verurteilt; Zugriff jeweils 20. 3. 2019.

25 »Aufruf zum ›großen Abendspaziergang‹ am 25. 2. 2019«, in: http://www.pegida.de; 20. 3. 2019.

26 Lutz Bachmann: »Rede bei PEGIDA-Demonstration am 4. 2. 2019«, https://www.youtube.com/watch?v=mmqAPIG3MO8; 25. 3. 2019.

27 »Lutz, Sigi und Wolle zum Konservativ-Patriotischen Aschermittwoch«, https://www.youtube.com/watch?v=blJQqPKPSRc; 25. 3. 2019.

28 Vgl. dazu Niehr/Reissen-Kosch 2018, S. 101.

29 https://politaufkleber.de/produkt/merkill-die-blutkanzlerin; 20. 5. 2019.

30 Jörg Schindler: »Deutschland rastet aus«, in: *Der Spiegel* 12 (16. 3. 2019), S. 10–21.

31 Henry Bernhard: »AfD-Kundgebung in Erfurt: ›Wenn wir kommen, wird aufgeräumt!‹«, in: *Deutschlandfunk* (29. 10. 2015), https://www.deutschlandfunk.de/afd-kundgebung-in-erfurt-wenn-wir-kommen-wird-aufgeraeumt.1773.de.html?dram:article_id=335345; 26. 3. 2019.

32 Vgl. Robin Hetzel/Helene Pawlitzki: »Morddrohung wegen ›Warmer-Pulli-Tag‹«, in: *Rheinische Post* (9. 2. 2019).

33 Nach: Clemens Boisserée: »Vorwurf: Nationalspieler rassistisch beleidigt«, in: *Rheinische Post* (23. 3. 2019).

34 Fabian Mader: »Umfrage unter Bürgermeistern Eingeschüchtert, angefeindet und bedroht«, in: *tagesschau.de* (25. 6. 2019); 26. 6. 2019.

35 Ebd.
36 Vgl. Schindler 2019, S. 11.

Schluss – Quo vadis, Demokratie?

1 Vgl. Wagner 2017, S. 267 f.
2 Zit. nach: ebd., S. 270.
3 Vgl. Alexander Krei: »Thomas Walde über sein Interview mit dem AfD-Chef. ›Ich wollte Herrn Gauland mal nach etwas anderem befragen‹« (13. 8. 2019), in: https://www.dwdl.de/interviews/68252/ich_wollte_herrn_gauland_mal_nach_etwas_anderem_befragen/; 2. 4. 2019.
4 Zit. nach: James Kirchick: »Das bedrohliche politische Genie des Steve Bannon«, in: *FAZ* (30. 8. 2017), https://www.faz.net/aktuell/politik/trumps-praesidentschaft/donald-trumps-chefstratege-steve-bannon-handelskrieg-mit-china-15173286.html; 26. 3. 2019.
5 Vgl. Lichtmesz/Sommerfeld 2017, S. 123.
6 ›Kein rhetorisches Mittel und kein Trick, da Populismus über genuine Widersprüche arbeitet, er hat einen rationalen und materiellen Kern. (…) er spricht reale Probleme, reale und erlebte Erfahrungen, reale Widersprüche an – und ist dennoch in der Lage, sie in einer Diskurslogik zu repräsentieren, die sie systematisch mit politischen Maßnahmen und Klassenstrategien der Rechten in Zusammenhang bringt.‹ (Stuart Hall: »The Great Moving Right Show«, in: *Marxism Today* (January 1979), S. 14–20, hier 20; Übers. E.S.)
7 Fraser 2017.
8 Stegemann 2018, S. 90.
9 Vgl. Weiß 2017, S, 244–246, Zitat 246.
10 Vgl. ebd., S. 250.